中华人民共和国
新法规汇编

2023

第2辑

司法部 编

中国法制出版社

编辑说明

一、《中华人民共和国新法规汇编》是国家出版的法律、行政法规汇编正式版本，是刊登报国务院备案并予以登记的部门规章的指定出版物。

二、本汇编收集的内容包括：上一个月内由全国人民代表大会及其常务委员会通过的法律和有关法律问题的决定，国务院公布的行政法规和国务院文件，报国务院备案并予以登记的部门规章，最高人民法院和最高人民检察院公布的司法解释。另外，还收入了上一个月内报国务院备案并予以登记的地方性法规和地方政府规章目录。

三、本汇编所收的内容，按下列分类顺序编排：法律，行政法规，国务院文件，国务院部门规章，司法解释。每类中按公布的时间顺序排列。报国务院备案并予以登记的地方性法规和地方政府规章目录按 1987 年国务院批准的行政区划顺序排列；同一行政区域报备两件以上者，按公布时间顺序排列。

四、本汇编每年出版 12 辑，每月出版 1 辑。本辑为 2023 年度第 2 辑，收入 2023 年 1 月份内公布的国务院文件 1 件、报国务院备案并经审查予以登记编号的部门规章 29 件、司法解释 1 件，共计 31 件。

五、本汇编在编辑出版过程中，得到了国务院有关部门和有关方面以及广大读者的大力支持和协助，在此谨致谢意。

司法部

2023 年 2 月

目　　录

编辑说明 …………………………………………………………………… (*1*)

国务院文件

国务院办公厅关于深入推进跨部门综合监管的指导意见 ……………… (1)

国务院部门规章

中华人民共和国海关综合保税区管理办法 …………………………… (6)
关于修改、废止部分规章、行政规范性文件和一般政策性文件的
　决定 ………………………………………………………………… (12)
　外债管理暂行办法 ………………………………………………… (24)
　国家高技术产业发展项目管理暂行办法 ………………………… (28)
海关总署关于废止部分规章的决定 ………………………………… (38)
商务领域标准化管理办法 …………………………………………… (39)
中华人民共和国海关进出口商品检验采信管理办法 ……………… (44)
中华人民共和国海关过境货物监管办法 …………………………… (49)
国家体育总局规章和规范性文件制定程序规定 …………………… (51)
保险保障基金管理办法 ……………………………………………… (59)
交通运输部关于修改《民用航空器事件调查规定》的决定 ……… (66)
　民用航空器事件技术调查规定 …………………………………… (69)
交通运输部关于修改《民用航空情报工作规则》的决定 ………… (83)
　民用航空情报工作规则 …………………………………………… (85)
自然资源部关于第四批废止的部门规章的决定 …………………… (113)
地质灾害防治单位资质管理办法 …………………………………… (114)
人身保险产品信息披露管理办法 …………………………………… (120)
铁路旅客车票实名制管理办法 ……………………………………… (125)
农业综合行政执法管理办法 ………………………………………… (130)
粮食流通行政执法办法 ……………………………………………… (136)
财政部关于废止部分规范性文件的决定 …………………………… (145)

环境监管重点单位名录管理办法 …………………………………………… (147)
烈士安葬办法 ………………………………………………………………… (150)
住房和城乡建设部关于修改《城镇污水排入排水管网许可管理办法》的决定 ……………………………………………………………………… (153)
城镇污水排入排水管网许可管理办法 …………………………………… (156)
工业节能监察办法 …………………………………………………………… (162)
无线电发射设备管理规定 …………………………………………………… (165)
水利工程供水定价成本监审办法 …………………………………………… (170)
水利工程供水价格管理办法 ………………………………………………… (178)
银行保险监管统计管理办法 ………………………………………………… (182)
重点管控新污染物清单（2023年版） …………………………………… (187)
体育赛事活动管理办法 ……………………………………………………… (198)
体育仲裁规则 ………………………………………………………………… (209)
中国体育仲裁委员会组织规则 ……………………………………………… (225)

司法解释

最高人民法院关于办理申请执行监督案件若干问题的意见 ……………… (229)

附：
2023年1月份报国务院备案并予以登记的地方性法规、自治条例、单行条例和地方政府规章目录 ……………………………………… (233)

国务院文件

国务院办公厅关于深入推进跨部门综合监管的指导意见

（2023年1月13日　国办发〔2023〕1号）

深入推进跨部门综合监管，是加快转变政府职能、提高政府监管效能的重要举措。近年来，各地区各部门认真贯彻落实党中央、国务院决策部署，着力加强和创新监管，取得积极成效，但一些地区一些领域仍然存在监管责任不明确、协同机制不完善、风险防范能力不强以及重复检查、多头执法等问题。为进一步加强跨部门综合监管，维护公平有序的市场环境，切实降低市场主体制度性交易成本，推动高质量发展，经国务院同意，现提出如下意见。

一、总体要求

（一）指导思想。以习近平新时代中国特色社会主义思想为指导，深入贯彻落实党的二十大精神，完整、准确、全面贯彻新发展理念，加快构建新发展格局，坚持统筹发展和安全，健全监管体制机制，完善监管制度框架，创新监管方式方法，对涉及多个部门、管理难度大、风险隐患突出的监管事项，建立健全跨部门综合监管制度，强化条块结合、区域联动，完善协同监管机制，提升监管的精准性和有效性，维护公平竞争的市场秩序，为加快建设全国统一大市场、推动高质量发展提供有力支撑。

（二）基本原则。

坚持系统观念、统筹推进。加强整体设计，一体推进监管体制机制建设，统筹各类监管资源，加快建立全方位、多层次、立体化监管体系，实现事前事中事后全链条全领域监管。

坚持协同联动、务实高效。聚焦具体监管事项，逐项理清责任链条，明确责任分工，加强跨部门、跨区域、跨层级业务协同，切实增强监管合力，提高综合监管效能。

坚持问题导向、突出重点。聚焦监管薄弱环节，加快完善风险隐患突出的重点领域、新兴领域跨部门综合监管制度，补齐监管短板、堵塞监管漏洞，切实把该管的管好、管到位。

坚持创新驱动、数字赋能。创新监管理念和方法，结合跨部门综合监管事项风险特点，加强信息技术运用，统筹推进业务融合、数据融合、技术融合，实施精准有效监管。

（三）主要目标。2023年底前，建立跨部门综合监管重点事项清单管理和动态更新机制，在部分领域开展跨部门综合监管试点，按事项建立健全跨部门综合监管制度，完善各司其职、各负其责、相互配合、齐抓共管的协同监管机制。到2025年，在更多领域、更大范围建立健全跨部门综合监管制度，进一步优化协同监管机制和方式，大幅提升发现问题和处置风险能力，推动市场竞争更加公平有序、市场活力充分释放。

二、健全跨部门综合监管体制机制

（四）确定跨部门综合监管事项清单。行业主管部门或法律法规规定的主管部门（以下统称行业主管部门）要会同相关监管部门梳理需实施跨部门综合监管的重点事项，对食品、药品、医疗器械、危险化学品、燃气、特种设备、建筑工程质量、非法金融活动等直接关系人民群众生命财产安全、公共安全和潜在风险大、社会风险高的重点领域及新兴领域中涉及多部门监管的事项，要积极开展跨部门综合监管。各省（自治区、直辖市）要明确本地区跨部门综合监管重点事项。2023年底前，各地区各部门通过“互联网+监管”系统对跨部门综合监管重点事项实施清单管理和动态更新。

（五）明确跨部门综合监管责任分工。行业主管部门要会同相关监管部门依照法律法规、“三定”规定和权责清单，逐项明确跨部门综合监管事项责任分工。对行业主管部门不明确、监管边界模糊、监管责任存在争议的新产业新业态新模式，与之相关的各部门都要主动履职、密切配合，防止出现监管空白；同时，要按照领域归口、业务相近原则和新产业新业态新模式的主要行为特征，会同有关方面及时对其研判定性、明确监管职责。县级以上地方人民政府要全面落实属地监管责任，对本地区涉及多部门监管的事项，要结合地方机构设置和监管力量配置等情况确定监管部门和职责划分，确保事有人管、责有人负。对存在部门管辖争议的行政执法事项，各级司法行政部门要加强协调。

（六）完善跨部门综合监管制度规则。各地区各部门要强化监管政策的协同性、有效性和可操作性，既要防止出现监管漏洞，又要避免政策叠加造成不利影响。行业主管部门要会同相关监管部门加快推进跨部门综合监管制度建设，明确牵头单位、配合单位、监管规则和标准等，完善配套监管措施；对现行监管标准不一致、相互不衔接的制度规则，要抓紧修订完善。支持各地区实施综合监管“一业一册”告知制度，一类事项制定一册合规经营指南，一次性告知市场主体合规经营要求，稳定市场主体监管预期。

（七）健全跨部门综合监管工作机制。行业主管部门要会同相关监管部门根据监管需要，建立健全协同高效的跨部门综合监管工作机制，明确议事会商、情况通报等工作要求，有效整合监管资源，统筹监管政策制定，督促监管责任落实，推动监管信息共享，组织联合执法检查。已建立相关工作机制的，要进一步完善运行规则，加强业务统筹，强化跨部门综合监管职能作用。县级以上地方人民政府要结合区域实际，分事项建立健全相关跨部门综合监管工作机制，加强统筹协调，推动解决突出问题，防范化解重大风险。

三、完善跨部门综合监管协同方式

（八）加强风险隐患跨部门联合监测。聚焦问题多发和高风险领域，构建科学高效、多部门联动响应的风险隐患监测预警机制，实现风险隐患动态监测、科学评估、精准预警和及时处置。要依托“互联网+监管”等现有信息系统，针对具体监管事项的风险特点，构建跨部门联合监测预警模型，建立健全预警指标体系和预警标准，明确预警信息推送规则，制定预警响应和处置预案。要利用信息技术手段全面提升监测感知能力，有效归集分析相关部门监管信息，及早发现和处置各类风险隐患。对重大预警信息要开展跨部门综合研判、协同处置。

（九）开展市场主体跨部门联合抽查检查。高效统筹监管执法资源，大力精简整合检查事项，积极推行联合抽查检查，持续提升协同监管能力。两个以上部门对同一监管对象实施不同行政检查且可以同时开展的，原则上应实行跨部门联合检查。开展跨部门联合抽查检查一般应采取“双随机、一公开”监管方式，要结合监管对象信用等级和风险分类，不断优化组织方式，合理确定抽查比例、频次和参与部门等。发现涉及行业性、区域性违法违规行为或存在普遍性、多发性问题的，应及时组织开展跨部门联合检查或专项整治。

（十）推进问题线索跨部门联合处置。不断拓宽问题线索收集渠道，通过12345政务服务便民热线、全国一体化在线监管平台以及行业协会、新闻媒体等多种渠道广泛收集问题线索，加强大数据分析，形成社会多元共治合力。建立健全问题线索分办、转办和查处工作机制，对涉及多部门监管职责的问题线索，及时转送相关部门协同开展核查，依法依规进行处理，既要做到应查必查、有效处置，又要防止多头检查、重复处罚。各部门在工作中发现属于其他部门监管职责的违法违规行为，要及时将线索等推送给相关部门，相关部门要及时进行调查处理。

（十一）积极开展跨部门联合信用监管。根据跨部门综合监管对象的属性和风险特点，积极探索符合行业监管需要的信用监管模式，充分发挥信用监管在配置监管资源、防范化解风险等方面的重要作用。行业主管部门要会同相关监管部门建立健全跨部门综合监管事项信用评价指标体系，明确分级分类标准及相应的协同监管措施。相关部门在注册登记、资质审核、日常监管、公共服务、执法办案过程中，要准确、全面记录市场主体信用行为，及时归集共享信用信息。发现存在违法失信行为的，要及时通报相关部门，依法开展失信惩戒。

四、提升跨部门综合监管联动效能

（十二）加强部门与地方监管联动。各部门制定监管政策要充分听取地方的意见建议；加强对地方的业务指导，全面研判风险隐患，督促相关地区弥补监管短板；建立监管资源统筹调配机制，对需要调用异地监管执法资源处置违法违规问题以及有关地区提出监管协助需要的，及时协调开展跨区域监管执法。垂直管理部门要加强与地方政府之间的信息共享和执法协作。各地区要加强与相关部门的沟通联系，及时分析本地区监管突出问题，对本地区跨部门综合监管事项实施有效监管；有效整合监管资源，及时共享监管信息，支持和配合有关部门开展跨区域、跨层级监管工作。

（十三）加强跨区域监管联动。针对跨部门综合监管涉及的跨区域监管缺位、管辖争议、执法办案困难等问题，建立健全源头追溯、信息共享、线索移送、联合调查、执法联动、执法互认等机制。加快推进食品安全、道路运输安全、知识产权保护、资质资格认定、商业特许经营等跨区域监管协作，切实加强大气污染、水污染、固体废物转移等跨区域联防联治。鼓励跨行政区域按规定联合发布统一监管政策法规及区域性地方标准，加强调查取证和案件处置合作，京津冀、长三角、粤港澳大湾区、成渝等地区要积极探索创新联合监管模式。

（十四）加强行政执法与刑事司法联动。行政执法机关要与司法机关加强信息共享、线索移送、联合调查等方面协调配合，建立健全行刑衔接机制。根据不同领域监管实际需要，完善案件移送、双向咨询、情况通报、信息共享、检验鉴定结果互认等机制。行政执法机关在依法查处违法行为过程中发现涉嫌犯罪、依法需要追究刑事责任的，应及时移送有关机关处理；存在暴力抗法等情形的，可商请有关机关协助调查处理。有关机关立案后提请行政执法机关作出检验、鉴定、认定和涉案物品保存、销毁、处置等协助的，行政执法机关要积极配合。

五、加强跨部门综合监管支撑能力建设

（十五）提升监管信息化建设水平。各地区各有关部门要依托全国一体化在线监管平台或现有信息化系统建设跨部门综合监管业务支撑模块，开发业务协同、资源共享的跨部门综合监管应用场景，完善监管事项清单管理、信息共享、监测预警、分析评估、证据互认、联合检查等相关功能。做好相关监管系统与全国一体化在线监管平台、全国行政执法综合管理监督信息系统等互联对接,统一接口标准。加快大数据、人工智能、物联感知、区块链等技术应用,积极开展以部门协同远程监管、移动监管、预警防控等为特征的非现场监管,通过多维数据关联分析,快速有效协同处置问题,提升跨部门综合监管智能化水平。

(十六)大力推进监管信息互通共享。各地区各部门要着力打通数据壁垒,以跨部门、跨区域、跨层级数据互通共享支撑跨部门综合监管。依托已有政务数据共享交换平台做好与自然人、法人、空间地理、电子证照、公共信用、监管行为等信息库的对接联通,按跨部门综合监管业务场景需要共享本地区本领域审批和监管数据,明确数据回流和交换规则,确保数据归集规范有序、使用安全高效。相关部门要结合跨部门综合监管具体事项风险监测、协同执法等业务需求,明确信息共享的范围、方式、程序、时限、频次和保密要求等。

六、保障措施

(十七)加强组织实施。各地区各部门要切实提高政治站位,把坚持和加强党的领导贯穿到跨部门综合监管全过程各方面。要加强统筹协调,明确工作重点,细化落实措施,确保取得实效。对监管不力、执法缺位、推诿扯皮的,要依规依纪依法严肃追责问责。国务院办公厅要加强督促指导,推动跨部门综合监管各项任务落实到位。

(十八)开展试点示范。支持有关地区和部门在成品油流通、自建房安全、单用途预付卡等领域开展跨部门综合监管试点,完善跨部门综合监管体制机制、创新方式方法、补齐短板漏洞。鼓励有条件的地区积极推进“综合监管一件事”、“综合查一次”等改革。要及时总结推广典型经验做法,不断扩大改革成效。

(十九)提升监管能力。根据跨部门综合监管需要,有针对性地开展业务培训,做好人员、技术、设备、经费等保障。深入推进综合行政执法改革,加强“一专多能”的综合执法队伍建设,推进行政审批、日常监管与综合执法衔接,提升跨部门执法协作能力;支持有条件的乡镇(街道)整合执法资源、充实执法力量,提升依法履职能力。

中华人民共和国海关综合保税区管理办法

（2022 年 1 月 1 日海关总署令第 256 号公布　自 2022 年 4 月 1 日起施行　国司备字[2023007750]）

第一章　总　　则

第一条　为了规范海关对综合保税区的管理，促进综合保税区高水平开放、高质量发展，根据《中华人民共和国海关法》《中华人民共和国进出口商品检验法》《中华人民共和国进出境动植物检疫法》《中华人民共和国国境卫生检疫法》《中华人民共和国食品安全法》及有关法律、行政法规和国家相关规定，制定本办法。

第二条　海关依照本办法对进出综合保税区的交通运输工具、货物及其外包装、集装箱、物品以及综合保税区内（以下简称区内）企业实施监督管理。

第三条　综合保税区实行封闭式管理。

除安全保卫人员外，区内不得居住人员。

第四条　综合保税区的基础和监管设施应当符合综合保税区基础和监管设施设置规范，并经海关会同有关部门验收合格。

第五条　区内企业可以依法开展以下业务：

（一）研发、加工、制造、再制造；

（二）检测、维修；

（三）货物存储；

（四）物流分拨；

（五）融资租赁；

（六）跨境电商；

（七）商品展示；

（八）国际转口贸易；

（九）国际中转；

（十）港口作业；

（十一）期货保税交割；

（十二）国家规定可以在区内开展的其他业务。

第六条 海关对区内企业实行计算机联网管理，提升综合保税区信息化、智能化管理水平。

第二章 综合保税区与境外之间进出货物的管理

第七条 除法律法规另有规定外，国家禁止进口、出口的货物、物品不得在综合保税区与境外之间进、出。

第八条 综合保税区与境外之间进出的货物不实行关税配额、许可证件管理，但法律法规、我国缔结或者参加的国际条约、协定另有规定的除外。

第九条 综合保税区与境外之间进出的货物，其收发货人或者代理人应当如实向海关申报，按照海关规定填写进出境货物备案清单并办理相关手续。

第十条 境外进入综合保税区的货物及其外包装、集装箱，应当由海关依法在进境口岸实施检疫。因口岸条件限制等原因，海关可以在区内符合条件的场所（场地）实施检疫。

综合保税区运往境外的货物及其外包装、集装箱，应当由海关依法实施检疫。

综合保税区与境外之间进出的交通运输工具，由海关按照进出境交通运输工具有关规定实施检疫。

第十一条 境外进入综合保税区的货物予以保税，但本办法第十二条、十四条规定的情形除外。

第十二条 除法律法规另有规定外，下列货物从境外进入综合保税区，海关免征进口关税和进口环节税：

（一）区内生产性的基础设施建设项目所需的机器、设备和建设生产厂房、仓储设施所需的基建物资；

（二）区内企业开展本办法第五条所列业务所需的机器、设备、模具及其维修用零配件；

（三）综合保税区行政管理机构和区内企业自用合理数量的办公用品。

自国务院批准设立综合保税区之日起，从境外进入综合保税区的区内企业自用机器、设备按照前款规定执行。

第十三条 本办法第十二条所列货物的监管年限，参照进口减免税货物的监管年限管理，监管年限届满的自动解除监管；监管年限未满企业申请提前解除监管的，参照进口减免税货物补缴税款的有关规定办理，属于许可证件管理的应当取得有关许可证件。

第十四条 境外进入综合保税区，供区内企业和行政管理机构自用的交通运输工具、生活消费用品，海关依法征收进口关税和进口环节税。

第十五条 除法律法规另有规定外，综合保税区运往境外的货物免征出口关税。

第三章 综合保税区与区外之间进出货物的管理

第十六条 综合保税区与中华人民共和国境内的其他地区（以下简称区外）之间进出的货物，区内企业或者区外收发货人应当按照规定向海关办理相关手续。

货物属于关税配额、许可证件管理的，区内企业或者区外收发货人应当取得关税配额、许可证件；海关应当对关税配额进行验核，对许可证件电子数据进行系统自动比对验核。

第十七条 除法律法规另有规定外，海关对综合保税区与区外之间进出的货物及其外包装、集装箱不实施检疫。

第十八条 综合保税区与区外之间进出的货物，区内企业或者区外收发货人应当按照货物进出区时的实际状态依法缴纳关税和进口环节税。

区内企业加工生产的货物出区内销时，区内企业或者区外收发货人可以选择按照其对应进口料件缴纳关税，并补缴关税税款缓税利息；进口环节税应当按照出区时货物实际状态照章缴纳。

第十九条 经综合保税区运往区外的优惠贸易协定项下的货物，符合相关原产地管理规定的，可以适用协定税率或者特惠税率。

第二十条 以出口报关方式进入综合保税区的货物予以保税；其中，区内企业从区外采购的机器、设备参照进口减免税货物的监管年限管理，监管年限届满的自动解除监管，免于提交许可证件；监管年限未满企业申请提前解除监管的，参照进口减免税货物补缴税款的有关规定办理相关手续，免于提交许可证件。

前款规定货物的出口退税按照国家有关规定办理。

第二十一条 区内企业在加工生产过程中使用保税料件产生的边角料、残次品、副产品以及加工生产、储存、运输等过程中产生的包装物料，运往区外销售时，区内企业应当按照货物出区时的实际状态缴纳税款；残次品、副产品属于关税配额、许可证件管理的，区内企业或者区外收发货人应当取得关税配额、许可证件；海关应当对关税配额进行验核、对许可证件电子数据进行系统自动比对验核。

第二十二条 区内企业产生的未复运出境的固体废物，按照国内固体废物相关规定进行管理。需运往区外进行贮存、利用或者处置的，应按规定向海关办理出区手续。

第二十三条 区内企业依法对区内货物采取销毁处置的，应当办理相关手续，销毁处置费用由区内企业承担。销毁产生的固体废物出区时按照本办法第二十二条办理。

第二十四条 区内企业可以按照海关规定办理集中申报手续。

除海关总署另有规定外，区内企业应当在每季度结束的次月15日前办理该季度货物集中申报手续，但不得晚于账册核销截止日期，且不得跨年度办理。

集中申报适用海关接受集中申报之日实施的税率、汇率。

第二十五条 综合保税区与其他综合保税区等海关特殊监管区域、保税监管场所之间往来的货物予以保税。

综合保税区与其他综合保税区等海关特殊监管区域或者保税监管场所之间流转的货物，不征收关税和进口环节税。

第四章 综合保税区内货物的管理

第二十六条 综合保税区内货物可以自由流转。区内企业转让、转移货物的，双方企业应当及时向海关报送转让、转移货物的品名、数量、金额等电子数据信息。

第二十七条 区内企业可以利用监管期限内的免税设备接受区外企业委托开展加工业务。

区内企业开展委托加工业务，应当设立专用的委托加工电子账册。委托加工用料件需使用保税料件的，区内企业应当向海关报备。

委托加工产生的固体废物，出区时按照本办法第二十二条办理。

第二十八条 区内企业按照海关规定将自用机器、设备及其零部件、模具或者办公用品运往区外进行检测、维修的，检测、维修期间不得在区外用于加工生产和使用，并且应当自运出之日起60日内运回综合保税区。因故不能如期运回的，区内企业应当在期限届满前7日内书面向海关申请延期，延长期限不得超过30日。

前款规定货物因特殊情况无法在上述规定时间内完成检测、维修并运回综合保税区的，经海关同意，可以在检测、维修合同期限内运回综合保税区。

更换零配件的，原零配件应当一并运回综合保税区；确需在区外处置的，海关应当按照原零配件的实际状态征税；在区外更换的国产零配件，需要退税的，企业应当按照有关规定办理手续。

第二十九条 区内企业按照海关规定将模具、原材料、半成品等运往区外进行外发加工的，外发加工期限不得超过合同有效期，加工完毕的货物应当按期运回综合保税区。

外发加工产生的边角料、残次品、副产品不运回综合保税区的，海关应当按照货物实际状态征税；残次品、副产品属于关税配额、许可证件管理的，区内企业或者区外收发货人应当取得关税配额、许可证件；海关应当对有关关税配额进行验核、对许可证件电子数据进行系统自动比对验核。

第三十条 因不可抗力造成综合保税区内货物损毁、灭失的，区内企业应当及时报告海关。经海关核实后，区内企业可以按照下列规定办理：

（一）货物灭失，或者虽未灭失但完全失去使用价值的，办理核销和免税手续；

（二）境外进入综合保税区或者区外进入综合保税区且已办理出口退税手续的货物损毁，失去部分使用价值的，办理出区内销或者退运手续；

（三）区外进入综合保税区且未办理出口退税手续的货物损毁，失去部分使用价值，需要向出口企业进行退换的，办理退运手续。

第三十一条 因保管不善等非不可抗力因素造成区内货物损毁、灭失的，区内企业应当及时报告海关并说明情况。经海关核实后，区内企业可以按照下列规定办理：

（一）境外进入综合保税区的货物，按照一般贸易进口货物的规定办理相关手续，并按照海关审定的货物损毁或灭失前的完税价格，以货物损毁或灭失之日适用的税率、汇率缴纳关税、进口环节税；

（二）区外进入综合保税区的货物，重新缴纳因出口而退还的国内环节有关税收，已缴纳出口关税的，不予退还。

第三十二条 区内企业申请放弃的货物，经海关及有关主管部门核准后，由海关依法提取变卖，变卖收入按照国家有关规定处理，但法律法规规定不得放弃的除外。

第三十三条 法律法规另有规定外，区内货物不设存储期限。

第五章 区内企业的管理

第三十四条 区内企业及其分支机构应当取得市场主体资格，并依法向海关办理注册或者备案手续。

区内从事食品生产的企业应当依法取得国内生产许可。

第三十五条 区内企业应当依照法律法规的规定规范财务管理，并按照海关规定设立海关电子账册，电子账册的备案、变更、核销应当按照海关相关规定执行。

第三十六条 海关对区内企业实行稽查、核查制度。

区内企业应当配合海关的稽查、核查，如实提供相关账簿、单证等有关资料及电子数据。

第三十七条 区内企业开展涉及海关事务担保业务的，按照海关事务担保相关规定执行。

第六章 附 则

第三十八条 进出综合保税区货物的检验按照相关规定执行。

第三十九条 综合保税区与区外之间进出的交通运输工具、人员应当通过指定通道进出，海关根据需要实施检查。

综合保税区与境外之间进出的交通运输工具服务人员携带个人物品进出综合保税区的，海关按照进出境旅客行李物品的有关规定进行监管。

第四十条 海关在综合保税区依法实施监管不影响地方政府和其他部门依法履行其相应职责。

第四十一条 除法律法规另有规定外，海关对境外与综合保税区之间进出的货物实施进出口货物贸易统计；对区外与综合保税区之间进出的货物，根据管理需要实施海关单项统计和海关业务统计；对与综合保税区相关的海关监督管理活动和内部管理事务实施海关业务统计。

第四十二条 区内开展增值税一般纳税人资格试点的，按照增值税一般纳税人资格试点政策有关规定执行。

第四十三条 对境内入区的不涉及出口关税、不涉及许可证件、不要求退税且不纳入海关统计的货物，海关对其实施便捷进出区管理。

第四十四条 对违反本办法规定的行为，由海关依照相关法律法规规定予以处罚；构成犯罪的，依法追究刑事责任。

第四十五条 综合保税区设立审核、建设验收、监督管理等要求按照国家相关规定执行。

第四十六条 本办法由海关总署负责解释。

第四十七条 本办法自 2022 年 4 月 1 日起施行。2007 年 9 月 3 日海关总署令第164号发布、根据2010年3月15日海关总署令第191号、2017年12月20日海关总署令第235号、2018年5月29日海关总署令第240号、2018年11月23日海关总署令第243号修改的《中华人民共和国海关保税港区管理暂行办法》,2005年11月28日海关总署令第134号发布、根据2010年3月15日海关总署令第190号、2017年12月20日海关总署令第235号、2018年5月29日海关总署令第240号、2018年11月23日海关总署令第243号修改的《中华人民共和国海关对保税物流园区的管理办法》同时废止。

关于修改、废止部分规章、行政规范性文件和一般政策性文件的决定

(2022年7月26日国家发展和改革委员会令第51号公布 自2022年9月1日起施行 国司备字[2023007673])

为贯彻落实党中央、国务院关于法治政府建设的重大决策部署,提升我委制度建设水平,我委组织开展了规章、行政规范性文件、一般政策性文件清理工作。经过清理,决定对《外债管理暂行办法》等12件规章、行政规范性文件、一般政策性文件予以修改,对《国家重大建设项目稽察办法》等59件规章、行政规范性文件、一般政策性文件予以废止。

附件:1. 决定修改的规章、行政规范性文件、一般政策性文件目录

2. 决定废止的规章、行政规范性文件、一般政策性文件目录

附件 1

决定修改的规章、行政规范性文件、一般政策性文件目录(12 件)

序号	文件性质	文件名称	文号	修改内容	发文单位
1	规章	外债管理暂行办法	国家发展计划委员会、财政部、国家外汇管理局令 2003 年第 28 号	将第三十条中的“依据《国家重大建设项目稽察办法》的规定,向使用外债资金的国家重大建设项目派出稽察特派员,对项目的实施和资金使用情况进行稽察”修改为“依法依规对使用外债资金的国家重大建设项目进行监督管理”	国家计委、财政部、外汇局
2	规章	国家高技术产业发展项目管理暂行办法	国家发展改革委令 2006 年第 43 号	将第六、七、二十六、三十五、三十六、四十条中的“稽察”修改为“监督”	国家发展改革委
3	行政规范性文件	关于对取消和下放行政审批事项加强后续监管的指导意见	发改政研〔2013〕2091 号	删除第三条 11 中的“项目稽察、”	国家发展改革委

续表

序号	文件性质	文件名称	文号	修改内容	发文单位
4	行政规范性文件	关于印发实施《国家重大科技基础设施管理办法》的通知	发改高技〔2014〕2545号	将第十六条第(二)项修改为:“(二)投资概算发生变化,且调整幅度在总概算百分之十以内的,依托单位应提交调整方案,经主管单位审核后,由国家发展改革委核定或委托主管单位核定。调整幅度超过百分之十的,依托单位应提交概算调整报告,经主管单位审核后报国家发展改革委;国家发展改革委原则上请第三方进行评估,并依据评估结论和具体情况,调整或委托主管单位调整概算;”	国家发展改革委、财政部、科学技术部、自然科学基金委
5	行政规范性文件	关于印发重点流域水环境综合治理中央预算内投资计划管理办法的通知	发改地区规〔2017〕2136号	1. 删除第五条第(四)项、第六条第(四)项中的“稽察和” 2. 删除第七条第(二)项、第八条第(四)项中的“稽察、” 3. 将第二十四条第一款修改为“各级发展改革部门要切实加强对项目的检查力度,采取督促自查、实地调研抽查、联合有关部门不定期检查等多种方式监管,深化现场检查。项目单位要主动接受并配合相关部门做好审查,如实提供项目相关文件资料和情况。省级发展改革委对于当年度投资计划项目,至少开展一次现场检查。对于检查和调度等发现的问题,要逐项督促整改,其中重大问题要及时报告国家发展改革委。” 4. 删除第二十六条第(六)项中的“或稽察”	国家发展改革委

续表

序号	文件性质	文件名称	文号	修改内容	发文单位
6	一般政策性文件	关于颁发《电力发、送、变电工程基本建设项目竣工决算报告编制规程（试行）》的通知	能源经〔1992〕960号	删除第十四条	能源部
7	一般政策性文件	关于我委办理工程建设项目审批（核准）时核准招标内容的意见	发改办法规〔2005〕824号	1. 将第一条第（二）项修改为“其他有关司局负责本司局审批、核准项目招标内容的核准及督促落实。” 2. 删除第一条第（四）项“稽察办负责招标内容执行情况的稽察，并将稽察情况通报投资司、法规司和其他有关司局。” 3. 将第五条第（三）项修改为“有关司局核准招标内容后，应将包括招标内容核准意见的可行性研究报告、项目申请报告或者资金申请报告批复文件抄送投资司（一式五份）。”	国家发展改革委
8	一般政策性文件	关于加强城市轨道交通规划建设管理的通知	发改基础〔2015〕49号	删除第二条第（五）项中的“和稽察”	国家发展改革委
9	一般政策性文件	印发《关于对海关高级认证企业实施联合激励的合作备忘录》的通知	发改财金〔2016〕2190号	删除第四条第（二）项中的“18. 重大项目稽查中，对于中央预算内投资项目专项稽查过程中，可适当减少抽查比例。”	国家发展改革委、人民银行、海关总署等40个部门

续表

序号	文件性质	文件名称	文号	修改内容	发文单位
10	一般政策性文件	关于促进市域（郊）铁路发展的指导意见	发改基础〔2017〕1173号	删除第五条第（十七）项中的“和稽察”	国家发展改革委、住房城乡建设部、交通运输部、铁路局、中国铁路总公司
11	一般政策性文件	印发《关于对安全生产领域守信生产经营单位及其有关人员开展联合激励的合作备忘录》的通知	发改财金〔2017〕2219号	删除第二条第（一）项中的“6. 重大项目稽查中，对于中央预算内投资项目，可适当减少抽查比例。”	国家发展改革委、人民银行、安全监管总局等26个部门
12	一般政策性文件	印发《关于对交通运输工程建设领域守信典型企业实施联合激励的合作备忘录》的通知	发改财金〔2018〕377号	删除第二条第（二）项20中的“国家重大建设项目稽察、”	国家发展改革委、人民银行、交通运输部等36个部门

附件 2

决定废止的规章、行政规范性文件、一般政策性文件目录(59 件)

序号	文件性质	文件名称	文号	发文单位
1	规章	全国粮食系统军粮供应规范化管理暂行办法	国粮〔1999〕224 号	国家粮食储备局
2	规章	国家重大建设项目稽察办法	国家发展计划委员会令 2000 年第 6 号	国家计委
3	规章	天然橡胶进口配额管理暂行办法	国家发展计划委员会等 3 部委局令 2002 年第 20 号	国家计委、外经贸部、海关总署
4	规章	糖料管理暂行办法	国家发展计划委员会等 4 部委局令 2002 年第 23 号	国家计委、国家经贸委、农业部、工商总局
5	规章	中央储备粮代储资格管理办法	国家发展改革委、财政部令 2017 年第 5 号	国家发展改革委、财政部
6	行政规范性文件	关于控制部分高耗能、高污染、资源性产品出口有关措施的通知	发改经贸〔2005〕2595 号	国家发展改革委、财政部、商务部、国土资源部、海关总署、税务总局、环保总局
7	行政规范性文件	大型灌区续建配套和节水改造项目建设管理办法	发改投资〔2007〕1291 号	国家发展改革委、水利部
8	行政规范性文件	关于促进卫星应用产业发展的若干意见	发改高技〔2007〕3057 号	国家发展改革委、国防科工委

续表

序号	文件性质	文件名称	文号	发文单位
9	行政规范性文件	关于印发新建大中型水库农村移民后期扶持人口核定登记暂行办法的通知	发改农经〔2007〕3718号	国家发展改革委
10	行政规范性文件	岩溶地区石漠化综合治理试点工程项目管理办法	发改投资〔2008〕2522号	国家发展改革委、林业局、农业部、水利部
11	行政规范性文件	关于进一步加强国家电子政务工程建设项目管理工作的通知	发改高技〔2008〕2544号	国家发展改革委
12	行政规范性文件	招标投标部际协调机制实施办法	发改法规〔2009〕124号	国家发展改革委
13	行政规范性文件	关于加强游牧民定居工程建设管理的指导意见	发改投资〔2009〕975号	国家发展改革委、住房城乡建设部、农业部
14	行政规范性文件	关于加强围填海规划计划管理的通知	发改地区〔2009〕2976号	国家发展改革委、海洋局
15	行政规范性文件	节能产品惠民工程高效电机推广目录(第一批)	国家发展改革委公告〔2010〕第16号	国家发展改革委、财政部
16	行政规范性文件	关于印发加强区域产业创新基础能力建设工作指导意见的通知	发改高技〔2010〕2455号	国家发展改革委
17	行政规范性文件	节能产品惠民工程高效电机推广目录(第二批)	国家发展改革委公告〔2011〕第4号	国家发展改革委、财政部

续表

序号	文件性质	文件名称	文号	发文单位
18	行政规范性文件	节能产品惠民工程高效电机推广目录(第三批)	国家发展改革委公告〔2011〕第16号	国家发展改革委、财政部
19	行政规范性文件	关于印发国家煤炭应急储备管理暂行办法的通知	发改运行〔2011〕996号	国家发展改革委、财政部
20	行政规范性文件	关于落实进一步鼓励软件产业和集成电路产业发展若干政策工作分工的通知	发改高技〔2011〕1286号	国家发展改革委
21	行政规范性文件	关于印发鼓励和引导民营企业发展战略性新兴产业的实施意见的通知	发改高技〔2011〕1592号	国家发展改革委
22	行政规范性文件	天然林资源保护工程二期长江上游、黄河上中游地区公益林建设管理办法,天然林资源保护工程二期东北、内蒙古等重点国有林区森林资源培育管理办法	发改投资〔2011〕1620号	国家发展改革委、林业局
23	行政规范性文件	关于印发完善退牧还草政策的意见的通知	发改西部〔2011〕1856号	国家发展改革委、农业部、财政部
24	行政规范性文件	关于印发围填海计划管理办法的通知	发改地区〔2011〕2929号	国家发展改革委、海洋局
25	行政规范性文件	节能产品惠民工程高效电机推广目录(第四批)	国家发展改革委公告〔2012〕第4号	国家发展改革委、财政部
26	行政规范性文件	关于印发中西部高校基础能力建设工程实施方案的通知	发改社会〔2012〕1132号	国家发展改革委、教育部

续表

序号	文件性质	文件名称	文号	发文单位
27	行政规范性文件	关于推进区域战略性新兴产业集聚发展试点工作的指导意见(试行)	发改高技〔2012〕3438号	国家发展改革委、财政部
28	行政规范性文件	节能产品惠民工程高效电机推广目录(第五批)	国家发展改革委公告〔2013〕第42号	国家发展改革委、财政部
29	行政规范性文件	关于印发《资源枯竭城市转型年度绩效考核评价办法(试行)》的通知	发改东北〔2013〕1165号	国家发展改革委、财政部、国土资源部、统计局
30	行政规范性文件	京津风沙源治理二期工程建设管理办法	发改投资〔2013〕1256号	国家发展改革委、林业局、农业部、水利部
31	行政规范性文件	关于金融支持高技术服务业发展的指导意见	发改高技〔2013〕1587号	国家发展改革委、中国进出口银行
32	行政规范性文件	关于印发国家生态文明先行示范区建设方案(试行)的通知	发改环资〔2013〕2420号	国家发展改革委、国土资源部、水利部、农业部、林业局
33	行政规范性文件	节能产品惠民工程高效电机推广目录(第六批)	国家发展改革委公告〔2014〕第14号	国家发展改革委、财政部
34	行政规范性文件	关于加强煤矿井下生产布局管理控制超强度生产的意见	发改运行〔2014〕893号	国家发展改革委、安监总局、能源局、煤矿安监局
35	行政规范性文件	关于“十三五”市县经济社会发展规划改革创新的指导意见	发改规划〔2014〕2477号	国家发展改革委

续表

序号	文件性质	文件名称	文号	发文单位
36	行政规范性文件	关于印发《中央预算内投资京津冀及重点地区污染治理专项管理暂行办法》的通知	发改环资规〔2016〕977号	国家发展改革委
37	行政规范性文件	关于印发东北地区等老工业基地调整改造中央预算内投资专项相关管理办法的通知	发改振兴规〔2016〕982号	国家发展改革委
38	行政规范性文件	关于印发易地扶贫搬迁中央预算内投资管理办法的通知	发改地区规〔2016〕1202号	国家发展改革委
39	行政规范性文件	关于印发《退牧还草工程项目管理办法（试行）》的通知	发改西部规〔2016〕1715号	国家发展改革委、农业部
40	行政规范性文件	关于印发“十三五”时期农村扶贫公路、长江等内河高等级航道建设中央预算内投资安排标准的通知	发改基础规〔2016〕1843号	国家发展改革委
41	行政规范性文件	关于印发《易地扶贫搬迁工作成效考核暂行办法》的通知	发改地区规〔2016〕2660号	国家发展改革委、国务院扶贫办
42	行政规范性文件	关于印发《采煤沉陷区综合治理专项管理办法（试行）》的通知	发改振兴规〔2016〕2739号	国家发展改革委
43	行政规范性文件	关于印发全国动植物保护能力提升工程中央预算内投资专项管理办法的通知	发改农经规〔2017〕1691号	国家发展改革委、农业部、质检总局、林业局
44	行政规范性文件	关于印发《邮政基础设施项目中央预算内投资管理办法》的通知	发改基础规〔2018〕532号	国家发展改革委

续表

序号	文件性质	文件名称	文号	发文单位
45	行政规范性文件	关于印发《农村扶贫公路中央预算内投资管理暂行办法》的通知	发改基础规〔2018〕1694号	国家发展改革委
46	一般政策性文件	关于在常规火电项目审批中贯彻电源结构调整实行“上大压小”政策的通知	计基础〔1999〕538号	国家计委
47	一般政策性文件	“送电到乡”工程建设管理办法	计基础〔2002〕1969号	国家计委
48	一般政策性文件	关于公布第一批全国发展改革试点小城镇的通知	发改办规划〔2005〕36号	国家发展改革委
49	一般政策性文件	关于编制中等职业教育基础能力建设规划的通知	发改社会〔2006〕1146号	国家发展改革委、教育部、劳动和社会保障部
50	一般政策性文件	关于公布第二批全国发展改革试点小城镇名单的通知	发改办规划〔2008〕706号	国家发展改革委
51	一般政策性文件	关于公布第三批全国发展改革试点城镇名单的通知	发改办规划〔2012〕507号	国家发展改革委
52	一般政策性文件	关于印发大中型灌区续建配套节水改造项目建设管理办法的通知	发改农经〔2015〕3139号	国家发展改革委、水利部
53	一般政策性文件	关于印发《中央预算内投资资源节约循环利用重点工程专项管理暂行办法》的通知	发改办环资〔2016〕686号	国家发展改革委

续表

序号	文件性质	文件名称	文号	发文单位
54	一般政策性文件	关于加快美丽特色小（城）镇建设的指导意见	发改规划〔2016〕2125号	国家发展改革委
55	一般政策性文件	关于实施旅游休闲重大工程的通知	发改社会〔2016〕2550号	国家发展改革委、国家旅游局
56	一般政策性文件	关于实施“千企千镇工程”推进美丽特色小（城）镇建设的通知	发改规划〔2016〕2604号	国家发展改革委、国家开发银行、中国光大银行、中国企业联合会、中国企业家协会、中国城镇化促进会
57	一般政策性文件	关于印发《在项目稽察中推行“双随机、一公开”实施意见》的通知	发改稽察〔2016〕2667号	国家发展改革委
58	一般政策性文件	关于开发性金融支持特色小（城）镇建设促进脱贫攻坚的意见	发改规划〔2017〕102号	国家发展改革委、国家开发银行
59	一般政策性文件	关于印发《项目稽察“双随机、一公开”实施指南》的通知	发改办稽察〔2017〕1663号	国家发展改革委

外债管理暂行办法

（2003 年 1 月 8 日国家计委、财政部、国家外汇局令第 28 号公布
根据 2022 年 7 月 26 日国家发展改革委令第 51 号修订）

第一章　总　　则

第一条　为加强外债管理，规范举借外债行为，提高外债资金使用效益，防范外债风险，制定本办法。

第二条　本办法所称"外债"，是指境内机构对非居民承担的以外币表示的债务。

第三条　本办法所称"境内机构"，是指在中国境内依法设立的常设机构，包括但不限于政府机关、金融境内机构、企业、事业单位和社会团体。

第四条　本办法所称"非居民"，是指中国境外的机构、自然人及其在中国境内依法设立的非常设机构。

第五条　按照债务类型划分，外债分为外国政府贷款、国际金融组织贷款和国际商业贷款。

（一）外国政府贷款，是指中国政府向外国政府举借的官方信贷；

（二）国际金融组织贷款，是指中国政府向世界银行、亚洲开发银行、联合国农业发展基金会和其他国际性、地区性金融机构举借的非商业性信贷；

（三）国际商业贷款，是指境内机构向非居民举借的商业性信贷。包括：

1. 向境外银行和其他金融机构借款；

2. 向境外企业、其他机构和自然人借款；

3. 境外发行中长期债券（含可转换债券）和短期债券（含商业票据、大额可转让存单等）；

4. 买方信贷、延期付款和其它形式的贸易融资；

5. 国际融资租赁；

6. 非居民外币存款；

7. 补偿贸易中用现汇偿还的债务；

8. 其它种类国际商业贷款。

第六条　按照偿还责任划分，外债分为主权外债和非主权外债。

（一）主权外债，是指由国务院授权机构代表国家举借的、以国家信用保证对外偿还的外债。

（二）非主权外债，是指除主权外债以外的其它外债。

第七条 本办法所称“对外担保”，是指境内机构依据《中华人民共和国担保法》，以保证、抵押或质押方式向非居民提供的担保。

对外担保形成的潜在对外偿还义务为或有外债。

第八条 国家对各类外债和或有外债实行全口径管理。举借外债、对外担保、外债资金的使用和偿还须符合国家有关法律、法规和本办法的规定。

第九条 国家发展计划委员会、财政部和国家外汇管理局是外债管理部门。

第二章 举借外债和对外担保

第十条 国家发展计划委员会会同有关部门根据国民经济和社会发展需要，以及国际收支状况和外债承受能力，制定国家借用外债计划，合理确定全口径外债的总量和结构调控目标。

第十一条 国家根据外债类型、偿还责任和债务人性质，对举借外债实行分类管理。

第十二条 国际金融组织贷款和外国政府贷款由国家统一对外举借。

国家发展计划委员会会同财政部等有关部门制定世界银行、亚洲开发银行、联合国农业发展基金会和外国政府贷款备选项目规划，财政部根据规划组织对外谈判、磋商、签订借款协议和对国内债务人直接或通过有关金融机构转贷。其中，世界银行、亚洲开发银行、联合国农业发展基金会和重点国别外国政府贷款备选项目规划须经国务院批准。

第十三条 财政部代表国家在境外发行债券由财政部报国务院审批，并纳入国家借用外债计划。其他任何境内机构在境外发行中长期债券均由国家发展计划委员会会同国家外汇管理局审核后报国务院审批；在境外发行短期债券由国家外汇管理局审批，其中设定滚动发行的，由国家外汇管理局会同国家发展计划委员会审批。

第十四条 国家对国有商业银行举借中长期国际商业贷款实行余额管理，余额由国家发展计划委员会会同有关部门审核后报国务院审批。

第十五条 境内中资企业等机构举借中长期国际商业贷款，须经国家发展计划委员会批准。

第十六条 国家对境内中资机构举借短期国际商业贷款实行余额管理，余额由国家外汇管理局核定。

第十七条 国家对境内外资金融机构举借外债实行总量控制，具体办法另行制定。

第十八条 外商投资企业举借的中长期外债累计发生额和短期外债余额之和应当控制在审批部门批准的项目总投资和注册资本之间的差额以内。

在差额范围内,外商投资企业可自行举借外债。超出差额的,须经原审批部门重新核定项目总投资。

第十九条 境内机构对外担保应当遵守国家法律、法规和外汇管理部门的有关规定。

第二十条 境内机构不得为非经营性质的境外机构提供担保。

第二十一条 未经国务院批准,任何政府机关、社会团体、事业单位不得举借外债或对外担保。

第二十二条 境内机构对外签订借款合同或担保合同后,应当依据有关规定到外汇管理部门办理登记手续。国际商业贷款借款合同或担保合同须经登记后方能生效。

第三章 外债资金使用

第二十三条 外债资金应当主要用于经济发展和存量外债的结构调整。

第二十四条 国际金融组织贷款和外国政府贷款等中长期国外优惠贷款重点用于基础性和公益性建设项目,并向中西部地区倾斜。

第二十五条 中长期国际商业贷款重点用于引进先进技术和设备,以及产业结构和外债结构调整。

第二十六条 境内企业所借中长期外债资金,应当严格按照批准的用途合理使用,不得挪作他用。确需变更用途的,应当按照原程序报批。

第二十七条 境内企业所借短期外债资金主要用作流动资金,不得用于固定资产投资等中长期用途。

第二十八条 使用外债资金的固定资产投资项目应当实行项目法人责任制,由项目法人对外债资金的使用效益负责。

依据《中华人民共和国招标投标法》和国外贷款机构有关规定需要进行招标采购的,应当严格按照规定执行。

第二十九条 外债管理部门负责对外债资金使用进行管理和监督。

第三十条 国家发展计划委员会依法依规对使用外债资金的国家重大建设项目进行监督管理。

第四章　外债偿还和风险管理

第三十一条　主权外债由国家统一对外偿还。主权外债资金由财政部直接或通过金融机构转贷给国内债务人的，国内债务人应当对财政部或转贷金融机构承担偿还责任。

第三十二条　非主权外债由债务人自担风险、自行偿还。

第三十三条　债务人可以用自有外汇资金偿还外债，也可经外汇管理部门核准用人民币购汇偿还外债。

第三十四条　债务人无法偿还的外债，有担保人的，应当由担保人负责偿还。

第三十五条　担保人按照担保合同规定需要履行对外代偿义务时，应当到外汇管理部门办理对外担保履约核准手续。

第三十六条　债务人应当加强外债风险管理，适时调整和优化债务结构。

在不扩大原有外债规模的前提下，经国家发展计划委员会核准，债务人可以通过借入低成本外债、偿还高成本外债等方式，降低外债成本，优化债务结构，其中，涉及主权外债的，需经财政部核准。

第三十七条　债务人可以保值避险为目的，委托具有相关资格的金融机构运用金融工具规避外债的汇率和利率风险。

第五章　外 债 监 管

第三十八条　外债管理部门根据国家法律、法规和本办法有关规定，对外债和对外担保实施监管。

第三十九条　外债管理部门履行监管职责时，有权要求债务人和相关单位提供有关资料，检查有关帐目和资产。

第四十条　境内机构举借外债或对外担保时，未履行规定的审批手续或未按规定进行登记的，其对外签订的借款合同或担保合同不具有法律约束力。

第四十一条　不以借款合同或担保合同等形式体现，但在实质上构成对外偿还义务或潜在对外偿还义务的对外借款或担保，须按照本办法纳入外债监管。

第四十二条　禁止违反利益共享、风险共担原则，以保证外商直接投资固定回报等方式变相举借外债。

第四十三条　未经外债管理部门批准，境外中资企业不得将其自身承担的债务风险和偿债责任转移到境内。

第四十四条 经营外汇业务的金融机构在为境内机构开立外汇、外债账户和处理外汇资金往来业务时，发现违反本办法规定的行为，应当及时向有关外债管理部门报告，并协助外债管理部门进行调查。

第四十五条 外债管理部门应当掌握外债动态，建立和完善全口径外债监测预警机制。

第四十六条 国家外汇管理局负责外债的统计监测，定期公布外债统计数据。

第四十七条 境内机构违反本办法规定举借外债或对外担保的，由其主管部门对直接负责的主管人员和其他直接责任人员依法给予相应的行政处分。构成犯罪的，依法追究刑事责任。

第四十八条 外债管理部门的工作人员徇私舞弊、滥用职权或玩忽职守，由其所在部门依法给予行政处分。构成犯罪的，依法追究刑事责任。

第六章 附　　则

第四十九条 境内机构向香港、澳门特别行政区和台湾地区的机构举借债务或提供担保，比照本办法进行管理。

第五十条 外债管理部门应当依据本办法，制定和完善有关实施细则。

第五十一条 本办法由国家发展计划委员会、财政部和国家外汇管理局负责解释。

第五十二条 本办法自 2003 年 3 月 1 日起施行。

国家高技术产业发展项目管理暂行办法

（2006 年 2 月 28 日国家发展改革委令第 43 号公布　根据 2022 年 7 月 26 日国家发展改革委令第 51 号修订）

第一章 总　　则

第一条 为规范管理国家高技术产业发展项目，促进高技术产业健康发展，提高产业核心竞争力，根据《中华人民共和国科学技术进步法》和《中华人民共和国促进科技成果转化法》、《国务院关于投资体制改革的决定》等法律法规，依照《中央预算内投资补助和贴息资金管理暂行办法》等有关规定，制定本办法。

第二条 本办法适用于以增强自主创新能力和促进高技术产业发展为主要任务，经国家发展和改革委员会（以下简称“国家发展改革委”）批准列入国家高技术产业发展项目计划，并给予中央预算内投资补助或贷款贴息，由项目主管部门组织管理，由项目单位具体实施的国家高技术产业发展项目（以下简称“国家高技术项目”）。

对于中央预算内资金采取直接投资和资本金方式注入的国家高技术项目参照国家有关规定进行管理。

第三条 本办法所称国家高技术项目包括：

（一）国家高技术产业化项目（以下简称“产业化项目”），是指以关键技术的工程化集成、示范为主要内容，或以规模化应用为目标的科技自主创新成果转化项目。

（二）国家重大技术装备研制和重大产业技术开发项目（以下简称“研制开发项目”），是指国家重点建设工程需要的重大技术装备研制项目和重点产业结构优化升级所急需的产业共性、关键技术研发项目。

（三）国家产业技术创新能力建设项目，是指以突破产业发展的技术瓶颈、提高重大科技成果工程化、产业化研发及验证能力为目标的国家工程实验室建设项目（以下简称“工程实验室项目”）和国家工程研究中心建设项目（以下简称“工程中心项目”），以及以提高企业技术创新能力为目标的国家认定企业技术中心建设项目（以下简称“技术中心项目”）。

（四）国家高技术产业技术升级和结构调整项目，是指以先进的技术、工艺和设备改造落后的生产条件为主要内容，以推进信息产业、生物产业、民用航空航天产业扩大规模，促进产业结构优化升级和以信息化带动工业化，积极发展电子商务和企业信息化为目标的建设项目（以下简称“升级调整项目”）。

（五）其他国家高技术产业发展项目。

第四条 本办法所称投资补助是指国家发展改革委对符合条件的企业投资项目（含事业单位投资项目，下同）和地方政府投资项目给予的投资资金补助。本办法所称贷款贴息是指国家发展改革委对符合条件、使用了中长期银行贷款的投资项目给予的贷款利息补贴。投资补助和贷款贴息资金（以下简称“国家补贴资金”）均为无偿投入。

第二章 组织管理

第五条 国家发展改革委是国家高技术项目的组织部门，主要履行以下职责：

（一）研究提出国家高技术产业发展规划和有关专项规划，研究提出相关产业的发展政策；

（二）研究确定国家高技术项目的重点领域和重点任务；

（三）组织评审国家高技术项目，批复国家高技术项目的资金申请报告；

（四）编制和下达年度国家高技术产业发展项目计划和投资计划；

（五）协调国家高技术项目的实施工作，组织或委托项目评估工作。

第六条 本办法所称项目主管部门是指国务院有关部门，省、自治区、直辖市、计划单列市及新疆生产建设兵团发展和改革委员会或经济（贸易）委员会。

计划单列企业集团和中央管理企业可直接向国家发展改革委报送资金申请报告，并对项目承担主管责任。具体要求由国家高技术项目公告或通知规定。

对跨地区、跨部门组织的国家高技术项目，可由相关地区或部门协商确定项目主管部门，或由组织部门指定项目主管部门。

项目主管部门应履行以下主要职责：

（一）根据国家发展改革委的国家高技术项目公告或通知，组织本部门、本地区和本企业（集团）的高技术项目申请国家补贴资金的相关工作，对项目的建设条件、招标内容等进行初审，审查通过后向国家发展改革委报送项目资金申请报告，并对初审结果和申报材料负责；

（二）负责国家高技术项目的管理工作和项目实施中重大问题的协调、处理，确保项目按期完成并组织项目验收工作；

（三）配合国家有关部门进行监督、审计和检查工作；

（四）每年定期将本部门、本地区和本企业（集团）的国家高技术项目执行情况汇总并报国家发展改革委。

第七条 本办法所称项目单位是指依照我国法律登记、注册，申请高技术项目国家补贴资金的企业或事业法人。项目单位应具有较好的经营管理水平，具备承担国家高技术项目所需的技术开发能力和资金筹措、工程建设组织管理能力。

项目单位应履行下列主要职责：

（一）按照本办法和项目公告的要求，编制并向项目主管部门报送高技术项目国家补贴资金申请报告，并对申报材料的真实性承担责任；

（二）按照项目组织部门、主管部门批复的项目资金申请报告确定的内容和要求实施项目；

（三）按要求向项目主管部门报告项目实施情况和经费落实情况，及时报告项目执行中出现的重大事项；

（四）对国家补贴资金要实行专账管理；

（五）接受国家发展改革委及各级财政、审计部门，项目主管部门或上述部门委托的机构所进行的评估、监督、审计和检查；

（六）项目总体目标达到后，及时按要求进行项目验收。

第三章　申报及审核

第八条　国家发展改革委根据《国家高技术产业发展规划》、《当前优先发展的高技术产业化重点领域指南》、《产业结构调整指导目录》、《国家产业技术政策》及其他相关专项规划和相关产业政策，发布国家高技术项目公告或通知，明确国家支持的重点领域、重点任务、实施时间，以及安排国家补贴资金的方式和标准。

第九条　按有关规定应由地方政府核准或备案的企业投资项目，应在核准或备案后提出资金申请报告。

按有关规定应由地方政府审批的地方政府投资项目，应在可行性研究报告经有权审批单位批准后提出资金申请报告。

按照有关规定应报国务院或国家发展改革委审批、核准的项目，可在报送可行性研究报告或项目申请报告时一并提出资金申请，不再单独报送资金申请报告；也可在项目经审批或核准同意后，根据国家有关投资补助、贴息的政策要求，另行报送资金申请报告。

第十条　申请国家高技术项目应具备以下基本条件：

（一）符合国家发展改革委项目公告或通知的要求；

（二）符合国家产业政策和节能、降耗、环保、安全等要求，项目方案合理可行，具有较好的社会经济效益；

（三）应具有我国自主知识产权，知识产权归属明晰；

（四）项目单位必须具有较强的技术开发、资金筹措、项目实施能力，以及较好的资信等级，资产负债率在合理范围内，项目已基本具备实施条件，项目所需资金已落实；

（五）建设项目应按本办法第九条完成审批、核准或备案，已基本具备开工建设条件，或已经开工建设但审批、核准或备案未超过两年，已通过项目用地预审或用地已经依法批准，具有环保以及其他许可文件。

第十一条　申请国家高技术项目还应具备以下条件：

（一）产业化项目采用的科技成果（包括自主知识产权、消化吸收创新、国内外联合开发的技术等）应具有先进性和良好的推广应用价值、有关成果鉴定、权威机构出具的认证或技术检测报告等证明材料、必要的验证和生产许可；项目单位具有较强的工程建设组织管理能力，具有开展相关产业化项目的生产、经营资格。

（二）研制开发项目的研制开发方案先进、可行，目标明确；项目单位应具有较强的技术创新和装备研制能力，具有前期相关领域的研发基础和研发队伍；重大技术装备研制项目应结合依托工程。

（三）工程实验室项目和工程中心项目的项目单位须为已经国家发展改革委批准组建，并完成相关组建工作的国家工程实验室的依托单位或国家工程研究中心；项目建设内容符合该工程实验室或工程研究中心的发展方向和任务，建设方案合理。

（四）技术中心项目的项目单位须为国家认定企业技术中心所在企业，且该国家认定企业技术中心在最近年度国家认定企业技术中心评价中得分70分以上；项目应能够支撑企业关键、核心技术的开发。

（五）升级调整项目应符合产业结构调整指导目录；项目单位具有良好的现代企业运行机制和较好的经营业绩；具有开展相关产品生产的资格，项目必须具有合理的经济规模，产品符合国家和国际有关标准。

第十二条 项目单位应根据第十条和第十一条的相关规定，编制项目资金申请报告。

项目资金申请报告的具体要求由项目公告或通知具体规定，应包括以下主要内容：

（一）项目单位的基本情况和财务状况；

（二）项目的基本情况，包括项目背景、项目建设（研发）内容、总投资及资金来源、技术工艺、各项建设（研发）条件落实情况等；

（三）申请国家补贴资金的主要理由和政策依据；

（四）项目招标内容（适用于申请国家补贴资金500万元及以上的投资项目）；

（五）国家发展改革委项目公告或通知要求提供的其他内容。

项目资金申请报告可根据具体情况附以下相关文件：

（一）政府投资项目的可行性研究报告批准文件或企业投资项目的核准或备案的批准文件；

（二）技术来源及技术先进性的有关证明文件；

（三）城市规划部门出具的城市规划选址意见（适用于城市规划区域内的

投资项目）；

（四）国土资源部门出具的项目用地预审意见；

（五）环保部门出具的环境影响评价文件的审批意见；

（六）金融机构出具的贷款承诺，申请贴息的项目还须出具项目单位与有关金融机构签订的贷款协议或合同；

（七）项目单位对项目资金申请报告内容和附属文件真实性负责的声明；

（八）国家发展改革委项目公告或通知要求提供的其他文件。

第十三条　项目主管部门应根据第十条至第十二条的相关规定审查项目单位提出的项目资金申请报告，对审查合格的项目资金申请报告报送国家发展改革委。其中，对于工作职能属于省级经济（贸易）委员会的项目，由省级经济（贸易）委员会作为项目主管部门，并由省级经济（贸易）委员会商省级发展和改革委员会后，由省级发展和改革委员会会同省级经济（贸易）委员会联合报送国家发展改革委。

对申报材料不完备的资金申请报告，国家发展改革委及时通知项目主管部门在要求的时限内补充相关材料。

第十四条　对项目主管部门报送的项目资金申请报告，国家发展改革委组织专家组进行专家评审或委托咨询机构进行评估，必要时可征求国务院有关部门或地方政府的意见。

专家组应由专业性、权威性、代表性、中立性，且与项目无重大相关利益的专家组成。专家组应科学、客观、公正地评审项目。

专家评审或咨询机构评估应主要从以下方面对项目进行评审评估：

（一）项目技术的先进性和适用性；

（二）项目对相关产业的优化升级具有的带动作用；

（三）项目单位的经营能力和技术开发能力；

（四）项目的市场前景和经济效益；

（五）项目实施方案的可行性；

（六）国家发展改革委项目公告或通知的其他要求。

第十五条　国家发展改革委按照科学、公平、择优的原则，根据专家评审意见或咨询机构的评估意见，综合考虑国务院有关部门和地方政府的意见，审查批复项目资金申请报告，并将项目的评审评估意见和审批结果以适当的方式告知项目主管部门。项目资金申请报告的批复文件是下达国家补贴资金的依据，应包括项目实施的总体目标、国家补贴资金额度和资金使用方向。批复文件可单独办理，也可集中办理。

国家发展改革委主要从以下方面对项目资金申请报告进行审查：

（一）符合中央预算内资金的使用方向；

（二）符合项目公告或通知的有关要求；

（三）符合国家补贴资金的安排原则；

（四）提交的相关文件齐备、有效；

（五）项目的主要建设（研发）条件基本落实；

（六）符合国家发展改革委要求的其他条件。

第十六条 国家发展改革委安排给单个国家高技术项目的资金最高限额原则上不超过2亿元。

国家发展改革委安排给单个地方政府投资的国家高技术项目的资金在3000万元及以下的，一律按投资补助或贴息方式管理，只审批资金申请报告。国家发展改革委安排给单个企业投资的国家高技术项目的资金在3000万元及以下的，可按投资补助或贷款贴息方式管理，国家发展改革委审批资金申请报告；也可按直接投资或资本金注入方式管理，国家发展改革委审批可行性研究报告。

国家发展改革委安排给单个国家高技术项目的资金在3000万元-2亿元之间且占项目总投资的比例不超过50%的，对于地方政府投资项目可按投资补助或贷款贴息的方式管理，国家发展改革委审批资金申请报告；对于企业投资项目可按投资补助或贷款贴息的方式管理，国家发展改革委审批资金申请报告，也可按直接投资或资本金注入方式管理，国家发展改革委审批可行性研究报告。

国家发展改革委安排给单个国家高技术项目的资金在3000万元-2亿元之间且占项目总投资的比例超过50%的，或超过2亿元的，按直接投资或资本金注入方式管理，由国家发展改革委审批可行性研究报告。

第十七条 单个国家高技术项目的国家补贴资金超过3000万元的，国家发展改革委可要求项目单位报送初步设计概算，并委托咨询机构进行评审，根据评审结果决定国家安排资金的具体数额。

第十八条 单个国家高技术项目的国家补贴资金原则上均为一次性安排。对于已经安排国家补贴资金的国家高技术项目，国家发展改革委不再重复受理其资金申请报告。

第四章 资金管理

第十九条 国家高技术项目的资金来源包括项目单位的自有资金、国家补贴资金、国务院有关部门或地方政府配套资金、银行贷款，以及项目单位筹集的其它资金。项目资金原则上以项目单位自筹为主，国家采用资金补贴的方式予以支持。

第二十条 项目单位筹集的项目资本金或研发项目的自有资金不得低于项目新增投资的30%。项目资本金来源包括项目单位可用于项目的现金、发行股票筹集的资金、新老股东增资扩股资金、资产变现的资金等。

第二十一条 国家补贴资金分为投资补助和贷款贴息补助两类。

国家投资补助应根据项目的重要性、风险程度以及产业发展、区域布局等要求，分档给予补助支持。

贷款贴息补助的贴息率不超过当期银行中长期贷款利率。贴息资金总额根据项目符合贴息条件的银行贷款总额、当年贴息率和贴息年限计算确定，原则上按项目的实施进度和贷款的实际发生额分期安排贴息资金。

第二十二条 国家补贴资金主要用于项目的研究开发、购置研究开发及工程化所需的仪器设备、改善工艺设备和测试条件、建设产业化或工程化验证成套装置和试验装置、建设必要的配套基础设施、购置必要的技术、软件等。

第二十三条 经国家发展改革委批复的国家高技术项目列入国家高技术产业发展项目计划和投资计划。

国家发展改革委根据项目资金申请报告的批复文件、项目建设进度和项目建设资金到位情况，以及项目主管部门提出的项目国家补贴资金的下达申请，可一次或分次下达国家补贴资金投资计划。项目主管部门收到国家补贴资金投资计划后，要按有关规定尽快将国家补贴资金投资计划下达到项目单位，并做好有关协调工作。

对于由省级经济（贸易）委员会作为项目主管部门的项目，国家发展改革委将国家补贴资金投资计划同时下达省级发展和改革委员会及经济（贸易）委员会，由省级发展和改革委员会、省级经济（贸易）委员会联合下达到项目单位。

第二十四条 项目单位对国家补贴资金要专款专用、专账管理；任何部门和单位不得截留、挤占和挪用国家补贴资金；项目主管部门要对国家补贴资金加强监管，督促项目单位按照国家补贴资金使用方向使用国家补贴资金。

第二十五条 项目单位的自筹资金应按计划及时足额投入。鼓励项目主管部门对项目安排必要的配套资金。

第五章 项目实施与管理

第二十六条 国家高技术项目实行项目单位责任制，项目单位依照有关法律法规负责项目的筹划、筹资、建设、运营等，并配合国家有关部门和项目主管部门做好对国家补贴资金使用的监督、检查和审计工作。

第二十七条 项目主管部门根据国家对项目资金申请报告的批复文件和项目审批、核准或备案文件,对项目实施情况和国家补贴资金的使用情况等进行监管。项目主管部门可根据具体情况要求项目单位编制项目初步设计、建设方案或实施方案。

第二十八条 所有国家高技术项目应按照国家有关招标投标的法律法规做好招标工作。其中,对于使用国家补贴资金 500 万元及以上的项目,要严格按照国家发展改革委核准的项目招标内容和有关招标投标的法律法规开展招标工作。

第二十九条 项目主管部门应在每年 2 月底和 8 月底以前,以正式文件向国家发展改革委提交包括项目进度情况、存在的问题、解决问题的具体措施和处理意见等内容的项目进展情况报告,并提出国家补贴资金的下达申请。项目单位应按照项目主管部门的要求报送有关项目进展情况。

第三十条 项目单位应按照资金申请报告批复的总体目标组织实施。实施过程中,项目出现重大情况需调整的,应向项目主管部门报告。对不能完成总体目标的项目,由项目主管部门提出处理建议报国家发展改革委;对于其他不影响项目总体目标实现的调整,由项目主管部门负责审核调整,并抄报国家发展改革委。

第三十一条 项目实施达到项目总体目标后,项目单位应及时做好项目验收准备工作,并向项目主管部门提出项目验收申请。项目主管部门应及时对项目进行验收,并将验收结论报送国家发展改革委。计划单列企业集团和中央管理企业在验收国家高技术项目时,应邀请第三方人员参加。项目单位要按国家有关规定妥善保管项目有关档案和验收材料。

第三十二条 项目实施过程中和验收后,国家发展改革委可视情况组织或委托项目主管部门、有关中介机构或有关专家组对项目进行中期评估和后评估。

第三十三条 项目实施过程中取得的专利、著作权等知识产权权属,按照有关法律法规执行。

第三十四条 研制开发项目的国家补贴资金财务处理按照科研项目相应的财政拨款有关规定管理。其他国家高技术项目的国家补贴资金的财务处理按照资本公积管理。

第六章　监督管理和法律责任

第三十五条 国家发展改革委负责对国家高技术项目实施情况进行监

督。财政、审计、监察等部门依据职能分工进行监督检查。项目主管部门和项目单位应配合监督、审计、监察和检查工作。

第三十六条 项目监督、审计、监察和检查工作应按照有关法律法规和本管理办法进行。

第三十七条 国家高技术项目信息,除涉及国家秘密和国家安全,商业秘密和其他依法不适宜公开的外,应当采取适当方式向社会公开。国家发展改革委和项目主管部门受理单位、个人对国家高技术项目在审批、建设过程中违法违规行为的举报,并按照有关规定予以查处。

第三十八条 对于按项目总体目标和项目内容按期或提前完成、通过验收,取得突出成绩的项目单位,以及在项目组织和管理中工作表现出色的项目主管部门及工作人员,国家发展改革委将给予表彰,并在今后的国家高技术项目评选中,对受表彰的项目主管部门组织申报的项目同等条件下优先安排。

第三十九条 项目单位有下列行为之一的,国家发展改革委可以责令其限期整改,核减、停止拨付或收回国家补贴资金,并可视情节轻重提请或移交有关机关依法追究有关责任人的行政或法律责任:

(一)提供虚假情况,骗取国家补贴资金的;

(二)转移、侵占或者挪用国家补贴资金的;

(三)擅自改变项目总体目标和主要建设内容的;

(四)无违规行为,但无正当理由未按要求完成项目总体目标延期两年未验收的;

(五)其他违反国家法律法规和本办法规定的行为。

第四十条 项目组织部门、项目主管部门和评估、咨询单位及有关责任人在审批、管理、评估、咨询、监督、检查等过程中弄虚作假、玩忽职守、滥用职权、徇私舞弊、索贿受贿的,国家发展改革委可建议有关部门依法追究有关责任人的行政责任;构成犯罪的,由司法机关依法追究刑事责任。

第七章　附　　则

第四十一条 项目主管部门应根据本办法的总体原则,结合本部门、本地区的具体情况,制订相应的实施细则,并报国家发展改革委备案。

第四十二条 本办法由国家发展改革委负责解释。

第四十三条 本办法自二〇〇六年四月一日起施行。

海关总署关于废止部分规章的决定

（2022 年 7 月 31 日海关总署令第 258 号公布　自 2022 年 7 月 31 日起施行　国司备字[2023007751]）

根据工作实际，现决定废止 1985 年 1 月 10 日海关总署〔1984〕署货字 1089 号文发布的《海关对长江驳运船舶转运进出口货物的管理规定》，1985 年 12 月 13 日海关总署〔1985〕署货字第 1097 号文发布、根据 2018 年 11 月 23 日海关总署令第 243 号修改的《〈海关对长江驳运船舶转运进出口货物的管理规定〉实施细则》，1986 年 7 月 3 日海关总署〔1986〕署货字第 671 号文发布的《中华人民共和国海关对我国兼营国际国内运输船舶的监管规定》，2003 年 12 月 30 日海关总署令第 106 号公布、根据 2005 年 12 月 30 日海关总署令第 141 号、2010 年 11 月 26 日海关总署令第 198 号、2012 年 3 月 30 日海关总署令第 206 号修改的《中华人民共和国海关关于执行〈内地与香港关于建立更紧密经贸关系的安排〉项下〈关于货物贸易的原产地规则〉的规定》，2003 年 12 月 30 日海关总署令第 107 号公布、根据 2005 年 12 月 30 日海关总署令第 142 号、2010 年 11 月 26 日海关总署令第 198 号、2012 年 3 月 30 日海关总署令第 207 号修改的《中华人民共和国海关关于执行〈内地与澳门关于建立更紧密经贸关系的安排〉项下〈关于货物贸易的原产地规则〉的规定》，2006 年 8 月 30 日海关总署令第 151 号公布、根据 2010 年 11 月 26 日海关总署令第 198 号、2014 年 9 月 30 日海关总署令第 224 号修改的《中华人民共和国海关〈中华人民共和国与智利共和国政府自由贸易协定〉项下进口货物原产地管理办法》，2008 年 9 月 28 日海关总署令第 175 号公布、根据 2010 年 11 月 26 日海关总署令第 198 号修改的《中华人民共和国海关〈中华人民共和国政府和新西兰政府自由贸易协定〉项下进出口货物原产地管理办法》。

本决定自公布之日起生效。

商务领域标准化管理办法

（2022 年 9 月 12 日商务部令 2022 年第 2 号公布　自 2022 年 10 月 20 日起施行　国司备字[2023007701]）

第一章　总　　则

第一条　为了加强商务领域标准化工作，根据《中华人民共和国标准化法》等有关法律法规，制定本办法。

第二条　本办法所称商务领域标准，包括商务领域国家标准和商务领域行业标准。

第三条　商务部负责全国商务领域标准化管理工作，履行下列职责：

（一）制定、编制全国商务领域标准化工作的制度和规划；

（二）依法负责商务领域标准的制定、组织实施以及对商务领域标准的制定、实施进行监督；

（三）指导地方商务领域标准化工作；

（四）依法组建、管理商务领域专业标准化技术委员会（以下简称技术委员会）；

（五）统筹商务领域国际标准化活动；

（六）负责商务领域标准化工作的其他重大事项。

设区的市级以上地方人民政府商务主管部门在商务部指导下，履行下列职责：

（一）贯彻执行商务领域标准化有关规定，制定本行政区域商务领域标准化工作计划并组织实施；

（二）组织、指导商务领域标准在本行政区域内的实施和推广；

（三）协助督促、检查本行政区域内单位承担的商务领域标准的起草工作；

（四）承办商务部委托的其他商务领域标准化工作。

第四条　技术委员会包括商务领域全国专业标准化技术委员会和商务领域行业标准化技术委员会（工作组），履行下列职责：

（一）提出本专业领域的标准化工作政策和措施建议；

（二）编制本专业领域标准体系；

（三）提出制修订标准项目建议；

（四）开展标准起草、技术审查、复审及标准外文版的翻译和审查等有关具体工作；

（五）承担本专业领域行业标准有关具体技术内容的咨询答复工作。

商务领域全国专业标准化技术委员会的组建、换届、调整以及监督管理按照全国专业标准化技术委员会规定执行。

商务领域行业标准化技术委员会（工作组）的组建、换届、调整以及监督管理的具体规则由商务部另行制定。

第五条 商务部推动参与商务领域国际标准化活动，开展标准化对外合作与交流，推动中国标准走出去，结合国情采用国际标准，推动商务领域标准与国外标准之间的认可、采用，组织开展商务领域标准外文版翻译工作。

第六条 商务部对在商务领域标准化工作中作出显著成绩的单位和个人，按照国家有关规定给予表彰和奖励。

第二章 标准的制定

第七条 商务领域国家标准的制定按照国家标准规定执行。

商务领域行业标准的制定按照本办法执行。

第八条 技术委员会、行业协会商会等组织和单位（以下简称申请单位）可以向商务部提出商务领域行业标准立项申请。

申请单位提出立项申请时，应当报送项目建议书和标准草案。项目建议书应当包括以下内容：

（一）制定行业标准的必要性、可行性；

（二）主要技术要求；

（三）国内外有关标准情况；

（四）采用国际标准情况；

（五）其他应当予以说明的事项。

第九条 商务部应当对立项申请进行评估。评估内容包括：

（一）有关领域标准体系情况；

（二）标准技术化水平、产业化情况和预期达到的效果；

（三）与有关法律法规和标准的协调性；

（四）有关国际、国外标准的比对分析情况；

（五）其他需要评估的内容。

第十条 商务部经评估决定予以立项的，下达项目计划。决定不予立项的，向申请单位说明理由。

必要时，商务部可以直接下达项目计划。

第十一条　项目计划下达后，有关技术委员会应当组建起草组。没有技术委员会的，由申请单位明确起草单位，由起草单位组建起草组。

商务部直接下达项目计划的，由商务部指定技术委员会或者起草单位组建起草组。

起草组应当具有专业性和广泛代表性。

第十二条　起草组负责编写标准征求意见稿和编制说明。标准征求意见稿和编制说明应当符合标准制修订编写技术文件的有关要求。编制说明应当包括以下内容：

（一）工作简况，包括起草组成员及其所在单位、起草过程等；

（二）与有关法律法规和标准的协调性；

（三）编制原则和主要内容；

（四）推广应用论证和预期达到的效果；

（五）采用国际标准和国外先进标准情况；

（六）重大分歧意见的处理经过和依据；

（七）贯彻标准的要求和措施建议；

（八）其他应当予以说明的事项。

第十三条　标准征求意见稿和编制说明形成后，技术委员会或者起草单位应当以书面形式向有关主管部门、社会团体、企事业单位、科研院所、专家等征求意见，同时报请商务部在商务部网站向社会公开征求意见。

第十四条　公开征求意见结束后，起草组应当根据征集意见对标准征求意见稿、编制说明进行完善，形成标准送审稿、编制说明、征求意见汇总处理表，报技术委员会初审。初审通过后，由技术委员会形成送审材料报商务部。没有技术委员会的，由起草单位报商务部相关司局初审。初审通过后，由起草单位形成送审材料报商务部。送审材料包括：

（一）标准送审稿；

（二）编制说明；

（三）征求意见汇总处理表；

（四）初审意见表。

第十五条　商务部对送审材料进行审核。审核内容包括：

（一）标准制定程序、送审材料是否规范；

（二）是否符合有关法律法规的规定；

（三）标准之间的协调性；

（四）重大分歧意见处理情况；

（五）其他需要审核的内容。

第十六条　审核通过后，技术委员会成立专家组对标准送审稿进行技术审查。没有技术委员会的，由商务部成立专家组进行技术审查。

专家组成员来自生产者、经营者、使用者、消费者、公共利益方等相关方。教育科研机构、有关行政主管部门、检测及认证机构、社会团体等可以作为公共利益方代表。专家组成员一般不少于九人。

起草组成员不得承担技术审查工作。

第十七条　技术审查可以采用现场会议、视频会议或者函审等形式。涉及国计民生等可能产生重大影响的行业标准，应当采用会议形式审查。技术审查内容包括：

（一）标准技术内容的必要性、经济性和可操作性；

（二）关键技术指标的来源和依据；

（三）其他需要技术审查的内容。

第十八条　采用会议形式进行技术审查的，应当形成审查会会议纪要和审查会审查结论表。采用函审形式的，应当形成函审结论表。

技术审查结论应当经专家组全体成员三分之二以上同意。

第十九条　技术审查通过后，技术委员会或者起草单位组织起草组根据技术审查结论完善相关材料，形成报批材料报商务部。报批材料包括：

（一）标准报批稿；

（二）编制说明；

（三）专家组成员名单；

（四）审查会会议纪要、审查会审查结论表或者函审结论表；

（五）采用国际标准的原文和译文。

第二十条　商务部对报批材料的完整性、规范性以及意见处理情况等进行审核。

涉及国计民生等可能产生重大影响的行业标准，商务部可以在标准发布前再次向社会公开征求意见或者征求相关方面意见。

第二十一条　经商务部审核同意的商务领域行业标准由商务部编号，以公告形式发布。

第二十二条　商务领域行业标准代号为“SB/T”（国内贸易行业标准）或“WM/T”（外经贸行业标准），商务领域行业标准编号由标准代号、发布顺序号和发布年份号组成。

第二十三条　商务领域行业标准文本在商务部网站依法向社会公开。

第二十四条　商务领域行业标准制定过程中，经商务部同意，标准名称、起草单位可以调整。

第二十五条 商务领域行业标准从项目计划下达到报送报批稿的期限一般不超过十二个月。

在规定期限内无法报送的,技术委员会或者起草单位应当提前三十日向商务部说明情况,并申请延长期限。延长的期限不得超过六个月。

第二十六条 技术委员会或者起草单位逾期未报送报批稿或者出现不宜继续制定商务领域行业标准情形的,商务部可以终止项目。

第二十七条 商务部可以根据工作需要简化急需的商务领域行业标准制定程序。

第二十八条 技术委员会或者起草单位无正当理由未按时完成或者未按规定完成商务领域行业标准制定工作的,由商务部责令限期改正;逾期不改正的,五年内不得承担商务领域标准化任务。

第三章 标准的组织实施

第二十九条 商务领域国家标准的组织实施按照国家标准规定执行。

商务领域行业标准的组织实施按照本办法执行。

第三十条 商务领域行业标准发布后,商务部组织地方商务主管部门、技术委员会、社会团体等开展标准宣传和推广工作。

第三十一条 商务领域行业标准的解释由商务部负责。解释申请应当向商务部提出,由商务部依法受理并予以答复。解释申请存在下列情形的,商务部不予受理:

(一)不属于商务领域行业标准规定的内容;

(二)对有关对象是否符合某一项商务领域行业标准的判断;

(三)尚未发布的商务领域行业标准。

属于商务领域行业标准实施过程中有关具体技术内容的咨询,由技术委员会或者起草单位答复。

第三十二条 商务部建立商务领域行业标准制修订信息管理系统,接收社会各方对行业标准实施情况的意见建议。

第三十三条 技术委员会或者起草单位应当采取多种形式收集商务领域行业标准实施情况,及时开展评估研究。

第三十四条 技术委员会或者起草单位应当根据商务领域行业标准实施效果以及社会发展需要,对商务领域行业标准进行复审,向商务部提出继续有效、修订或者废止的复审结论。复审内容包括:

(一)标准内容与现行法律法规和相关标准的协调性;

（二）标准的实施应用范围；

（三）标准实施产生的经济效益和社会效益；

（四）标准实施过程中存在的问题和建议。

复审周期一般不超过五年。

第三十五条 复审结论为修订的，按照本办法第二章程序执行。

复审结论为废止的，由商务部在商务部网站公开征求意见。无重大分歧意见或者经协调一致的，由商务部发布公告予以废止。

第三十六条 商务领域行业标准发布后，个别技术要求需要修改、补充或者删减的，由技术委员会或者起草单位填写《行业标准修改通知单》，报商务部。商务部同意后以公告形式发布。

第四章 附　　则

第三十七条 商务领域标准化指导性技术文件的制定、组织实施以及对商务领域标准化指导性技术文件的制定、实施进行监督，参照本办法执行。

第三十八条 本办法由商务部负责解释。

第三十九条 本办法自 2022 年 10 月 20 日起施行。《商务领域标准化管理办法（试行）》（商务部令 2012 年第 5 号）同时废止。

中华人民共和国海关进出口商品检验采信管理办法

（2022 年 9 月 20 日海关总署令第 259 号公布　自 2022 年 12 月 1 日起施行　国司备字［2023007710］）

第一章 总　　则

第一条 为了规范海关进出口商品检验采信工作，根据《中华人民共和国进出口商品检验法》及其实施条例的规定，制定本办法。

第二条 海关在进出口商品检验中采信检验机构的检验结果，以及对采信机构的监督管理，适用本办法。

第三条 海关总署主管进出口商品检验采信工作。

直属海关和隶属海关在进出口商品检验中依法实施采信工作。

第四条 本办法所称采信，是指海关在进出口商品检验中，依法将采信机构的检验结果作为合格评定依据的行为。

本办法所称采信机构，是指具备海关要求的资质和能力，被海关总署列入采信机构目录的检验机构。

第五条 海关总署根据进出口商品质量安全风险评估结果，确定并公布可实施采信的商品（以下简称“采信商品”）范围及其具体采信要求，并实施动态调整。

采信要求包括：采信商品名称及其商品编号、适用的技术规范、检验项目、检验方法、抽样方案、检验报告有效期以及其他与进出口商品质量安全有关的要求。

第六条 海关总署建立采信管理系统，提升采信工作信息化水平。

第二章 采信机构管理

第七条 符合以下条件的检验机构可以向海关总署申请列入采信机构目录：

（一）具有所在国家或者地区合法经营资质；

（二）具备相关采信商品的检验能力；

（三）在中华人民共和国境内注册的检验机构，应当取得检验检测机构资质认定（CMA）等国内相应资质认定，或者获得中国合格评定国家认可委员会（CNAS）实施的 ISO/IEC 17025 和 ISO/IEC 17020 认可；在中华人民共和国境外注册的检验机构，应当获得由国际实验室认可合作组织互认协议（ILAC-MRA）签约认可机构实施的 ISO/IEC 17025 和 ISO/IEC 17020 体系认可；

（四）熟悉并遵守中华人民共和国商品检验相关法律法规及标准；

（五）具备独立、公正、客观开展检验活动的能力；

（六）近三年在国内外无与检验相关的违法记录。

海关总署另有规定的，从其规定。

第八条 检验机构申请列入采信机构目录的，应当通过采信管理系统向海关总署提交下列材料：

（一）申请表；

（二）检验机构法人信息和投资方信息；

（三）相关资质认定或者认可证书以及相关证明材料；

（四）技术能力范围声明，包括相关资质的检验范围、采用的检验方法以及检验标准；

（五）从事检验活动的独立性声明以及相关证明材料；

（六）近三年在国内外无与检验相关违法记录的声明；

（七）商品检验报告的签发人名单。

有关材料为外文的应当随附中文译本。

第九条 海关总署组织专家评审组对检验机构申请材料进行评估审查，评估审查可以采用书面审查或者现场检查等形式。

第十条 经审查，符合本办法规定的，海关总署应当将检验机构列入相关采信商品对应的采信机构目录；不符合本办法规定的，通过采信管理系统告知检验机构。

第十一条 海关总署负责公布采信机构目录，并实施动态调整。

采信机构目录包括：采信商品名称及其商品编号、适用的技术规范、检验项目、采信机构名称及其代码、所在国家或者地区以及联络信息。

第三章 采信的实施

第十二条 采信机构可以接受进出口货物收发货人或者其代理人的委托，对采信商品实施检验并出具检验报告。

根据需要，经委托人书面同意，采信机构可以将部分检验项目分包给其他采信机构。承担分包项目的采信机构应当具备相应的检验能力，并不得再次分包。

第十三条 采信机构出具的检验报告除满足检验检测资质规定的内容要求外，还应当包含以下内容：

（一）采信机构名称及其代码；

（二）检验报告编号；

（三）商品信息，包括商品名称、型号规格、对应的批次编号或者产品序列号码以及其他产品追溯信息；

（四）采信要求规定的检验项目、检验方法以及抽样方案等；

（五）委托人名称以及联络信息；

（六）受理日期、检验地点、检验时间以及签发日期；

（七）检验结果；

（八）签发人签字。

采信机构认为存在其他可能对检验结果造成影响情况的，可以在检验报告中注明。

采信机构将部分检验项目分包给其他采信机构实施检验的，还应当在检验报告中注明分包的检验项目以及承担分包项目的采信机构名称及其代码。

第十四条 采信机构应当根据进出口货物收发货人或者其代理人的委托,在相关进出口货物申报前,通过采信管理系统向海关提交检验报告,但是采信要求另有规定的除外;未按照规定时限提交的,海关不予采信。

除采信要求另有规定,在已提交的检验报告有效期内,进出口相同规格型号货物的,无需重复提交检验报告。

第十五条 进出口货物收发货人或者其代理人应当按照规定向海关提供检验报告编号以及出具检验报告的采信机构代码,海关根据采信要求对相应检验报告进行审核。符合要求的,对检验结果予以采信;不符合要求的,不予采信。

第十六条 海关采信检验结果的,进出口货物收发货人或者其代理人应当向海关提交质量安全符合性声明,海关不再对进出口货物抽样检测,但是海关根据风险防控需要实施检验的除外。

第四章 监督管理

第十七条 采信机构信息发生变更的,应当及时通过采信管理系统向海关总署提交信息变更材料。

第十八条 采信机构应当按照以下规定保存与采信活动相关的原始文件:

(一)本办法第八条规定的申请材料应当长期保存;

(二)与开展采信业务相关的检验报告、检验记录,保存期限不得少于六年;

(三)采信机构的内部文件,包括说明、标准、手册、指南和参考数据等,保存期限不得少于六年。

第十九条 海关可以通过以下方式,对采信机构实施监督:

(一)对采信机构的检验能力进行验证;

(二)依法查阅或者要求采信机构报送有关材料;

(三)开展实地检查或者专项调查。

海关依照前款规定对采信机构实施监督的,采信机构应当按照海关规定的期限向海关提交有关材料。有关材料为外文的,应当随附中文译本。

第二十条 直属海关和隶属海关发现采信机构出具的检验报告存在不实或者虚假情况的,应当立即报告海关总署。

海关总署可以决定暂停采信相关机构出具的检验报告,并采取其他必要的处置措施。

第二十一条 采信机构主动退出采信机构目录的，应当通过采信管理系统提出申请。

第二十二条 采信机构主动申请退出采信机构目录，或者存在下列情形之一的，海关总署可以将其移出采信机构目录：

（一）签发不实或者虚假检验报告的；

（二）向海关提供超出采信机构目录规定的商品范围的检验报告的；

（三）检验能力不符合海关要求的；

（四）拒不配合海关监督管理工作，情节严重的；

（五）存在其他不符合采信机构条件情形的。

自移出目录并公布之日起，海关不再采信该检验机构的检验结果。

被海关总署移出采信机构目录的检验机构，一年内不得重新申请成为采信机构。

采信机构存在本条第一款第一项、第二项规定情形的，海关总署可以将有关情况通报国内外相关部门。

第二十三条 检验机构被依法移出采信机构目录的，海关根据工作需要，可以对其被移出前实施的检验活动进行追溯调查。

第二十四条 在中华人民共和国境内注册的采信机构存在本办法第二十二条第一款第一项、第二项规定情形的，海关依法给予行政处罚；构成犯罪的，依法追究刑事责任。

第二十五条 进出口货物收发货人或者其代理人违反本办法规定的，海关依法给予行政处罚；构成犯罪的，依法追究刑事责任。

第五章 附 则

第二十六条 在中华人民共和国香港特别行政区、澳门特别行政区、台湾地区注册登记的检验机构，参照本办法对中华人民共和国境外注册的检验机构的规定执行。

第二十七条 本办法由海关总署负责解释。

第二十八条 本办法自 2022 年 12 月 1 日起施行。

中华人民共和国海关过境货物监管办法

（2022 年 9 月 26 日海关总署令第 260 号公布　自 2022 年 11 月 1 日起施行　国司备字[2023007752]）

第一条　为了加强海关对过境货物的监督管理，维护国家的主权、安全和利益，促进贸易便利化，根据《中华人民共和国海关法》《中华人民共和国生物安全法》《中华人民共和国进出境动植物检疫法》及其实施条例、《中华人民共和国国境卫生检疫法》及其实施细则以及相关法律法规的有关规定，制定本办法。

第二条　本办法所称过境货物是指由境外启运，通过中国境内陆路继续运往境外的货物。

同我国缔结或者共同参加含有货物过境条款的国际条约、协定的国家或者地区的过境货物，按照有关条约、协定规定准予过境。其他过境货物，应当经国家商务、交通运输等主管部门批准并向进境地海关备案后准予过境。法律法规另有规定的，从其规定。

第三条　下列货物禁止过境：

（一）来自或者运往我国停止或者禁止贸易的国家或者地区的货物；

（二）武器、弹药、爆炸物品以及军需品，但是通过军事途径运输的除外；

（三）烈性毒药，麻醉品和鸦片、吗啡、海洛因、可卡因等毒品；

（四）危险废物、放射性废物；

（五）微生物、人体组织、生物制品、血液及其制品等特殊物品；

（六）外来入侵物种；

（七）象牙等濒危动植物及其制品，但是法律另有规定的除外；

（八）《中华人民共和国进出境动植物检疫法》规定的禁止进境物，但是法律另有规定的除外；

（九）对中国政治、经济、文化、道德造成危害的；

（十）国家规定禁止过境的其他货物。

第四条　过境货物自进境起到出境止，应当接受海关监管。

过境货物，未经海关批准，任何单位和个人不得开拆、提取、交付、发运、调换、改装、抵押、质押、留置、转让、更换标记、移作他用或者进行其他处置。动植物、动植物产品和其他检疫物过境期间未经海关批准不得卸离运输工具。

第五条　承担过境货物境内运输的运输工具负责人（以下简称“运输工具

负责人”),应当经国家有关部门批准开展过境货物运输业务,并按照规定在海关备案。

第六条 过境货物自进境起到出境止,应当按照交通运输主管部门规定的路线运输,交通运输主管部门没有规定的,由海关规定。

运输动物过境的,应当按照海关规定的路线运输。

第七条 过境动物以及其他经评估为生物安全高风险的过境货物,应当从指定的口岸进境。

第八条 运输工具负责人应当提交过境货物运输申报单,向进境地海关如实申报。

过境货物为动植物、动植物产品和其他检疫物的,应当提交输出国家或者地区政府动植物检疫机关出具的检疫证书;过境货物为动物的,还应当同时提交海关签发的动物过境许可证;过境货物为两用物项等国家限制过境货物的,应当提交有关许可证件。

第九条 过境货物运抵进境地,经进境地海关审核同意,方可过境运输。依法需要检疫的,应当在检疫合格后过境运输。过境动物的尸体、排泄物、铺垫材料及其他废弃物,必须依法处理,不得擅自抛弃。

过境货物运抵出境地,经出境地海关核销后,方可运输出境。

第十条 过境货物不得与其他进出境货物、物品混拼厢式货车或者集装箱进行运输。

第十一条 海关可以对载运过境货物的境内运输工具或者集装箱加施封志,任何人不得擅自开启或者损毁。

第十二条 过境货物运离进境地后、运抵出境地前需要换装运输工具、集装箱的,运输工具负责人应当向换装地海关申请办理过境运输换装手续。

过境货物应当在经海关指定或者同意的仓库或者场所内进行换装作业,危险化学品、危险货物应当在有关部门批准的具备安全作业条件的地点进行换装作业。

第十三条 具有全程提运单的过境货物,境内运输期间需要换装运输工具、集装箱的,运输工具负责人可以一次性向进境地海关和换装地海关申请办理过境运输以及换装手续。

第十四条 海关根据工作需要,可以派员押运过境货物,运输工具负责人应当提供方便。

第十五条 海关认为必要时,可以查验过境货物,运输工具负责人应当到场配合。

第十六条 除不可抗力原因外,过境货物在境内发生灭失或者短少的,运输工具负责人应当向进境地海关办理相关海关手续。

第十七条 过境货物自运输工具申报进境之日起超过三个月未向海关申报的,视为进口货物,按照《中华人民共和国海关法》等法律法规的有关规定处理。

第十八条 过境货物应当自运输工具申报进境之日起六个月内运输出境;特殊情况下,经进境地海关同意可以延期,但是延长期限不得超过三个月。

过境货物超过前款规定期限三个月未运输出境的,由海关提取依法变卖处理。法律法规另有规定的,从其规定。

第十九条 过境货物不列入进出口货物贸易统计,由海关实施单项统计。

第二十条 过境货物未申报或者申报不实的,海关可以予以警告或者处三万元以下罚款。

其他违反本办法规定的,海关按照相关法律法规予以处罚;构成犯罪的,依法追究刑事责任。

第二十一条 本办法由海关总署负责解释。

第二十二条 本办法自2022年11月1日起施行。1992年9月1日海关总署令第38号公布、根据2010年11月26日海关总署令第198号、2018年5月29日海关总署令第240号修改的《中华人民共和国海关对过境货物监管办法》同时废止。

国家体育总局规章和规范性文件制定程序规定

(2022年10月25日国家体育总局令第28号公布　自2022年12月1日起施行　国司备字[2023007573])

第一章　总　　则

第一条 为了规范国家体育总局(以下简称体育总局)规章和规范性文件制定程序,提高规章和规范性文件质量,根据《中华人民共和国立法法》《规章制定程序条例》《法规规章备案条例》等法律、行政法规和国务院有关文件要求,制定本规定。

第二条 体育总局规章和规范性文件的计划、起草、审查、决定、公布、备案、解释、清理、修改和废止,适用本规定。

第三条 本规定所称规章,是指体育总局根据法律、行政法规、国务院决定和命令,在体育总局职权范围内制定,或与国务院有关部门在各自职权范围内联合制定，以体育总局令形式公布，规范体育领域相关工作，具有普遍约束力的公文。

对下列事项进行规范应当制定规章：

（一）依法设定行政处罚的；

（二）依法实施行政许可的；

（三）依据有关法律、行政法规的授权，制定具体实施办法的；

（四）对行政相对人权益有较大影响的。

第四条 本规定所称规范性文件，是指除规章以外，体育总局根据法律、行政法规、国务院决定和命令、规章，按照法定职权和规定程序单独或者会同有关部门制定，以体育总局名义公开发布，涉及公民、法人和其他组织权利义务或规范全国体育行政管理行为，具有普遍约束力并在一定期限内反复适用的公文。

以下文件不属于本规定所称的规范性文件：

（一）规定体育总局机关和直属单位的人事、财务、保密、公文、安保、外事、党务、后勤等内部事务性文件；

（二）不具有约束力的指导性文件；

（三）以体育总局厅、司、局，直属单位，体育行业协会名义发布的文件；

（四）仅布置一次性具体工作的文件；

（五）体育领域国家标准、行业标准的文件；

（六）单纯转发的文件；

（七）根据《政府信息公开条例》和《国家体育总局政府信息公开办法》等规定，属于不予公开或者依申请公开的文件。

第五条 体育总局政策法规司负责管理和协调体育总局规章和规范性文件制定工作，各厅、司、局和有关直属单位在各自业务范围内，负责规章和规范性文件制定的具体工作。

第六条 制定重要规章和规范性文件应当按照有关规定及时报告体育总局党组。

第七条 制定规章和规范性文件，应当贯彻落实党的路线方针政策和决策部署，遵循立法法确定的立法原则，符合宪法、法律、行政法规和其他上位法的规定。

没有法律或者国务院行政法规、决定、命令的依据，规章和规范性文件不得设定减损公民、法人和其他组织权利或者增加其义务的规范，不得增加体育总局的权力或者减少体育总局的法定职责。

第八条 规章和规范性文件的名称一般称“规定”“办法”“意见”，不得称

“条例”。

为执行法律、行政法规而做出具体安排或解释、补充的规章和规范性文件,也可称“实施细则”或“实施办法”。

第九条 规章和规范性文件应当逻辑严密、结构合理、条理清晰、用词准确、简练规范、具有可操作性,不得使用不确定的修饰词和宣传性、文学性的语言。

法律、行政法规已经明确规定的内容,规章和规范性文件原则上不做重复规定;现行规章和规范性文件已有部署且仍然适用的,不得重复发文。

第十条 规章应当条文化,可以根据需要设立章、节、条、款、项、目。必要时,可以有目录、注释、附录、索引等附加部分。

规范性文件一般用条文形式表述,除内容较为复杂的外,一般不分章、节。

第二章 计 划

第十一条 体育总局年度规章和规范性文件制定计划(以下简称计划)由政策法规司组织编制和实施。

第十二条 体育总局各厅、司、局和有关直属单位应当于每年12月1日前向政策法规司提出下一年度拟发布的计划建议。

政策法规司可以向社会公开征集计划建议。

计划建议应当包括规章和规范性文件的名称,制定的必要性、可行性、目的和依据,拟解决的主要问题和拟确立的主要制度、前期工作情况和工作进度安排以及起草单位等。

第十三条 政策法规司根据体育事业发展需要,对计划建议进行评估论证、综合协调,拟定计划草案,报体育总局局长办公会议审议批准后向社会公布。

公布计划应当明确规章和规范性文件的名称、起草单位、完成时间等。

第十四条 规章和规范性文件制定工作应当按照计划进行。政策法规司负责组织协调、跟踪了解、指导督促计划的执行。

起草单位可以根据实际情况对执行中的计划予以调整。取消、中止、终止计划的,起草单位应当报体育总局领导批准;其他调整情形应当向政策法规司提出申请并说明理由。

各厅、司、局和有关直属单位拟增加计划外规章和规范性文件制定项目的,应当按照第十二条第二款的规定,向政策法规司提出建议。

第三章　起　　草

第十五条　起草规章和规范性文件，由承担相应职责的厅、司、局和直属单位负责；内容涉及两个以上厅、司、局和直属单位的，由主要负责单位牵头起草，其他单位配合。

第十六条　起草规章和规范性文件，应当对制定目的和依据、适用范围、概念界定、主管部门、主要制度、处罚措施、施行日期等内容做出明确规定。

第十七条　起草规章和规范性文件，不得违反上位法，应当避免与现行有效的规章和规范性文件冲突。

需要修改部分条款或废止现行规章和规范性文件的，应当在草案中予以明确。

第十八条　起草规章和规范性文件，应当深入调查研究，总结实践经验，并采取书面征求意见、座谈会、论证会、听证会等形式广泛听取意见。

起草规章和重要规范性文件，涉及社会公众普遍关注的体育领域热点难点问题和体育改革发展突出问题，减损公民、法人和其他组织权利或者增加其义务，对社会公众有重要影响等重大利益调整事项的，应当进行论证咨询，广泛听取有关方面的意见。

起草规章，涉及重大利益调整或者存在重大意见分歧，对公民、法人或者其他组织的权利义务有较大影响，人民群众普遍关注，需要进行听证的，应当依照《规章制定程序条例》第十六条举行听证会听取意见。

第十九条　起草规章，除依法需要保密的外，应当将规章草案及其说明按照司法部指定的方式向社会公开征求意见，期限一般不少于 30 日。

第二十条　涉及国务院其他部门职责或涉及体育总局其他单位业务的规章和规范性文件，起草单位应当征求国务院其他部门或体育总局有关单位的意见，充分协商，达成共识；协商不一致的，应当在报送规章和规范性文件送审稿时说明情况和理由。

第二十一条　起草规章和规范性文件，应当结合宏观经济政策取向对政策文件内容和出台时机等进行评估，慎重出台有收缩效应的规章和规范性文件。

对市场准入、产业发展、招商引资、招标投标、政府采购、经营行为、资质标准等涉及市场主体经济活动的规章和规范性文件，起草单位应当进行公平竞争审查，评估对市场竞争的影响，防止排除、限制市场竞争。

第二十二条　规范性文件应当明确有效期，有效期一般不超过 5 年。

第二十三条　规范性文件不得修改和废止规章。

第四章　规章的审查和规范性文件的合法性审核

第二十四条　规章和规范性文件送审稿，由起草单位报送政策法规司进行审查或合法性审核。

不得以会签、征求意见等形式代替合法性审核。

第二十五条　起草单位报送规章和规范性文件送审稿时，应当同时报送起草说明和其他有关材料。

起草说明包括制定规章或规范性文件的必要性、起草过程、主要内容及其理由和依据、征求意见和修改情况等。

第二十六条　政策法规司主要从以下方面对规章送审稿进行审查：

（一）制定主体是否合法；

（二）是否超越体育总局法定职权；

（三）是否符合宪法、法律、行政法规、规章和国家相关政策规定，是否符合社会主义核心价值观；

（四）是否符合《规章制定程序条例》有关规定，是否与有关规章协调、衔接；

（五）是否正确处理有关机关、组织和公民对规章送审稿主要问题的意见；

（六）是否符合立法技术要求；

（七）是否符合公平竞争原则；

（八）需要审核的其他内容。

第二十七条　政策法规司主要从以下方面对规范性文件送审稿进行合法性审核：

（一）制定主体是否合法；

（二）是否超越体育总局法定职权；

（三）是否符合宪法、法律、行政法规、规章和国家相关政策规定，是否符合社会主义核心价值观；

（四）是否违法设立行政许可、行政处罚、行政强制、行政征收、行政收费等事项，是否存在没有法律、行政法规依据作出减损公民、法人和其他组织合法权益或者增加其义务的情形，是否存在没有法律、行政法规依据增加体育总局权力或者减少体育总局法定职责的情形；

（五）是否违反规范性文件制定程序；

（六）是否符合公平竞争原则；

（七）需要审核的其他内容。

第二十八条 政策法规司对规章和规范性文件进行审查或合法性审核时,有下列情形之一的,可以缓办并退回起草单位,要求补充材料或说明相关情况:

(一)制定的基本条件尚不成熟或者发生重大变化的;

(二)规定的主要制度或措施不具可行性的;

(三)国务院其他部门,或者体育总局其他单位对送审稿规定的主要制度或措施存在较大争议,未与其协商并妥善处理的;

(四)未依照本规定公开征求意见的;

(五)不符合本规定第二十六条、第二十七条相关要求的。

第二十九条 政策法规司审查规章送审稿时,应当将规章送审稿或者规章送审稿涉及的主要问题发送有关部门、单位和专家征求意见;对涉及重大利益调整或有较大争议的事项进行论证咨询,通过公开征求意见、座谈会、论证会、听证会等多种形式广泛听取有关方面的意见;并认真研究各方面提出的意见,协商起草单位,对规章送审稿进行修改或补充,形成规章草案和起草说明。

第三十条 政策法规司对规范性文件送审稿进行合法性审核时,应当根据不同情形提出合法、不合法或应当予以修改等书面审核意见,并反馈起草单位。

起草单位应当认真研究各方面提出的意见,会同政策法规司和其他有关单位对规范性文件送审稿进行修改或补充,形成规范性文件草案和起草说明;特殊情况下,起草单位未完全采纳合法性审核意见的,应当在提请审议时详细说明理由和依据。

第三十一条 除公开征求意见、委托评估外,规章审查一般不超过 3 个月。

除为了预防、应对和处置突发事件,或者执行上级机关紧急命令和决定,需要立即制定实施的外,规范性文件的合法性审核一般不少于 5 个工作日,最长不超过 15 个工作日。

第五章 决定和公布

第三十二条 规章草案和起草说明由政策法规司提请体育总局局务会议审议。

规范性文件草案和起草说明由起草单位报送,经政策法规司核准后提请体育总局局长办公会议审议。未经合法性审核或者合法性审核未通过的,不得提请审议。

第三十三条 审议规章草案时，由政策法规司就草案进行说明，也可以由起草单位进行说明。

审议规范性文件草案时，起草单位应当就草案进行说明。

第三十四条 规章和规范性文件草案经审议后无修改意见的，起草单位应当报请体育总局领导签署公布；提出修改意见的，应当根据审议意见进行修改，形成草案审议修改稿，经政策法规司审核后报请体育总局领导签署公布；提出异议较多、需做较大变动的，应当依照本规定重新起草、送审。

第三十五条 体育总局与国务院其他部门联合起草的规章和规范性文件，由体育总局领导会签。

第三十六条 规章由体育总局局长签署体育总局令予以公布。规章审议通过后，在政策法规司统一登记局长令序号。规章的公布令应当载明规章的制定机关、序号、规章名称、通过日期、施行日期、签署人姓名以及公布日期。

规范性文件由体育总局局长签署予以公布。规范性文件审议通过后，在政策法规司统一登记、统一编号、统一印发，编号规则为“体+相关厅、司、局等部门或直属单位简称+规字+年份+序号”。未经政策法规司统一登记和编号并向社会公布的，不认定为规范性文件。

第三十七条 规章及其公布令、规范性文件签署公布后，应按要求刊载，并及时在体育总局官方网站全文刊登。

第三十八条 规章应当自公布之日起 30 日后施行；但公布后不立即施行将有碍施行的，可以自公布之日起施行。

与市场主体生产经营活动密切相关的规范性文件，施行前应当为市场主体留出必要的适应调整期。

第六章　备案和解释

第三十九条 规章公布之日起 30 日内，由政策法规司依照《法规规章备案条例》规定，报送国务院备案。

规范性文件公布之日起 15 日内，由起草单位将正式文本和电子文本报送政策法规司备案。

第四十条 规章或规范性文件有关内容需要进一步明确具体含义，或出现新的情况需要明确适用规章或规范性文件的，由起草单位提出解释，经政策法规司依照第四章规定进行审查或合法性审核，并提请体育总局领导批准后发布。

规章或规范性文件的解释同规章或规范性文件具有同等效力。

第七章　清理、修改和废止

第四十一条　政策法规司适时组织各厅、司、局和有关直属单位对规章和规范性文件进行清理，定期更新、发布废止的和现行有效的规章和规范性文件目录。

第四十二条　规章和规范性文件的修改和废止，依照本规定有关制定程序进行。

第四十三条　公民、法人和其他组织，各厅、司、局和有关直属单位认为规章和规范性文件同法律、行政法规或其他规章和规范性文件相抵触或者有必要进行修改、废止的，可以书面提出建议，按照规定程序处理。

第四十四条　规范性文件有效期届满前6个月，起草单位应当提出延长有效期、修改或者不再延长有效期的处理意见。

需要继续执行的，应当在其有效期届满前依照本规定程序延长有效期，延长期限不得超过其最初设定的有效期；需要修改的，应当依照本规定程序在有效期届满前修改发布；不再延长有效期或者未提出处理意见的，有效期届满，规范性文件自动失效。

第四十五条　起草单位负责立法后评估工作的具体实施。

必要时，政策法规司可以自行或者会同起草单位对规章和规范性文件或者其中的有关规定组织开展立法后评估工作。

评估结果将作为修改或者废止的重要参考。

第四十六条　体育总局作为主办部门与国务院其他部门联合公布的规章和规范性文件的修改及废止工作，应当征求有关部门意见并依照本规定程序进行。

第八章　附　　则

第四十七条　体育总局报送全国人大、国务院审议的法律、行政法规、国务院文件送审稿的起草等有关程序，参照本规定执行。

第四十八条　本规定自2022年12月1日起施行。2017年12月1日国家体育总局令第23号公布的《国家体育总局规章和规范性文件制定程序规定》同时废止。

保险保障基金管理办法

（2022年10月26日中国银行保险监督管理委员会、财政部、中国人民银行令2022年第7号公布　自2022年12月12日起施行　国司备字[2023007654]）

第一章　总　　则

第一条　为了规范保险保障基金的筹集、管理和使用，保障保单持有人合法权益，促进保险业健康发展，防范和化解金融风险，维护金融稳定，根据《中华人民共和国保险法》等有关法律、行政法规，制定本办法。

第二条　本办法所称保险公司，是指经国务院保险监督管理机构批准设立，并在境内依法登记注册的中资保险公司和外资保险公司。

法律、行政法规规定的经营商业保险业务的其他保险组织参照适用本办法。

第三条　本办法所称保险保障基金，是指依照《中华人民共和国保险法》和本办法规定缴纳形成，在本办法第十六条规定的情形下，用于救助保单持有人、保单受让公司或者处置保险业风险的非政府性行业风险救助基金。

本办法所称保单持有人，是指对保单利益依法享有请求权的主体，包括投保人、被保险人或者受益人。

本办法所称保单受让公司，是指经营有人寿保险等长期人身保险业务的保险公司被依法撤销或者依法实施破产的，接受该保险公司依法转让长期人身保险合同的有相应资质的公司。

第四条　保险保障基金分为财产保险保障基金和人身保险保障基金。

财产保险保障基金由财产保险公司缴纳形成。

人身保险保障基金由人身保险公司缴纳形成。

第五条　保险保障基金以保障保单持有人利益、维护保险业稳健经营为使用原则，依法集中管理，统筹使用。

第二章　保险保障基金公司

第六条　设立国有独资的中国保险保障基金有限责任公司（以下简称保险保障基金公司），依法负责保险保障基金的筹集、管理和使用。

保险保障基金公司依法独立运作，其董事会对保险保障基金的合法使用以及安全负责。

第七条 保险保障基金公司依法建立健全公司治理结构、内部控制制度和风险管理制度，依法运营，独立核算。

保险保障基金公司和保险保障基金应当各自作为独立会计主体进行核算，严格分离。

第八条 保险保障基金公司依法从事下列业务：

（一）筹集、管理、运作保险保障基金；

（二）监测保险业风险，发现保险公司经营管理中出现可能危及保单持有人和保险行业的重大风险时，向国务院保险监督管理机构提出监管处置建议；

（三）对保单持有人、保单受让公司等个人和机构提供救助或者参与对保险业的风险处置工作；

（四）在保险公司被依法撤销或者依法实施破产等情形下，参与保险公司的清算工作；

（五）管理和处分受偿资产；

（六）国务院批准的其他业务。

保险保障基金公司按照前款第二项规定向国务院保险监督管理机构提出监管处置建议的，应当及时将有关情况同时抄报财政部、中国人民银行。

第九条 保险保障基金公司设立董事会，董事会成员由国务院保险监督管理机构、财政部、中国人民银行、国家税务总局、司法部推荐。董事长为公司法定代表人，由国务院保险监督管理机构推荐，报国务院批准。

保险保障基金公司应当依照《中华人民共和国公司法》的规定设立有关组织机构，完善公司治理。

第十条 为依法救助保单持有人和保单受让公司、处置保险业风险的需要，经国务院保险监督管理机构商有关部门制定融资方案并报国务院批准后，保险保障基金公司可以以多种形式融资。

第十一条 保险保障基金公司应当与国务院保险监督管理机构建立保险公司信息共享机制。

国务院保险监督管理机构定期向保险保障基金公司提供保险公司财务、业务等经营管理信息。国务院保险监督管理机构认定存在风险隐患的保险公司，由国务院保险监督管理机构向保险保障基金公司提供该保险公司财务、业务等专项数据和资料。

保险保障基金公司对所获悉的保险公司各项数据和资料负有保密义务。

第十二条 保险保障基金公司解散须经国务院批准。

第三章　保险保障基金的筹集

第十三条　保险保障基金的来源:

(一)境内保险公司依法缴纳的保险保障基金;

(二)保险保障基金公司依法从被撤销或者破产的保险公司清算财产中获得的受偿收入;

(三)捐赠;

(四)上述资金的投资收益;

(五)其他合法收入。

第十四条　保险保障基金费率由基准费率和风险差别费率构成。缴纳保险保障基金的保险业务纳入保险保障基金救助范围。

基准费率和风险差别费率的确定和调整,由国务院保险监督管理机构提出方案,商有关部门,报经国务院批准后执行。

第十五条　保险公司应当及时、足额将保险保障基金缴纳到保险保障基金公司的专门账户。有下列情形之一的,可以暂停缴纳:

(一)财产保险保障基金余额达到行业总资产6%的;

(二)人身保险保障基金余额达到行业总资产1%的。

保险保障基金余额,是指行业累计缴纳的保险保障基金金额加上投资收益,扣除各项费用支出和使用额以后的金额。

第四章　保险保障基金的使用

第十六条　有下列情形之一的,可以动用保险保障基金:

(一)保险公司被依法撤销或者依法实施破产,其清算财产不足以偿付保单利益的;

(二)国务院保险监督管理机构经商有关部门认定,保险公司存在重大风险,可能严重危害社会公共利益和金融稳定的;

(三)国务院批准的其他情形。

第十七条　动用保险保障基金,由国务院保险监督管理机构拟定风险处置方案和使用办法,商有关部门后,报经国务院批准。

保险保障基金公司参与风险处置方案和使用办法的拟定,并负责办理登记、发放、资金划拨等具体事宜。

第十八条　保险公司在获得保险保障基金支持期限内,国务院保险监督管理机构视情依法对其采取限制高级管理人员薪酬、限制向股东分红等必要监管措施。

第十九条 保险保障基金公司应当对财产保险保障基金和人身保险保障基金分账管理、分别使用。

财产保险保障基金用于向财产保险公司的保单持有人提供救助，以及在根据本办法第十六条第二项认定存在重大风险的情形下，对财产保险公司进行风险处置。

人身保险保障基金用于向人身保险公司的保单持有人和接受人身保险合同的保单受让公司提供救助，以及在根据本办法第十六条第二项认定存在重大风险的情形下，对人身保险公司进行风险处置。

财产保险保障基金和人身保险保障基金之间可以相互拆借。具体拆借期限、利率及适用原则报经国务院保险监督管理机构批准后施行。国务院保险监督管理机构对拆借资金使用情况进行监督检查。

第二十条 保险公司被依法撤销或者依法实施破产，其清算财产不足以偿付保单利益的，保险保障基金按照下列规则对财产保险、短期健康保险、短期意外伤害保险的保单持有人提供救助：

（一）保单持有人的保单利益在人民币5万元以内的部分，保险保障基金予以全额救助。

（二）保单持有人为个人的，对其保单利益超过人民币5万元的部分，保险保障基金的救助金额为超过部分金额的90%；保单持有人为机构的，对其保单利益超过人民币5万元的部分，保险保障基金的救助金额为超过部分金额的80%。

本办法所称保单利益，是指解除保险合同时，保单持有人有权请求保险人退还的保险费、现金价值；保险事故发生或者达到保险合同约定的条件时，被保险人、受益人有权请求保险人赔偿或者给付的保险金。

第二十一条 经营有长期人身保险业务的保险公司被依法撤销或者依法实施破产的，其持有的人寿保险合同，必须依法转让给其他经营有相应保险业务的保险公司；不能同其他保险公司达成转让协议的，由国务院保险监督管理机构指定经营有相应保险业务的保险公司接收。

除人寿保险合同外的其他长期人身保险合同，其救助方式依照法律、行政法规和国务院有关规定办理。

第二十二条 被依法撤销或者依法实施破产的保险公司的清算资产不足以偿付人寿保险合同保单利益的，保险保障基金可以按照下列规则向保单受让公司提供救助：

（一）保单持有人为个人的，救助金额以转让后保单利益不超过转让前保单利益的90%为限；

（二）保单持有人为机构的，救助金额以转让后保单利益不超过转让前保单利益的80%为限；

（三）对保险合同中投资成分等的具体救助办法，另行制定。

除人寿保险合同外的其他长期人身保险合同，其救助标准按照人寿保险合同执行。

保险保障基金依照前款规定向保单受让公司提供救助的，救助金额应当以保护中小保单持有人权益以维护保险市场稳定，并根据保险保障基金资金状况为原则确定。

第二十三条 为保障保单持有人的合法权益，根据社会经济发展的实际情况，经国务院批准，国务院保险监督管理机构可会同有关部门适时调整保险保障基金的救助金额和比例。

第二十四条 保险公司被依法撤销或者依法实施破产，保险保障基金对保单持有人或者保单受让公司予以救助的，按照下列顺序从保险保障基金中扣减：

（一）被依法撤销或者依法实施破产的保险公司保险保障基金余额；

（二）其他保险公司保险保障基金余额。

其他保险公司保险保障基金余额的扣减金额，按照各保险公司上一年度市场份额计算。

第二十五条 保险保障基金公司救助保单持有人保单利益后，即在偿付金范围内取得该保单持有人对保险公司等同于赔偿或者给付保险金清偿顺序的债权。

第二十六条 保险公司被依法撤销或者依法实施破产的，在撤销决定作出后或者在破产申请依法向人民法院提出前，保单持有人可以与保险保障基金公司签订债权转让协议，保险保障基金公司以保险保障基金向其支付救助款，并获得保单持有人对保险公司的债权。

清算结束后，保险保障基金获得的清偿金额多于支付的救助款的，保险保障基金应当将差额部分返还给保单持有人。

第二十七条 下列业务不属于保险保障基金的救助范围，不缴纳保险保障基金：

（一）保险公司承保的境外直接保险业务；

（二）保险公司的再保险分入业务；

（三）由国务院确定的国家财政承担最终风险的政策性保险业务；

（四）保险公司从事的企业年金受托人、账户管理人等企业年金管理业务；

（五）自保公司经营的保险业务；

（六）国务院保险监督管理机构会同有关部门认定的其他不属于保险保障基金救助范围的业务。

保险公司被依法撤销或者依法实施破产，其股东、实际控制人、董事、监事、高级管理人员及相关管理人员因违反法律、行政法规或者国家有关规定，对公司被依法撤销或者依法实施破产负有直接责任的，对该股东、实际控制人、董事、监事、高级管理人员及相关管理人员在该保险公司持有的保单利益，该股东、实际控制人在该保险公司持有的财产损失保险的保单利益，保险保障基金不予救助。

第五章　监督和管理

第二十八条　国务院保险监督管理机构依法对保险保障基金公司的业务和保险保障基金的筹集、管理、运作进行监管。

第二十九条　财政部负责保险保障基金公司的国有资产管理和财务监督。

保险保障基金公司预算、决算方案由保险保障基金公司董事会制定，报财政部审批。

第三十条　保险保障基金公司应当建立科学的业绩考评制度，并将考核结果定期报送国务院保险监督管理机构、财政部等有关部门。

第三十一条　保险保障基金的资金运用应当遵循安全性、流动性和收益性原则，在确保资产安全的前提下实现保值增值。

保险保障基金的资金运用限于银行存款，买卖政府债券、中央银行票据、中央企业债券、中央级金融机构发行的金融债券，以及国务院批准的其他资金运用形式。

第三十二条　保险保障基金公司可以委托专业的投资管理机构对保险保障基金进行投资管理，并对委托投资管理的保险保障基金实行第三方托管。

第三十三条　保险保障基金公司应当按照下列规定提交有关报告：

（一）按月向国务院保险监督管理机构、财政部、中国人民银行等有关部门报送保险保障基金筹集、运用、使用情况；

（二）按照有关规定，向国务院保险监督管理机构、财政部、中国人民银行等有关部门报送经审计的公司年度财务报告；

（三）应当依法提交的其他报告。

保险保障基金公司未按照本办法规定及时向国家有关部门提交有关报告的，由国家有关部门责令改正。

第三十四条 当保险公司被处置并使用保险保障基金时，保险公司股东、实际控制人、董事、监事、高级管理人员及相关管理人员对保险保障基金公司负有报告、说明、配合有关工作以及按照要求妥善保管和移交有关材料的义务，如上述人员未按照前述规定履行义务的，保险保障基金公司应当报告国务院保险监督管理机构，由国务院保险监督管理机构依法采取监管措施。

第三十五条 保险保障基金公司应当定期向保险公司披露保险保障基金的相关财务信息。

保险保障基金公司可以对未按照本办法规定及时缴纳保险保障基金的保险公司及人员进行公示。

第六章 法律责任

第三十六条 保险公司违反《中华人民共和国保险法》规定，未按照本办法规定及时缴纳保险保障基金的，由国务院保险监督管理机构对保险公司和负有直接责任的高级管理人员、直接责任人员依法进行处罚。

第三十七条 保险保障基金公司董事、高级管理人员以及其他工作人员，违反法律、行政法规和本办法规定运用保险保障基金，或者以侵吞、窃取、骗取等手段非法占有保险保障基金，构成犯罪的，依法追究刑事责任。

第七章 附 则

第三十八条 本办法由国务院保险监督管理机构会同财政部、中国人民银行解释。

第三十九条 本办法自 2022 年 12 月 12 日起施行，原中国保险监督管理委员会、财政部、中国人民银行 2008 年 9 月 11 日发布的《保险保障基金管理办法》（中国保险监督管理委员会令 2008 年第 2 号）同时废止。

交通运输部关于修改《民用航空器事件调查规定》的决定

（2022年11月1日交通运输部令2022年第34号公布　自2022年12月1日起施行　国司备字[2023007462]）

交通运输部决定对《民用航空器事件调查规定》（交通运输部令2020年第2号）作如下修改：

一、将规章名称修改为“民用航空器事件技术调查规定”。

二、将第二条修改为：“本规定适用于中国民用航空局（以下简称民航局）、中国民用航空地区管理局（以下简称地区管理局）负责组织的，在我国境内发生的民用航空器事件的技术调查，包括委托事发民航生产经营单位开展的调查。”

三、将第三条第二款修改为：“本规定所称事故，是指对于有人驾驶航空器而言，从任何人登上航空器准备飞行直至所有这类人员下了航空器为止的时间内，或者对于获得民航局设计或者运行批准的无人驾驶航空器而言，从航空器为飞行目的准备移动直至飞行结束停止移动且主要推进系统停车的时间内，或者其他在机场活动区内发生的与民用航空器有关的下列事件：

“（一）人员死亡或者重伤。但是，由于自然、自身或者他人原因造成的人员伤亡，以及由于偷乘航空器藏匿在供旅客和机组使用区域外造成的人员伤亡除外。

“（二）航空器损毁无法修复或者严重损坏。

“（三）航空器失踪或者处于无法接近的地方。”

四、将第五条修改为：“按照本规定开展的事件调查的唯一目的是预防类似事件再次发生，不是为了分摊过失或者责任。此调查应当与以追究责任为目的的其他调查分开进行。”

五、删去第十一条第一项中的“事故中有外国公民死亡或者重伤的，组织事件调查的部门应当允许死亡或者重伤公民所在国指派一名专家参加调查”。

第二项修改为：“（二）我国为航空器登记国、运营人所在国、设计国或者制造国的民用航空器，在境外某一国家或者地区发生事故、严重征候时，民航局或者地区管理局可以指派一名授权代表和若干名顾问参加由他国或者地区组织的调查工作”。

第四项修改为:“(四)我国为航空器运营人所在国、设计国或者制造国的民用航空器,在境外发生事故、严重征候时,但事发地点不在某一国家或者地区境内,且航空器登记国无意组织调查的,可以由我国负责组织调查”。

六、将第十二条修改为:“对于由民航局和地区管理局组织调查的事件,调查范围如下:

“(一)民航局组织的调查包括:

“1. 国务院授权组织调查的特别重大事故;

“2. 运输航空重大事故、较大事故;

“3. 民航局认为有必要组织调查的其他事件。

“(二)地区管理局组织本辖区发生的事件调查,包括:

“1. 运输航空一般事故;

“2. 通用航空事故;

“3. 征候;

“4. 民航局授权地区管理局组织调查的事故;

“5. 地区管理局认为有必要组织调查的一般事件。

“未造成人员伤亡的一般事故、征候,地区管理局可以委托事发民航生产经营单位组织调查。”

七、将第十六条第三项修改为:“(三)决定实施和解除事发现场的隔离,负责隔离期间的现场管理”。

八、将第十七条中的“有关国家授权代表及其顾问、专家”修改为“有关国家授权代表及其顾问”。

九、将第十七条第四项改为第十八条,修改为:“在我国境内发生的事故中遇有外籍人员死亡或者重伤时,组织调查的部门应当允许蒙受公民死亡或者重伤的国家指派一名专家,该专家有权:

“(一)查看事发现场;

“(二)掌握已对外公布的有关事实情况,以及关于调查工作进展情况的信息;

“(三)接收最终调查报告的副本。

“组织调查的部门还应当允许蒙受公民死亡或者重伤的国家协助辨认遇难者和与该国的幸存者见面。

“在国外发生的事故中遇有我国公民死亡或者重伤时,民航局或者地区管理局可以指派一名专家,该专家享有我国批准的国际公约中规定的权利和义务。”

十、将第二十条改为第二十一条,修改为:“民航局、地区管理局应当根据工作需要配备调查员、颁发证件并进行管理工作。民航生产经营单位负责本单位调查员管理工作。”

十一、将第三十三条改为第三十四条，第一款第三项修改为：“（三）相关人员的姓名、医疗或者私人资料”。

第五项修改为：“（五）机载影像记录及其记录文本”。

增加一项，作为第八项：“（八）调查报告草案”。

十二、将第三十九条改为第四十条，其中的“民航局”修改为“组织事件调查的部门”。

十三、将第四十条改为第四十一条，修改为：“民航局、地区管理局的航空安全委员会或者其授权的部门负责审议调查报告草案，并形成最终调查报告。审议发现问题的，应当进行补充调查或者重新调查。”

十四、将第四十一条改为第四十二条，第一款修改为：“在调查的任何阶段，民航局、地区管理局应当及时向有关部门、单位、国家以及国际民航组织提出加强和改进航空安全的建议。发布全球关切的安全建议（SRGC）时，无论建议是否提向国际民航组织，都应当将发布的建议及其回复情况发送国际民航组织，并在文件上标注发送日期。”

十五、删去第四十三条、第四十四条。

十六、将第四十五条改为第四十四条，修改为：“调查报告经国务院或者民航局、地区管理局批准后，调查工作即告结束。”

十七、将第四十六条改为第四十五条，修改为：“组织调查的部门应当在事故发生后 30 日内按规定向国际民航组织和有关国家送交初步调查报告。

“组织调查的部门应当按规定向国际民航组织和有关国家送交事故和严重征候最终调查报告。”

十八、将第四十九条改为第四十八条，修改为：“事故和严重征候的最终调查报告应当在事发 12 个月内依法及时向社会公布，依法不予公开的除外。

“未能在事发 12 个月内公布最终调查报告的事故或者严重征候，组织事件调查的部门应当在事件周年日向社会公布调查进展情况。”

十九、将第五十一条改为第五十条，修改为：“事故发生单位及其有关人员有下列行为之一的，依照有关法律、行政法规的规定予以处罚：

“（一）谎报或者瞒报事故的；

“（二）伪造或者故意破坏事故现场的；

“（三）销毁有关证据、资料的；

“（四）拒绝接受调查或者拒绝提供有关情况和资料的；

“（五）在事故调查中作伪证或者指使他人作伪证的。”

二十、将第五十四条改为第五十三条,删去第二项中的“但是由于自然原因、自身或者他人原因造成的人员伤害,以及藏匿于供旅客和机组使用区域外的偷乘航空器者所受的人员伤害等情况除外”。

第三项修改为:“(三)航空器严重损坏,是指对航空器的结构强度、性能或者飞行特性有不利影响,并通常需要修理或者更换有关部件,但是符合下列情形之一的除外:

“1. 仅限于单台发动机的失效或者损坏,包括其整流罩或者附件;

“2. 仅限于螺旋桨、翼尖、天线、传感器、叶片、轮胎、刹车、机轮、整流片、面板、起落架舱门、风挡玻璃或者航空器蒙皮上的小凹坑或者穿孔等的损坏;

“3. 仅限于主旋翼叶片、尾桨叶片、起落架的轻微损坏;

“4. 仅限于由冰雹或者鸟撞击造成的轻微损坏,包括雷达天线罩上的洞;

“5. 其他类似情况。”

增加一项,作为第四项:“(四)航空器失踪,是指官方搜寻工作结束仍不能找到航空器残骸”。

二十一、将第五十七条改为第五十六条,修改为:“按照本规定开展的事件调查,民航组织调查的部门应当根据工作需要与司法部门进行协调。”

二十二、增加一条,作为第五十九条:“《国际民用航空公约》附件 13《航空器事故和事故征候调查》修正案颁布后,民航局应当对其进行评估,决定采纳的,及时修订本规定;需要保留差异的,及时将差异通报国际民航组织。”

本决定自 2022 年 12 月 1 日起施行。

《民用航空器事件调查规定》根据本决定作相应修改并对条文序号作相应调整,重新公布。

民用航空器事件技术调查规定

(2020 年 1 月 3 日交通运输部公布　根据 2022 年 11 月 1 日交通运输部令 2022 年第 34 号修订)

第一章　总　　则

第一条　为了规范民用航空器事件调查,根据《中华人民共和国安全生产法》《中华人民共和国民用航空法》和《生产安全事故报告和调查处理条例》等法律、行政法规,制定本规定。

第二条　本规定适用于中国民用航空局(以下简称民航局)、中国民用航空地区管理局（以下简称地区管理局）负责组织的，在我国境内发生的民用航空器事件的技术调查，包括委托事发民航生产经营单位开展的调查。

第三条 本规定所称民用航空器事件（以下简称事件），包括民用航空器事故（以下简称事故）、民用航空器征候（以下简称征候）以及民用航空器一般事件（以下简称一般事件）。

本规定所称事故，是指对于有人驾驶航空器而言，从任何人登上航空器准备飞行直至所有这类人员下了航空器为止的时间内，或者对于获得民航局设计或者运行批准的无人驾驶航空器而言，从航空器为飞行目的准备移动直至飞行结束停止移动且主要推进系统停车的时间内，或者其他在机场活动区内发生的与民用航空器有关的下列事件：

（一）人员死亡或者重伤。但是，由于自然、自身或者他人原因造成的人员伤亡，以及由于偷乘航空器藏匿在供旅客和机组使用区域外造成的人员伤亡除外。

（二）航空器损毁无法修复或者严重损坏。

（三）航空器失踪或者处于无法接近的地方。

本规定所称征候，是指在民用航空器运行阶段或者在机场活动区内发生的与航空器有关的，未构成事故但影响或者可能影响安全的事件。

本规定所称一般事件，是指在民用航空器运行阶段或者在机场活动区内发生的与航空器有关的航空器损伤、人员受伤或者其他影响安全的情况，但其严重程度未构成征候的事件。

第四条 事故等级分为特别重大事故、重大事故、较大事故和一般事故，具体划分按照有关规定执行。

征候分类及等级的具体划分按照民航局有关规定执行。

第五条 按照本规定开展的事件调查的唯一目的是预防类似事件再次发生，不是为了分摊过失或者责任。此调查应当与以追究责任为目的的其他调查分开进行。

第六条 事件调查遵循下列基本原则：

（一）独立原则。调查应当由组织事件调查的部门独立进行，不受任何其他单位和个人的干涉。

（二）客观原则。调查应当坚持实事求是、客观公正、科学严谨，不得带有主观倾向性。

（三）深入原则。调查应当查明事件发生的各种原因，并深入分析产生这些原因的因素，包括航空器设计、制造、运行、维修、保障、人员培训，以及行业规章、企业管理制度和实施方面的缺陷等。

（四）全面原则。调查不仅应当查明和研究与本次事件发生有关的各种原因和产生因素，还应当查明和研究与本次事件发生无关，但在事件中暴露出来的或者在调查中发现可能影响安全的问题。

第七条 民航局和地区管理局应当做好调查经费的保障，按照有关装备标准配备专用车辆、通信设备、摄影摄像设备、录音设备、勘查设备、绘图制图设备、危险品探测设备、便携电脑、防护装备等必要的调查专用设备和装备，并保持设备和装备的正常使用。

第八条 接受委托开展事件调查工作的民航生产经营单位应当具备相应的事件调查能力，明确调查部门和职责，编写调查程序，配备调查员以及现场勘查、调查防护和摄影摄像等调查设备。

第九条 事发相关单位和个人应当对事件调查给予协助配合，无正当理由，不得拒绝。任何单位和个人不得提供或者指使他人提供虚假材料、虚假证言证词。

第十条 民航局或者地区管理局新闻发言人或者指定的人员负责事件调查信息的发布工作，其他单位和个人不得以任何形式发布或者透露事件调查信息。

第二章 调查的组织

第十一条 根据我国批准的国际公约有关规定，组织、参与事件调查时，按照下列规定执行：

（一）在我国境内发生的事件由我国负责组织调查。在我国境内发生事故、严重征候时，组织事件调查的部门应当允许航空器登记国、运营人所在国、设计国、制造国各派出一名授权代表和若干名顾问参加调查。

有关国家无意派遣授权代表的，组织事件调查的部门可以允许航空器运营人、设计、制造单位的专家或者其推荐的专家参与调查。

（二）我国为航空器登记国、运营人所在国、设计国或者制造国的民用航空器，在境外某一国家或者地区发生事故、严重征候时，民航局或者地区管理局可以指派一名授权代表和若干名顾问参加由他国或者地区组织的调查工作。

（三）我国为航空器登记国的民用航空器，在境外发生事故、严重征候时，但事发地点不在某一国家或者地区境内的，由我国负责组织调查。

（四）我国为航空器运营人所在国、设计国或者制造国的民用航空器，在境外发生事故、严重征候时，但事发地点不在某一国家或者地区境内，且航空器登记国无意组织调查的，可以由我国负责组织调查。

（五）由民航局或者地区管理局组织的事故、严重征候调查，可以部分或者全部委托其他国家或者地区进行调查。

（六）根据我国要求，除航空器登记国、运营人所在国、设计国和制造国外，为调查提供资料、设备或者专家的其他国家，有权任命一名授权代表和若干名顾问参加调查。

第十二条 对于由民航局和地区管理局组织调查的事件，调查范围如下：

（一）民航局组织的调查包括：

1. 国务院授权组织调查的特别重大事故；

2. 运输航空重大事故、较大事故；

3. 民航局认为有必要组织调查的其他事件。

（二）地区管理局组织本辖区发生的事件调查，包括：

1. 运输航空一般事故；

2. 通用航空事故；

3. 征候；

4. 民航局授权地区管理局组织调查的事故；

5. 地区管理局认为有必要组织调查的一般事件。

未造成人员伤亡的一般事故、征候，地区管理局可以委托事发民航生产经营单位组织调查。

第十三条 由民航局组织的调查，事发地地区管理局和事发相关单位所属地地区管理局应当参与。由事发地地区管理局组织的调查，事发相关单位所属地地区管理局应当给予协助，民航局可以根据需要指派调查员或者技术专家给予协助。

事发地地区管理局可以委托其他地区管理局组织调查，事发地地区管理局和事发相关单位所属地地区管理局应当给予协助。

第十四条 调查组组成应当符合下列规定：

（一）组织事件调查的部门应当任命一名调查组组长，调查组组长负责管理调查工作，并有权对调查组组成和调查工作作出决定。

（二）调查组组长根据调查工作需要，可以成立若干专业小组，分别负责飞行运行、航空器适航和维修、空中交通管理、航空气象、航空安保、机场保障、飞行记录器分析、失效分析、航空器配载、航空医学、生存因素、人为因素、安全管理等方面的调查工作。调查组组长指定专业小组组长，负责管理本小组的调查工作。

（三）调查组由调查员和临时聘请的专家组成，参加调查的人员在调查工作期间应当服从调查组组长的管理，其调查工作只对调查组组长负责。调查组成员在调查期间，应当脱离其日常工作，将全部精力投入调查工作，并不得带有本部门利益。

（四）与事件有直接利害关系的人员不得参加调查工作。

第十五条 调查组应当履行下列职责：

（一）查明事实情况；

（二）分析事件原因；

（三）作出事件结论；

（四）提出安全建议；

（五）完成调查报告。

第十六条 调查组依法行使下列职权：

（一）决定封存、启封和使用与发生事件的航空器运行和保障有关的文件、资料、记录、物品、设备和设施；

（二）要求发生事件的航空器运行、保障、设计、制造、维修等单位提供情况和资料；

（三）决定实施和解除事发现场的隔离，负责隔离期间的现场管理；

（四）决定移动、保存、检查、拆卸、组装、取样、验证发生事件的航空器及其残骸；

（五）对事件有关单位和人员、目击者和其他知情者进行询问并录音或者录像，要求其提供相关文件、资料；

（六）提出开展尸检、病理及毒理检验等工作要求；

（七）确定可公开的信息及资料；

（八）调查组认为有必要开展的其他行动。

第十七条 根据我国批准的国际公约有关规定，有关国家授权代表及其顾问应当在调查组组长的管理下进行调查工作，并有以下权利和义务：

（一）航空器登记国、运营人所在国、设计国、制造国的授权代表及其顾问有权参加所有的调查工作，包括：

1. 查看事发现场；

2. 检查残骸；

3. 获取目击信息和建议询问范围；

4. 尽快完全掌握全部有关证据；

5. 接收一切有关文件的副本；

6. 参加记录介质的判读；

7. 参加现场外调查活动以及专项实验验证；

8. 参加调查技术分析会，包括分析报告、调查结果、原因和安全建议的审议；

9. 对调查的各方面内容提出意见。

（二）除航空器登记国、运营人所在国、设计国、制造国以外国家的授权代表及其顾问，有权参加与该国提供的资料、设备或者专家有关的调查工作。

（三）授权代表及其顾问的义务：

1. 应当向调查组提供其掌握的所有相关资料；

2. 未经调查组同意，不得泄露有关调查进展和结果的信息。

第十八条 在我国境内发生的事故中遇有外籍人员死亡或者重伤时，组织调查的部门应当允许蒙受公民死亡或者重伤的国家指派一名专家，该专家有权：

（一）查看事发现场；

（二）掌握已对外公布的有关事实情况，以及关于调查工作进展情况的信息；

（三）接收最终调查报告的副本。

组织调查的部门还应当允许蒙受公民死亡或者重伤的国家协助辨认遇难者和与该国的幸存者见面。

在国外发生的事故中遇有我国公民死亡或者重伤时，民航局或者地区管理局可以指派一名专家，该专家享有我国批准的国际公约中规定的权利和义务。

第三章　调查员的管理

第十九条 民航局、地区管理局、接受委托开展事件调查的民航生产经营单位应当指定满足下列条件的人员担任调查员负责事件调查工作：

（一）在航空安全管理、飞行运行、适航维修、空中交通管理、机场管理、航空医学或者飞行记录器译码等专业领域具有 3 年及以上工作经历，具备较高专业素质；

（二）按照民航局调查员培训大纲的要求参加初始培训和复训；

（三）有一定的组织、协调和管理能力；

（四）身体和心理条件能够适应调查工作。

第二十条 调查员应当实事求是、客观公正、尊重科学、恪尽职守、吃苦耐劳，正确履行职责、行使权力，遵守调查纪律。

未经调查组组长允许，调查员不得擅自发布调查信息。

第二十一条 民航局、地区管理局应当根据工作需要配备调查员、颁发证件并进行管理工作。民航生产经营单位负责本单位调查员管理工作。

第二十二条　民航局、地区管理局的调查员因身体、心理、离职或者培训考核不合格等原因不能正常履行调查员职责的，或者任期内有违法、违纪行为的，应当终止其调查员委任。

第二十三条　民航局、地区管理局和民航生产经营单位根据需要为本单位的调查员提供心理疏导，保护调查员职业健康。

第四章　事件的报告

第二十四条　事件发生后，事发相关单位应当按照《民用航空安全信息管理规定》的要求报告。事故、严重征候报告应当包括以下内容：

（一）事发时间、地点和民用航空器运营人；

（二）民用航空器类别、型别、国籍和登记标志；

（三）机长姓名，机组、旅客和机上其他人员人数及国籍；

（四）任务性质，最后一个起飞点和预计着陆点；

（五）简要经过；

（六）机上和地面伤亡人数，航空器损伤情况；

（七）事发时的地形、地貌、天气、环境等物理特征；

（八）事发时采取的应急处置措施；

（九）危险品的载运情况及对危险品的说明；

（十）报告单位的联系人及联系方式；

（十一）与事故、严重征候有关的其他情况。

前款规定的报告内容暂不齐全的，事发相关单位应当继续收集和补充，不得因此延误初步报告时间。一旦获得新的信息，应当随时补充报告。

当事发地所在国或者地区不了解航空器登记国或者运营人所在国为我国的民用航空器在该国或者地区发生严重征候时，民航局应当将该情况通知有关设计国、制造国和事发地所在国。

第二十五条　由我国组织调查的事故或者严重征候，民航局应当将事故或者严重征候情况通知航空器登记国、运营人所在国、设计国、制造国和国际民航组织，并负责有关国家参加事故或者严重征候调查的具体联络工作。

第二十六条　当民航局收到其他国家或者地区有关事故或者严重征候信息后，应当向有关国家或者地区提供如下信息：

（一）尽快将所掌握的有关事故或者严重征候所涉及航空器和机组的资料提供给出事所在国；

（二）通知出事所在国我国是否将任命授权代表，如任命，提供该授权代表的姓名和详细的联系方式；如授权代表前往出事所在国，提供其预计到达日期；

（三）如运营人所在国为我国，应当尽快向出事所在国或者航空器登记国提供航空器上危险品载运的详细情况。

第五章　事件的调查

第二十七条　事发相关单位应当根据调查工作需要，立即封存并妥善保管与此次事件相关的下列资料：

（一）飞行日志、飞行计划、通信、导航、监视、气象、空中交通服务、雷达等有关资料；

（二）飞行人员的技术、训练、检查记录，飞行经历时间；

（三）航空卫生工作记录，飞行人员体检记录和登记表、门诊记录、飞行前体检记录和出勤健康证明书；

（四）航空器国籍登记证书、适航证书、无线电台执照、履历、有关维护工具和维护记录；

（五）为航空器加注各种油料、气体等的车辆、设备以及有关化验记录和样品；

（六）航空器使用的地面电源和气源设备；

（七）为航空器除、防冰的设备以及除冰液化验的记录和样品；

（八）旅客货物舱单、载重平衡表、货物监装记录、货物收运存放记录、危险品运输相关文件、旅客名单和舱位图；

（九）旅客、行李安全检查记录，货物邮件安全检查记录，监控记录，航空器监护和交接记录；

（十）有关影像资料；

（十一）其他需要封存的文件、工具和设备。

应当封存但不能停用的工具和设备，应当通过拍照、记录等方法详细记录其工作状态。

封存资料的单位应当指定封存负责人，封存负责人应当记录封存时间并签名。

所有封存的文件、样品、工具、设备、影像和技术资料等未经调查组批准，不得启封。

第二十八条　事发现场的保护按照下列规定进行：

（一）民用机场及其邻近区域内发生的事件，现场保护工作按照《民用运输机场突发事件应急救援管理规则》执行；其他区域发生的事件按照《中华人民共和国搜寻援救民用航空器规定》执行；

（二）参与救援的单位和人员应当保护事发现场，维护秩序，禁止无关人员进入，防止哄抢、盗窃和破坏。救援工作结束后，救援人员无特殊情况不得再进入现场，防止事发现场被破坏；

（三）任何单位或者个人不得随意移动事发航空器或者航空器残骸及其散落物品。航空器坠落在铁路、公路或者跑道上或者为抢救伤员、防火灭火等需要移动航空器残骸或者现场物件的，应当作出标记，绘制现场简图，进行书面记录、拍照和录像，妥善保护现场痕迹和物证；

（四）先期到达现场的调查先遣人员对现场各种易失证据，包括物体、液体、冰、资料、痕迹等，及时拍照、采样、收集，并做书面记录；

（五）幸存的机组人员应当保持驾驶舱操纵手柄、电门、仪表等设备处于原始状态，并在救援人员到达之前尽其可能保护事发现场；

（六）救援人员到达后，由现场的组织单位负责保护现场和驾驶舱的原始状态。除因抢救工作需要，任何人不得进入驾驶舱，严禁扳动操纵手柄、电门、改变仪表读数和无线电频率等破坏驾驶舱原始状态的行为。在现场保护工作中，现场组织负责人应当派专人监护驾驶舱，直至向调查组移交；

（七）现场救援负责人怀疑现场有放射性物质、易燃易爆物品、腐蚀性液体、有害气体、有害生物制品、有毒物质等危险品或者接到有关怀疑情况报告的，应当设置专门警戒，注意安全防护，并及时安排专业人员给予确认和处理；

（八）参与救援的单位和人员应当避免对事发现场周边环境造成损害。

第二十九条 调查组到达事发现场后，按照下列规定管理事发现场：

（一）接管现场并听取负责现场保护和救援工作的单位的详细汇报；

（二）负责现场和事发航空器或者残骸的监管工作。未经调查组同意，任何无关人员不得进入现场；未经调查组组长同意，不得解除对现场和事发航空器的监管；

（三）进入事发现场工作的人员应当服从调查组的管理，不得随意进入航空器驾驶舱、改变航空器、残骸、散落物品的位置及原始状态。拆卸、分解航空器部件、液体取样等工作应当事先拍照或者记录其原始状态并在调查组成员的监督下进行；

（四）调查组组长应当指定专人负责现场的安全防护工作并及时采取下列措施：

1. 对事发现场的有毒物品、放射性物质及传染病源等危险品采取相应的安全措施，防止对现场人员和周围居民造成危害；

2. 采取相应的防溢和防火措施，防止现场可燃液体溢出或者失火；

3. 采取相应的措施，防止航空器残骸颗粒、粉尘或者烟雾对现场人员造成危害；

4. 组织专业人员将现场的高压容器、电瓶等移至安全地带进行处理。处理前应当测量和记录有关数据，并记录其散落位置和状态等情况；

5. 及时加固或者清理处于不稳定状态的残骸及其他物体，防止倒塌造成伤害或者破坏；

6. 采取设立警戒线等安全防护措施，隔离事发现场的危险地带；

7. 在事发现场配备急救药品和医疗器材。

第三十条 调查组到达现场后，应当立即开展现场调查工作并查明下列有关情况：

（一）事发现场勘查；

（二）航空器或者残骸；

（三）飞行过程；

（四）机组和其他机上人员；

（五）空中交通服务；

（六）运行控制；

（七）天气；

（八）飞行记录器；

（九）航空器维修记录；

（十）航空器载重情况及装载物；

（十一）通信、导航、监视、航行情报、气象、油料、场道、机场灯光等保障情况；

（十二）事发当事人、见证人、目击者和其他人员的陈述；

（十三）爆炸物破坏和非法干扰行为；

（十四）人员伤亡原因；

（十五）应急救援情况。

第三十一条 对事件调查中需要试验、验证的项目，按照下列规定进行：

（一）组织事件调查的部门应当满足调查组提出的试验、验证要求，并提供必要的支持和协助；

（二）由调查组组长指派调查组成员参加试验、验证工作；

（三）采用摄像、拍照、笔录等方法记录试验部件的启封和试验、验证过程中的重要、关键阶段；

（四）试验、验证结束后，试验、验证的部门应当提供试验、验证报告。报告应当由操作人、负责人和调查组成员签署。

第三十二条 事故发生后，事发单位应当如实向组织事件调查的部门报告直接经济损失。决定修复航空器的，应当开列详细的修复费用清单，列明各单项费用和总费用。

航空器修复费用及相关经济损失的核定，应当遵守民航局有关规定。

第三十三条 调查中需要对专门性问题进行鉴别和判断并提供鉴定意见的，调查组委托专业机构进行检测；需要司法鉴定的，调查组委托司法鉴定机构出具相关鉴定意见。

第三十四条 调查组成员和参与调查的人员不得对外公开下列信息：

（一）调查过程中获取的有关人员的所有陈述记录；

（二）与航空器运行有关的所有通信记录；

（三）相关人员的姓名、医疗或者私人资料；

（四）驾驶舱语音记录及其记录文本；

（五）机载影像记录及其记录文本；

（六）与空中交通服务有关的所有记录；

（七）原因分析资料，包括飞行记录器分析资料和技术会议记录；

（八）调查报告草案。

前款规定的信息仅在与调查事件分析和结论有关时才可纳入调查报告或者其附录中，与分析和结论无关的部分不得公布。

第三十五条 民航局应当根据其他组织事件调查的国家或者地区的要求，提供所掌握的与调查有关的资料。

第六章 调查报告的管理

第三十六条 调查报告应当包括下列内容：

（一）调查中查明的事实；

（二）原因分析及主要依据；

（三）结论；

（四）安全建议；

（五）必要的附件；

（六）调查中尚未解决的问题。

第三十七条 专业小组应当向调查组组长提交专业小组调查报告，调查组组长应当组织审议专业小组调查报告。

第三十八条 调查组组长负责组织编写调查报告草案。草案完成后，由调查组组长提交给组织事件调查的部门审议。

第三十九条 组织事件调查的部门可以就调查报告草案向下列有关单位征询意见：

（一）参加调查的有关单位；

（二）事发相关单位；

（三）其他必要的单位。

被征询意见的民航生产经营单位在收到征询意见通知后，应当在规定期限内以书面形式将意见反馈给组织事件调查的部门。对调查报告草案有不同意见的，应当写明观点，并提供相应证据。

组织事件调查的部门应当将征询的意见交给调查组研究，调查组组长决定是否对调查报告草案进行修改。调查报告草案修正案及征询意见的采纳情况应当一并提交组织事件调查的部门。

第四十条 对于涉外的事故和严重征候调查，组织事件调查的部门应当就调查报告草案向航空器登记国、运营人所在国、设计国、制造国和参与调查的国家征询意见。

第四十一条 民航局、地区管理局的航空安全委员会或者其授权的部门负责审议调查报告草案，并形成最终调查报告。审议发现问题的，应当进行补充调查或者重新调查。

第四十二条 在调查的任何阶段，民航局、地区管理局应当及时向有关部门、单位、国家以及国际民航组织提出加强和改进航空安全的建议。发布全球关切的安全建议（SRGC）时，无论建议是否提向国际民航组织，都应当将发布的建议及其回复情况发送国际民航组织，并在文件上标注发送日期。

收到民航局、地区管理局提出安全建议的部门或者单位，应当自接到安全建议 30 日内，书面回复安全建议的接受情况。

收到国（境）外调查机构发来安全建议的部门或者单位，应当自接到安全建议 90 日内，书面回复安全建议的接受情况。

第四十三条 接受安全建议后，相关单位应当根据建议制定相应措施。民航局、地区管理局应当及时跟踪安全建议落实情况和实施效果。

第四十四条 调查报告经国务院或者民航局、地区管理局批准后，调查工作即告结束。

第四十五条 组织调查的部门应当在事故发生后 30 日内按规定向国际民航组织和有关国家送交初步调查报告。

组织调查的部门应当按规定向国际民航组织和有关国家送交事故和严重征候最终调查报告。

第四十六条 调查工作结束后,发现新的重要证据,可能推翻原结论或者需要对原结论进行重大修改的,组织事件调查的部门应当重新进行调查。

第四十七条 组织事件调查的部门应当在调查结束后对调查工作进行总结,并对调查的文件、资料、证据等清理归档,档案保存时限按照民航局档案保存有关规定执行。

第四十八条 事故和严重征候的最终调查报告应当在事发 12 个月内依法及时向社会公布,依法不予公开的除外。

未能在事发 12 个月内公布最终调查报告的事故或者严重征候,组织事件调查的部门应当在事件周年日向社会公布调查进展情况。

第七章 法律责任

第四十九条 民航生产经营单位违反本规定第四十二条第二款、第三款规定,未按时限书面回复安全建议的接受情况的,由地区管理局责令限期改正,给予警告;逾期未改正的,处违法所得 3 倍以下、最高不超过 3 万元的罚款,没有违法所得的,处 1 万元以下的罚款。

第五十条 事故发生单位及其有关人员有下列行为之一的,依照有关法律、行政法规的规定予以处罚:

(一)谎报或者瞒报事故的;

(二)伪造或者故意破坏事故现场的;

(三)销毁有关证据、资料的;

(四)拒绝接受调查或者拒绝提供有关情况和资料的;

(五)在事故调查中作伪证或者指使他人作伪证的。

第五十一条 民航行政机关工作人员在事件调查中有滥用职权、玩忽职守行为的,由有关部门依法处分;构成犯罪的,依法追究刑事责任。

第五十二条 民航生产经营单位和个人在事件调查中提供虚假材料、虚假证言证词的,依法记入民航行业严重失信行为记录,并按照有关规定进行公示。

第八章 附　　则

第五十三条 本规定中下列用语的含义是:

(一)民航生产经营单位,是指在中华人民共和国境内依法设立的民用航空器经营人、飞行训练单位、维修单位、航空产品型号设计或者制造单位、空中交通管理运行单位、民用机场（包括军民合用机场民用部分）以及地面服务保障等单位。

（二）人员死亡或者重伤，是指因事件导致在下列情形中发生的人员死亡或者重伤：

1. 在航空器内；

2. 与航空器的任何部分包括已脱离航空器的部分直接接触；

3. 直接暴露于发动机喷流。

在事故发生之日起 30 日内经抢救无效死亡的，视为事故导致的人员死亡。

（三）航空器严重损坏，是指对航空器的结构强度、性能或者飞行特性有不利影响，并通常需要修理或者更换有关部件，但是符合下列情形之一的除外：

1. 仅限于单台发动机的失效或者损坏，包括其整流罩或者附件；

2. 仅限于螺旋桨、翼尖、天线、传感器、叶片、轮胎、刹车、机轮、整流片、面板、起落架舱门、风挡玻璃或者航空器蒙皮上的小凹坑或者穿孔等的损坏；

3. 仅限于主旋翼叶片、尾桨叶片、起落架的轻微损坏；

4. 仅限于由冰雹或者鸟撞击造成的轻微损坏，包括雷达天线罩上的洞；

5. 其他类似情况。

（四）航空器失踪，是指官方搜寻工作结束仍不能找到航空器残骸。

（五）授权代表，是指根据我国批准的国际公约有关规定，由一国指派代表该国参加由另一国组织的调查的人员。授权代表通常来自指派国的事故调查部门。

（六）顾问，是指协助授权代表开展调查工作的人员。

（七）事发相关单位，是指与所发生事件有关的、能提供事件直接信息的航空器运营人（含分、子公司）和航空运行服务保障单位。

（八）航空器运行阶段，是指从任何人登上航空器准备飞行起至飞行结束这类人员离开航空器为止的过程。

第五十四条 民用航空器在交付前的科研、生产试飞期间发生的事件的调查不适用本规定。

第五十五条 执行军事、海关、警察等飞行任务的国家航空器发生与民用航空器相关的事件，按照国家有关规定进行调查，其中民用部分按照本规定进行调查。

第五十六条 按照本规定开展的事件调查，民航组织调查的部门应当根据工作需要与司法部门进行协调。

第五十七条 公安部门依法调查因非法干扰造成的事件的，民航组织事件调查的部门应当协助公安部门进行调查。

第五十八条 民航局或者地区管理局参与由国务院组织的民用航空器事故调查组开展技术调查工作时,参照本规定执行。

我国参与由其他国家或者地区组织的民用航空器事件调查工作时,按照我国批准的国际公约和本规定的有关要求执行。

第五十九条 《国际民用航空公约》附件13《航空器事故和事故征候调查》修正案颁布后,民航局应当对其进行评估,决定采纳的,及时修订本规定;需要保留差异的,及时将差异通报国际民航组织。

第六十条 本规定自2020年4月1日起施行。原民航总局于2007年3月15日公布的《民用航空器事故和飞行事故征候调查规定》(民航总局令第179号)同时废止。

交通运输部关于修改《民用航空情报工作规则》的决定

(2022年11月1日交通运输部令2022年第35号公布 自2023年1月1日起施行 国司备字[2023007473])

交通运输部决定对《民用航空情报工作规则》(交通运输部令2016年第12号)作如下修改:

一、将第十条修改为:"民用航空情报服务机构应当建立航空情报质量管理制度,并对运行情况实施持续监控和定期评审。

"航空情报质量管理制度应当包括航空情报工作各阶段实施质量管理所需的资源、程序和方法等,确保航空情报符合准确性、分辨率、完整性、及时性、完好性、可追溯性和格式的要求。"

二、将第三十三条第九项修改为:"(九)其他相关业务部门:与国际民航公约附件的差异,地形、地理信息等"。

三、将第三十八条修改为:"原始资料提供部门或者单位应当采取措施,确保向航空情报服务机构提供的原始资料符合规定的准确性、分辨率、完整性、及时性、完好性、可追溯性和格式的要求。涉及多个提供部门或者单位的,由主办部门协调一致后,统一提供给航空情报服务机构。"

四、将第四十条修改为:"航空情报服务机构应当建立核实和验证程序,对收到的航空情报原始资料及时进行审核,审核的主要内容包括:

“（一）来源于规定的原始资料提供部门；

“（二）符合规定的格式；

“（三）正确执行航空资料定期颁发制；

“（四）满足航空情报原始资料的质量要求；

“（五）有必要发布一体化民用航空情报系列资料。

“经审核不符合以上要求的航空情报原始资料，航空情报服务机构应当将其退回并说明原因。”

五、将第四十一条修改为：“航空情报服务机构应当与航空情报原始资料提供部门或者单位签订原始资料提供协议，明确双方职责和要求，确保及时和完整地提供原始资料。

“航空情报服务机构与航空情报原始资料提供部门或者单位应当建立定期协调、定期培训机制；建立资料定期符合性检查机制，对发布资料进行全面检查校核；建立航空资料和航空情报原始资料的复核机制，将航空情报原始资料采用等情况反馈给航空情报原始资料提供部门或者单位。”

六、将第八十七条第十二项修改为：“（十二）未在航空资料中公布的障碍物、军事活动、航空表演、航空竞赛、大型跳伞活动、无线电频率干扰、航天活动、烟花等影响空中航行的危险情况的出现”。

增加一项，作为第二十五项：“（二十五）影响空中航行的冲突区，包括有关该冲突威胁的性质、范围和后果”。

七、将第九十四条修改为：“机场管理机构应当及时评估湿和污染跑道表面状况，满足跑道表面状况通报条件时，应当及时向机场民用航空情报单位提供跑道表面状况原始资料。

“跑道表面状况原始资料最长有效时间不超过 8 小时。超过 8 小时的原始资料自动失效，机场管理机构应当及时向机场民用航空情报单位提供新的跑道表面状况原始资料。

“机场民用航空情报单位应当根据跑道表面状况原始资料，按照规定的格式及时发布雪情通告。”

八、将第九十五条修改为：“雪情通告的最长有效时间不超过 8 小时。超过 8 小时的雪情通告自动失效。

“机场民用航空情报单位收到机场管理机构提供的新的跑道表面状况报告原始资料后，应当及时发布新的雪情通告，上一份雪情通告同时失效。

“雪情通告出现错误时应当发布新的雪情通告，不得签发雪情通告更正报，错误的雪情通告同时失效。

“失效的雪情通告不得作为运行依据。”

本决定自2023年1月1日起施行。

《民用航空情报工作规则》根据本决定作相应修改并对条文序号作相应调整,重新公布。

民用航空情报工作规则

（2016年3月17日交通运输部公布　根据2022年11月1日交通运输部令2022年第35号修订）

第一章　总　　则

第一条　为规范民用航空情报工作,保障空中航行的安全、正常和效率,依据《中华人民共和国民用航空法》和《中华人民共和国飞行基本规则》,制定本规则。

第二条　本规则适用于中华人民共和国领域内的民用航空情报工作。提供民用航空情报服务以及其他与民用航空情报工作有关的单位和个人应当遵守本规则。

第三条　民用航空情报服务的任务是收集、整理、编辑民用航空资料,设计、制作、发布有关中华人民共和国领域内以及根据我国缔结或者参加的国际条约规定区域内的航空情报服务产品,提供及时、准确、完整的民用航空活动所需的航空情报。

第四条　中国民用航空局(以下简称民航局)负责统一管理全国民用航空情报工作,民航地区管理局(以下简称地区管理局)负责监督管理本地区民用航空情报工作。

第五条　中华人民共和国领域内以及根据我国缔结或者参加的国际条约规定,由中华人民共和国提供空中交通服务的飞行情报区的民用航空情报服务由民航局空中交通管理局(以下简称民航局空管局)负责组织实施。

第六条　民用航空活动应当接受和使用统一有效的民用航空情报。

第七条　民航局鼓励和支持民用航空情报的技术研究与创新。

第八条　本规则所用术语的含义在本规则附件一《定义》中规定。

第二章　一般规定

第九条　民用航空情报工作的基本内容包括:

（一）收集、整理、审核民用航空情报原始资料和数据；

（二）编辑出版一体化航空情报资料和各种航图等；

（三）制定、审核机场使用细则；

（四）接收处理、审核发布航行通告；

（五）提供飞行前和飞行后航空情报服务以及空中交通管理工作所必需的航空资料与服务；

（六）负责航空地图、航空资料及数据产品的提供工作；

（七）组织实施航空情报人员的技术业务培训。

第十条 民用航空情报服务机构应当建立航空情报质量管理制度，并对运行情况实施持续监控和定期评审。

航空情报质量管理制度应当包括航空情报工作各阶段实施质量管理所需的资源、程序和方法等，确保航空情报符合准确性、分辨率、完整性、及时性、完好性、可追溯性和格式的要求。

第十一条 依法发布的一体化民用航空情报系列资料是实施空中航行的基本依据。一体化民用航空情报系列资料由下列内容组成：

（一）航空资料汇编、航空资料汇编修订、航空资料汇编补充资料；

（二）航行通告及飞行前资料公告；

（三）航空资料通报；

（四）有效的航行通告校核单和明语摘要。

第十二条 民用航空情报工作中应当采用国家法定计量单位，根据需要可在公布的航空情报服务产品中添加英制注释。

第十三条 民用航空情报所涉及的地理位置坐标和高程数据应当基于国家规定或者批准的大地坐标系统及高程系统。

对外提供的地理坐标和所采用的坐标系统应当经国家测绘主管部门核准。

第十四条 对外提供的民用航空情报所涉及的时间参考系统应当采用协调世界时。

第十五条 民用航空情报工作涉及国家秘密的，应当按照国家法律、行政法规和有关规定执行。

第十六条 依法发布的民用航空资料，未经民航局批准，任何单位和个人不得翻印、交换、转售和转让。

第三章　民用航空情报服务机构与职责

第十七条 民用航空情报服务机构包括：

（一）全国民用航空情报中心；

（二）地区民用航空情报中心；

（三）机场民用航空情报单位。

第十八条　民用航空情报服务机构由民航局设立或者批准设立。民用航空情报服务工作由民用航空情报服务机构实施，民用航空情报服务机构应当在指定的职责范围内提供民用航空情报服务。

第十九条　全国民用航空情报中心应当履行下列职责：

（一）协调全国民用航空情报的运行工作；

（二）负责与联检单位、民航局有关部门、民航局空管局有关部门等原始资料提供单位建立联系，收集航空情报原始资料；

（三）审核、整理、发布《中国民航国内航空资料汇编》、《中华人民共和国航空资料汇编》、航空资料汇编补充资料、航空资料通报、《军用备降机场手册》，负责航图的编辑出版和修订工作；

（四）提供有关航空资料和信息的咨询服务；

（五）负责我国航空情报服务产品的发行；

（六）负责国内、国际间航行通告、航空资料和航空数据的交换工作，审核指导全国民航航行通告的发布；

（七）负责航行通告预定分发制度的建立与实施；

（八）承担全国航空情报自动化系统的运行监控；

（九）向各地区民用航空情报中心提供航空情报业务运行、人员培训等技术支持。

第二十条　地区民用航空情报中心应当履行下列职责：

（一）协调本地区民用航空情报的运行工作；

（二）收集、初步审核、上报本地区各有关业务部门提供的航空情报原始资料；

（三）接收、处理、发布航行通告，指导检查本地区航行通告的发布工作；

（四）组织实施本地区航空资料和数据的管理；

（五）负责本地区航空情报自动化系统的运行监控；

（六）向本地区机场航空情报单位提供航空情报业务运行、人员培训等技术支持。

地区民用航空情报中心可同时承担所在机场民用航空情报单位的职责。

第二十一条　机场民用航空情报单位应当履行下列职责：

（一）收集、初步审核、上报本机场及与本机场有关业务单位提供的航空情报原始资料；

（二）接收、处理、发布航行通告；

（三）组织实施本机场飞行前和飞行后航空情报服务；

（四）负责本单位及本机场空中交通管理部门所需的航空资料、航空地图的管理和供应工作。

第二十二条 全国民用航空情报中心、地区民用航空情报中心、国际机场民用航空情报单位应当提供24小时航空情报服务；其他航空情报服务机构应当在其负责区域内航空器飞行的整个期间及前后各90分钟的时间内提供航空情报服务。民用航空情报服务机构应当安排航空情报员在规定的服务时间内值勤。

第二十三条 航空情报服务机构应当制定相应的应急预案，并应当每年组织应急演练。

第二十四条 航空情报服务机构应当建立工作差错追究制度。

第二十五条 航空情报服务机构应当具备下列基本条件：

（一）航空情报服务机构应使用配置统一的航空情报自动化处理系统和连接航空固定电信网的计算机终端；

（二）配备符合提供航空情报服务工作需要的，持有有效航空情报员执照的专业技术人员；

（三）设有值班、飞行准备和资料存储等功能的基本工作场所；

（四）配备满足工作所需的办公、通讯和资料存储等基本设施设备和工具；

（五）配备本单位所需的民用航空情报服务产品，与航空情报工作紧密相关的法规标准和规定，供咨询和飞行前讲解使用的参考图表和文件等；

（六）国际机场及其他对外开放机场的航空情报服务机构应当配备与之通航国家的航空资料以及相关的国际民航组织出版物；

（七）配备航空情报服务需要的其他设施和设备。

第二十六条 航空情报服务机构的办公场所应当设在便于机组接受航空情报服务的位置。

第四章　航空情报人员资质与培训

第二十七条 从事航空情报服务工作的人员，应当按照《民用航空情报员执照管理规则》的要求，取得航空情报员执照，并按规定保持有效。未持有有效执照的人员，不得在航空情报服务机构独立从事航空情报服务工作。

第二十八条 航空情报人员所在单位应当按照规定组织对航空情报人员的专业培训，航空情报人员应当按照规定接受培训和考核。航空情报人员的培训工作,按照民用航空情报培训相关规定执行。

第二十九条 承担民用航空情报专业培训任务的机构应当具备下列基本条件:

(一)具有民航局规定数量的教员;

(二)具有民航局认可的教材;

(三)具有相应的教学设施。

第三十条 航空情报人员所在单位应当有计划地补充、培养专业技术人才,不断提高航空情报人员的业务素质。

第三十一条 民用航空情报员应当加入飞行机组进行一年不少于两次的航线实习。

第五章 航空情报原始资料的提供和收集

第三十二条 航空情报原始资料分为基本资料和临时资料。

基本资料是有效期在半年(含)以上较为稳定的资料,主要用于编辑《中华人民共和国航空资料汇编》、《中国民航国内航空资料汇编》、各种航图以及航空资料通报。

临时资料是有效期在半年以内和临时有变更的资料,主要用于发布航行通告和航空资料汇编补充资料。

第三十三条 下列有关业务部门或者单位,应当向所在地的航空情报服务机构提供及时、准确、完整的航空情报原始资料:

(一)空域规划和空中交通管制部门:

空中规则和空中交通服务的规定,以及与国际民航公约附件的差异;

空中交通服务空域和航路的设立、变动或者撤消;

空中交通管制、搜寻援救服务的规定及变动;

空中走廊、禁区、限制区、危险区等特殊空域的设立、改变或者撤消;

炮射、气球、跳伞、航空表演等影响飞行的活动;

航路的关闭、开放;

机场的进场和离场飞行程序;

机场的仪表和目视进近程序;

主要临近机场;

噪声限制规定和减噪程序;

机场地面运行规定;

飞行限制和警告。

（二）航务管理部门：

机场运行标准和航务管理的有关规定；

机场起飞和着陆最低标准。

（三）通信导航监视部门：

通信导航监视规定，以及与国际民航公约附件的差异；

机场或者航路的导航和地空通信设施的建立、撤消、工作中断和恢复，频率、识别信号、位置、发射种类和工作时间的改变及工作不正常等情况；

地名代码，部门代号的增减或者改变。

（四）机场管理机构：

机场地理位置和管理资料；

机场地勤服务和设施；

机场服务单位工作时间；

跑道、滑行道、机坪、停机位的布局、数量、物理特性及其变化；

机场、跑道、滑行道、机坪、停机位的全部或者部分的关闭、恢复或者运行限制；

直升机着陆区域；

目视导航设施、机场助航灯光系统、风向标的设置及其主要部分的改变、中断和恢复、撤消；

跑道、滑行道、机坪、飞机等待位置等道面标志和障碍物位置标志的设置、改变或者撤消；

飞行区和障碍物限制面内影响起飞、爬升、进近、着陆、复飞安全的障碍物的增加、排除或者变动，障碍灯或者危险灯标设置、中断和恢复；

飞行区内不停航施工及其影响跑道、滑行道、机坪、停机位使用的，其开工和计划完工时间、每日施工开始和结束时间、施工区域的安全标志和灯光的设置发生变化；

机场救援和消防设施保障等级及其重要变动；

跑道、滑行道、停机坪积雪、积水情况及其清除和可用状况等发布雪情通告的情报；

扫雪计划，扫雪设备和顺序；

鸟群活动。

（五）机场油料供应部门：

机场航空油料牌号和加油设备的可用情况。

（六）气象服务机构：

气象规定，以及与国际民航公约附件的差异；

机场气象特征和气候资料；
气象设施（包括广播）及程序的建立、更改或者撤消。
（七）国际运输管理部门：
简化手续规定，以及与国际民航公约附件的差异；
国际运输规定；
海关、出入境有关规定；
卫生检疫的规定。
（八）航行收费管理部门：
国际飞行的收费规定。
（九）其他相关业务部门：
与国际民航公约附件的差异，地形、地理信息等。

第三十四条 航空情报原始资料提供部门或者单位应当指定机构或者专人，负责向航空情报服务机构提供航空情报原始资料，并与航空情报服务机构保持直接的、固定的联系。

第三十五条 航空情报原始资料提供部门或者单位应当按照下述的时间要求，提前将原始资料通知航空情报服务机构：

（一）按航空资料定期颁发制生效的航空情报，应当在共同生效日期表中选择适当的生效日期，并在预计生效日期80天前提供原始资料。

（二）不按照航空资料定期颁发制生效的航空情报，应当至少在生效日期56天前提供原始资料，但用于拍发航行通告的除外。

（三）以航行通告发布的航空情报，应当在生效时间24小时以前提供原始资料。临时性的禁区、危险区、限制区以及有关空域限制的，应当在生效日期7天前提供原始资料。不可预见的临时性资料应当立即提供。

第三十六条 向航空情报服务机构提供原始资料时，应当填写本规则附件二《航空情报原始资料通知单》。提交航空情报原始资料的方式包括直接送达、特快专递、传真等。向同级航空情报服务机构提供原始资料时，通常采用直接送达的方式。

需对外公布的法律、法规、规章和专用技术名词等航空情报原始资料应当附有英文译稿。

第三十七条 航空情报服务机构应当依据《航空情报原始资料通知单》编辑修订航空情报服务产品，签发航行通告。《航空情报原始资料通知单》应作为正式记录存档备查。

原始资料提供部门或者单位应当详细、准确地填写《航空情报原始资料通知单》，必要时，应当增加附图。

第三十八条 原始资料提供部门或者单位应当采取措施,确保向航空情报服务机构提供的原始资料符合规定的准确性、分辨率、完整性、及时性、完好性、可追溯性和格式的要求。涉及多个提供部门或者单位的,由主办部门协调一致后,统一提供给航空情报服务机构。

第三十九条 全国民用航空情报中心和地区民用航空情报中心应当设立专门部门,负责航空情报原始资料的收集和管理。

第四十条 航空情报服务机构应当建立核实和验证程序,对收到的航空情报原始资料及时进行审核,审核的主要内容包括:

(一)来源于规定的原始资料提供部门;

(二)符合规定的格式;

(三)正确执行航空资料定期颁发制;

(四)满足航空情报原始资料的质量要求;

(五)有必要发布一体化民用航空情报系列资料。

经审核不符合以上要求的航空情报原始资料,航空情报服务机构应当将其退回并说明原因。

第四十一条 航空情报服务机构应当与航空情报原始资料提供部门或者单位签订原始资料提供协议,明确双方职责和要求,确保及时和完整地提供原始资料。

航空情报服务机构与航空情报原始资料提供部门或者单位应当建立定期协调、定期培训机制;建立资料定期符合性检查机制,对发布资料进行全面检查校核;建立航空资料和航空情报原始资料的复核机制,将航空情报原始资料采用等情况反馈给航空情报原始资料提供部门或者单位。

第六章 航空情报服务产品

第一节 一般规定

第四十二条 民用航空情报服务产品分为基本服务产品和非基本服务产品。

基本服务产品包括:《中华人民共和国航空资料汇编》、《中国民航国内航空资料汇编》和《军用备降机场手册》及其修订,航空资料汇编补充资料和航空资料通报。

非基本服务产品是指根据民航发展和用户需要制作或者发布的专用航空资料。

第四十三条　航空情报服务产品由全国民用航空情报中心编印发行。航空情报服务产品应当综合配套,并保证准确和完整。

第四十四条　采用航空资料定期颁发制颁发的航空资料,其执行日期应当从航空资料定期颁发制的共同生效日期表(以下简称共同生效日期表)中选定。共同生效日期表见本规则附件三。

全国民用航空情报中心一般按照共同生效日期表挑选相近的日期发行资料。

采用航空资料定期颁发制颁发的航空资料具体见本规则附件四。

第四十五条　按航空资料定期颁发制颁发的航空情报基本服务产品,应当遵守下列规定:

(一)生效日期应当从共同生效日期表中挑选;

(二)生效后的28天内不得进行更改,除非持续时间不超过28天;

(三)至少在生效日期前42天颁发;

(四)以纸张印刷形式颁发的,应当标注“AIRAC”。

共同生效日期无资料颁发的,应当在该生效日期的前一个周期内,以航行通告或者其他适宜的方式,颁发“无资料”通知。

第四十六条　航空情报服务产品应当逐步实行电子媒介和互联网分发,减少纸张发行。

第四十七条　航空情报服务产品应当以快捷、可靠的方式直接分发至用户指定的地址,并建立用户记录和分发反馈记录。

第四十八条　根据我国与有关国家签订的国际航空运输协定,需双方相互提供航空情报服务产品的,由全国民用航空情报中心负责组织实施。

第四十九条　航空情报服务产品应当按照规定使用、修订、更换和销毁。航空情报服务产品用户,应当建立完善的资料管理制度,确保资料的可靠、准确、完整。

第二节　中华人民共和国航空资料汇编

第五十条　《中华人民共和国航空资料汇编》是外国民用航空器在我国境内飞行必备的综合性资料。

第五十一条　《中华人民共和国航空资料汇编》应当根据我国民用航空法律、法规和规章,并应参照国际民用航空组织有关文件的规定和要求,用中、英两种文字编辑出版。

第五十二条　《中华人民共和国航空资料汇编》应当符合本规则附件五的要求,包括经批准国际机场及其他对外开放机场、航路、设施以及有关的规章制度等内容。

第五十三条 《中华人民共和国航空资料汇编》应当采用活页资料形式，每页资料上印有易于查找的页码标志，并且在资料下方注明出版日期、生效日期。

第五十四条 需要对外提供未编入《中华人民共和国航空资料汇编》的资料，应当由民航局报经国家有关主管部门批准。

第三节 中国民航国内航空资料汇编

第五十五条 《中国民航国内航空资料汇编》是我国民用航空器进行境内飞行必备的综合性资料，应当使用中文编辑出版。

第五十六条 《中国民航国内航空资料汇编》应当符合本规则附件六的要求，包括民用机场和军民合用机场的民用部分、航路、设施以及有关的规章制度等内容。

机场需要编印和提供使用的航图种类，应当符合本章第四节的要求。

第五十七条 《中国民航国内航空资料汇编》应当采用活页资料形式，分成若干分册出版。每页资料印有易于查找的页码标志、资料的出版日期和生效日期。

第五十八条 为保证我国民用航空器在军用机场备降的需要，应当出版《军用备降机场手册》，作为《中国民航国内航空资料汇编》的补充。

编入《军用备降机场手册》的军用机场资料应当经有关军事单位批准。

第五十九条 仅用于通用航空的民用机场航空资料可以由地区民用航空情报中心根据需要参照《中国民航国内航空资料汇编》的要求编辑、分发，并向全国民用航空情报中心备案。

第六十条 《中国民航国内航空资料汇编》、《军用备降机场手册》不得向外国任何单位或者个人提供。

第四节 航　　图

第六十一条 航图是保证航空器运行以及其他航空活动所需要的有关规定、限制、标准、数据和地形等，以一定的图表形式集中编绘、提供使用的各种图的总称。

第六十二条 航图分为特种航图和航空地图。

特种航图包括机场障碍物 A 型图、机场障碍物 B 型图、精密进近地形图、航路图、区域图、标准仪表进场图、标准仪表离场图、仪表进近图、目视进近图、机场图、机场地面活动图、停机位置图、空中走廊图、放油区图等。

航空地图包括世界航图、航空图和小比例尺航空领航图等，航空地图按照规定和实际需要绘制、使用。

第六十三条 编辑制作航图应当符合《民用航空图编绘规范》要求。

第六十四条 绘制航图应采用国家测绘主管部门提供的航空地图或者地形图作为参照图或者底图。绘制的航图比例尺应当等于或者小于参照图或者底图的比例尺。航图一般使用高斯—克吕格投影，其中航路图、区域图使用等角正割圆锥投影。

第六十五条 航图应当标绘与其飞行阶段相关的资料，标绘的资料应当符合下列要求：

（一）资料的标绘应当准确、清晰、不变形、不杂乱，在所有的正常使用条件下均易于判读；

（二）航图的着色或者色调和字体大小，便于驾驶员在不同的自然或者人工光线的条件下判读；

（三）不同航图上标绘的资料，应当按相应的飞行阶段，从一幅图平稳地过渡到另一幅图。

第六十六条 航图上应当标注航图的种类名称、地名和机场名、航图代号、出版单位、出版日期、生效日期、磁北、真北、磁差、比例尺等要素。

第六十七条 航空地图为特别制定的航图补充基础资料，主要用于目视飞行及制定飞行计划。

第六十八条 航路图主要用于机组仪表飞行时，沿规定的空中交通服务航路和程序实施领航。

航路图标绘的资料密集，难以清晰表示时，应当绘制区域图。

第六十九条 提供仪表飞行的机场及其跑道，应当绘制标准仪表进场图、标准仪表离场图。

第七十条 提供仪表飞行的跑道，应当绘制包括进近、着陆、复飞、等待程序及机场运行最低标准等内容的仪表进近图。

提供Ⅱ、Ⅲ类精密仪表进近的跑道，还应当绘制精密进近地形图。

第七十一条 提供目视飞行的跑道，应当绘制目视进近图。

第七十二条 对于民用机场，应当绘制机场图。

机场图中无法清晰表示滑行道与停机位置之间的滑行路线的，应当补充绘制机场地面活动图；需要进一步清楚地表示停机位置的，应当补充绘制停机位置图。

第七十三条 对于民用机场，应当绘制机场障碍物 A 型图，起飞航径区内无重要障碍物的机场可以不绘制，但应当在《中华人民共和国航空资料汇编》

和《中国民航国内航空资料汇编》中予以说明。

机场周围净空条件复杂的，应当绘制机场障碍物 B 型图。

第七十四条 空中走廊图、放油区图等按照国家有关主管部门的规定绘制。

第五节 航空资料汇编补充资料

第七十五条 航空资料汇编补充资料应当公布有效期在 3 个月以上的临时变更，或者有效期不到 3 个月但篇幅大、图表多的临时性数据资料。

第七十六条 航空资料汇编补充资料以黄色纸张印刷，补充资料的全部内容或者部分内容有效的，该补充资料应保留在航空资料汇编中。

第七十七条 航空资料汇编补充资料不定期出版，按照日历年顺序编号。航空资料汇编补充资料发布后应当以触发性航行通告的形式予以提示。

第六节 航空资料汇编修订

第七十八条 《中华人民共和国航空资料汇编》、《中国民航国内航空资料汇编》和《军用备降机场手册》内容的变更，应当发布《中华人民共和国航空资料汇编》修订、《中国民航国内航空资料汇编》修订和《军用备降机场手册》修订等航空资料汇编修订，以保持汇编资料的准确和完整。

航空资料汇编修订发布后，应当以触发性航行通告的形式予以提示。

第七十九条 每期航空资料汇编修订单中，应当标明修订资料汇编的名称、编号、出版部门、出版日期和生效日期等。

修订应当采用固定、统一的格式，便于用户识别换页。

第八十条 以航行通告方式发布过的航空情报，需要纳入或者修订相应的航空资料汇编时，应当及时印发航空资料汇编修订，并在修订单中注明被编入的航行通告编号。

第八十一条 航空资料汇编修订页中主要内容的变动，应当以明显的符号或者文字注释予以提示。

第八十二条 全国民用航空情报中心应当定期印发航空资料汇编校核单，校核单应当列出全部有效资料的页码编号和出版日期。

第七节 航空资料通报

第八十三条 涉及法律法规、空中航行、技术与管理、飞行安全等方面内容，但不适宜以航空资料汇编或者航行通告形式公布的，应当以航空资料通报方式公布（具体内容见本规则附件七），主要包括：

（一）有关法律、法规、程序、设施的任何重大变更的长期预报；

（二）有关可能影响飞行安全的解释性和咨询性资料；

（三）有关技术、法律、行政性事务的解释性和咨询性资料或者通知。

第八十四条 航空资料通报不定期印发，航空资料通报应当按日历年连续编号，每年至少发布一次现行有效的航空资料通报校核单。

第七章 航行通告

第八十五条 航行通告是有关航行的设施、服务、程序等的设立、状况、变化，以及涉及航行安全的危险情况及其变化的通知。

航行通告的收集整理、审核发布工作，应当由民用航空情报服务机构负责实施，其他任何单位和个人不得发布航行通告。

第八十六条 航行通告分为国际、国内和地区系列的航行通告，S 系列的雪情通告，以及 V 系列的火山通告：

（一）国际系列航行通告，用于国际分发，由全国民用航空情报中心国际航行通告室发布。

（二）国内系列航行通告，用于国内分发，由全国民用航空情报中心、地区民用航空情报中心发布。

（三）地区系列航行通告，用于本地区内分发，由各机场民用航空情报单位发布至所在地的地区民用航空情报中心。

（四）S 系列的雪情通告，由各机场民用航空情报单位直接发至全国民用航空情报中心、地区民用航空情报中心以及与本场航班运行有关的机场民用航空情报单位。对外开放机场的雪情通告，由全国民用航空情报中心国际航行通告室向国外转发。雪情通告自每年 7 月 1 日起至次年 6 月 30 日止，从 0001 号开始编发。

（五）V 系列的火山通告，由火山所在地的地区民用航空情报中心或者机场民用航空情报单位，负责发至全国民用航空情报中心及有关机场民用航空情报单位，全国民用航空情报中心国际通告室负责对国外转发。

第八十七条 遇有下列情况之一的，航空情报服务机构应当及时发布航行通告：

（一）机场或者跑道的设立、关闭或者运行重要变化；

（二）机场、航空情报、空中交通、通信、气象、搜寻救援等航空服务的设立、撤消或者运行的重要变化；

（三）无线电导航和地空通信服务的设置、撤消及工作能力的重大变化，包括：无线电导航和地空通信服务的中断或者恢复、频率的更改、服务时间的变化、识别信号的变化、方向性助航设施的方向调整、设施位置的改变、总发射功率50%以上的增减、广播时间或者内容的变化，以及任何无线电导航和地空通信发生异常或者不可靠的情况；

（四）目视助航设施的设置、撤消或者重要变动；

（五）机场灯光系统的主要组成部分的中断或者恢复；

（六）空中航行服务程序的设立，撤消或者重要变化；

（七）机动区内重大缺陷或者运行障碍的出现或者清除；

（八）燃油、滑油和氧气供应的限制和改变；

（九）可用搜寻援救设施和服务的重要改变；

（十）标志空中航行重要障碍物的危险灯标的设置、撤消和恢复；

（十一）有关规定中出现更改或者变化而且需要立即执行的；

（十二）未在航空资料中公布的障碍物、军事活动、航空表演、航空竞赛、大型跳伞活动、无线电频率干扰、航天活动、烟花等影响空中航行的危险情况的出现；

（十三）起飞、爬升、复飞、进近区和跑道升降带内影响空中航行的障碍物的设置、移除或者变动；

（十四）禁区、限制区和危险区的设立或者中止，包括生效和停止时间及使用状况的变化；

（十五）存在拦截可能并且需要在VHF紧急频率121.5MHz长守的区域、航路或航段的设立或者中止；

（十六）地名代码的分配、取消或者更改；

（十七）机场救援和消防设施常规保障水平的重要变动。只有涉及改变保障等级时，方可签发航行通告，并说明变化的等级；

（十八）活动区内因雪、雪浆、冰和积水导致危险情况的出现、消除或者重要变化；

（十九）由于发生流行病而需要更改防疫注射和检疫要求；

（二十）太阳宇宙射线预报；

（二十一）火山活动有关的动态重要变化，火山爆发的地点、日期和时间，火山灰云的水平范围、垂直范围，包括移动方向以及可能受影响的飞行高度层、航路或者航段；

（二十二）在核子或者化学活动中，向大气层释放辐射物质或者有毒物质的事发地点、日期、时间，受影响的飞行高度层、航路、航段以及活动方向；

（二十三）人道主义救援任务的实施以及由此受到影响的空中航行的各种

程序或者限制；

（二十四）空中交通服务和有关支持服务中断或者部分中断所采取的短期紧急措施；

（二十五）影响空中航行的冲突区，包括有关该冲突威胁的性质、范围和后果；

（二十六）发生可能影响航空器运行的其他情况。

第八十八条 遇有下列情况之一的，航空情报服务机构不得以航行通告形式发布，应在飞行前讲解或者通知驻地航空公司：

（一）停机坪和滑行道上的例行维修工作，不影响航空器安全活动的；

（二）施划跑道标志的工作，但航空器可以在其他可用跑道上安全运行，或者施工设备可以随时移开的；

（三）机场附近有临时障碍物，但不影响航空器运行的；

（四）机场灯光设施局部故障，但不直接影响航空器运行的；

（五）地空通信出现局部、暂时的故障，但有适当备用频率可用的；

（六）缺少停机坪信号指挥服务及道路交通管制的；

（七）机场活动区有关位置标记牌、目的地标记牌或者其他指令标记牌不适用时；

（八）其他类似的临时性情况。

第八十九条 航空情报服务机构应当建立航行通告的校核制度。

航空情报服务机构应当每个日历月至少拍发一次规定格式的航行通告校核单，校核单应当列出现行有效的航行通告清单。

第九十条 全国民用航空情报中心应当定期印发有效航行通告明语摘要。

第九十一条 航行通告应当按照标准格式，通过航空固定通信网络发布。

第九十二条 航行通告的发布应当采用航行通告预定分发制度，将航行通告直接分发给预先指定的收报单位。

第九十三条 全国民用航空情报中心应当就航空资料汇编修订、航空资料汇编补充资料、航空资料通报的发布，签发提示生效信息的触发性航行通告。

触发性航行通告的生效日期应当与航空资料汇编修订、航空资料汇编补充资料、航空资料通报的生效日期相同，并保持14天有效。

第九十四条 机场管理机构应当及时评估湿和污染跑道表面状况，满足跑道表面状况通报条件时，应当及时向机场民用航空情报单位提供跑道表面状况原始资料。

跑道表面状况原始资料最长有效时间不超过8小时。超过8小时的原始资料自动失效，机场管理机构应当及时向机场民用航空情报单位提供新的跑道表面状况原始资料。

机场民用航空情报单位应当根据跑道表面状况原始资料,按照规定的格式及时发布雪情通告。

第九十五条 雪情通告的最长有效时间不超过8小时。超过8小时的雪情通告自动失效。

机场民用航空情报单位收到机场管理机构提供的新的跑道表面状况报告原始资料后,应当及时发布新的雪情通告,上一份雪情通告同时失效。

雪情通告出现错误时应当发布新的雪情通告,不得签发雪情通告更正报,错误的雪情通告同时失效。

失效的雪情通告不得作为运行依据。

第九十六条 地区民用航空情报中心或者机场民用航空情报单位收到火山活动的报告应当发布火山通告。火山通告最长有效时间为24小时,当告警等级发生变化时应当发布新的火山通告。

第八章　飞行前和飞行后航空情报服务

第一节　飞行前航空情报服务

第九十七条 机场民用航空情报单位的飞行前航空情报服务主要包括:飞行前资料公告、讲解服务及资料查询。

第九十八条 接受飞行前航空情报服务的单位,应当与有关机场民用航空情报单位签订服务协议。服务协议应当明确双方的责任与义务、服务内容与方式等。

第九十九条 机场民用航空情报单位的航空情报员,应当于每日本机场飞行活动开始前90分钟,完成提供飞行前航空情报服务的各项准备工作,主要包括:

(一)了解当日的飞行计划和动态;

(二)检查处理航行通告;

(三)了解机场、航路、设施的变化情况和有关的气象资料;

(四)检查必备的各种资料、规章是否完整、准确;

(五)检查本单位设备的工作情况。

第一百条 机场民用航空情报单位应当提供飞行前资料公告,提供飞行前资料公告应当遵守以下规定:

(一)飞行前资料公告至少包括制作时间、发布单位、有效期、起飞站、第一降落站及其备降场、航路以及与本次飞行有关的航行通告和其他紧急资料；

（二）提供的飞行前资料公告不得早于预计起飞前 90 分钟从航行通告处理系统中提取；

（三）飞行前资料公告的提供情况应有相应记录。

第一百零一条 航空情报员认为有必要或者机组有要求时，应当提供讲解服务。

第一百零二条 航空情报员在提供讲解服务时，应当按照讲解服务清单，逐项进行提示或者检查，结合不同飞行的要求，对有关项目进行重点讲解。讲解服务清单的内容应当包括：

（一）法规与程序，包括航空资料及其修订、航空资料补充资料、空域使用的程序、空中交通服务程序、高度表拨正程序；

（二）气象服务简况，包括气象设施、预报和报告的可用情况以及其他获得有效气象情报的规定；

（三）航路及目的地信息，包括可用航路的建议，保证航路安全高度的航迹、距离、地理和地形特征，机场和机场设施的可用性，导航设施的可用性，搜寻援救的组织、程序和设施；

（四）通讯设施和程序，包括地空通信设施的可用性、通信程序、无线电频率和工作时间；

（五）航行中的危险情况；

（六）其他影响飞行的重要信息。

第一百零三条 为我国机组提供飞行前航空情报服务时，航空情报员应当讲解和受理查询与该机组飞行任务有关的资料。为外国机组提供飞行前航空情报服务时，航空情报员只能讲解和受理查询《中华人民共和国航空资料汇编》、批准对外提供的航行规定以及国际航行规定和资料。

第一百零四条 向机组提供自我准备所需要的规定和资料，包括：

（一）设立地图板，张挂航空地图。航空地图上，应当标画飞行情报区、管制区界线和航路、机场的有关数据。对外开放机场，还应当张挂或者展示适当比例尺的、标有国际航路、国际机场的世界挂图或者世界区域图。

（二）备有供机组查阅的航空资料，包括《中华人民共和国航空资料汇编》、《中国民用航空国内航空资料汇编》、《军用备降机场手册》、通信和导航资料以及其他与飞行有关的资料。对外开放机场，还应当备有供国际飞行机组查阅的其他资料。

（三）备有供机组查阅的规章、文件。对外开放机场，还应当备有国际民航组织的有关文件。

第二节　飞行后航空情报收集

第一百零五条　机场民用航空情报单位，应当收集机组飞行后对有关飞行保障设施工作情况的意见、鸟群活动等信息，以及机组填写的《空中交通服务设施服务状况及鸟情状况报告单》，具体内容见附件八。

第一百零六条　机场民用航空情报单位收集到《空中交通服务设施服务状况及鸟情状况报告单》或者其他相关信息后，应当根据信息内容及时转告有关部门处理。

第一百零七条　收到《空中交通服务设施服务状况及鸟情状况报告单》或者其他相关信息的有关部门，应当及时核实有关情况，并将处理情况反馈机场民用航空情报单位。

第九章　航空情报自动化系统管理

第一百零八条　航空情报自动化系统是用于航空情报原始资料的收集、整理、审核以及航空情报服务产品的设计、制作与发布的信息系统。

第一百零九条　航空情报自动化系统包括民用航空情报数据库管理系统、航空情报动态信息管理系统、航空情报原始资料采集系统、航空情报发布系统等。

第一百一十条　航空情报自动化系统由民航局空管局统一管理。

航空情报服务机构应当按照规定统一配置航空情报自动化系统。

第一百一十一条　航空情报自动化系统应当由航空情报服务机构的专职人员负责监控和维护。

第一百一十二条　具有独立数据库的航空情报服务机构的航空情报自动化系统，应当建立本地的系统备份。

第一百一十三条　全国民用航空情报中心及地区民用航空情报中心应当建立航空情报自动化系统异地备份机制。

第一百一十四条　地区民用航空情报中心应当在本辖区内指定一个机场民用航空情报单位的系统作为本地区异地备份系统。

第一百一十五条　航空情报服务机构以外的用户，需要接入航空情报自动化系统的，应当由民航局空管局批准。

第十章　法 律 责 任

第一百一十六条　民用航空情报服务机构违反本规则第十条规定，未按本规则要求建立航空情报质量管理制度的，地区管理局应当责令限期改正，并给予警告；逾期未改正的，对其主要负责人处以200元以上1000元以下罚款，并对单位处以5000元以上1万元以下罚款。

第一百一十七条 航空情报服务机构违反本规则第二十五条规定，不符合设置条件或者不能满足提供航空情报服务要求的，地区管理局应当责令限期改正，并给予警告；逾期未改正的，对其主要负责人处以200元以上1000元以下罚款，并对单位处以1万元以上3万元以下罚款。

第一百一十八条 航空情报服务机构未按本规则规定履行工作职责的，地区管理局应当责令限期改正，并给予警告；逾期未改正或者造成严重后果的，对其主要负责人处以200元以上1000元以下罚款，并对单位处以1万元以上3万元以下罚款。

第一百一十九条 航空情报原始资料提供单位未按照要求提供资料的，地区管理局应当责令限期改正，并给予警告；逾期未改正或者情节严重的，对其主要负责人处以200元以上1000元以下罚款，并对单位处以1万元以上3万元以下罚款。

第一百二十条 违反本规则规定获得或者使用航空情报的个人和单位应当由民航地区管理局责令限期改正，并给予警告；逾期未改正或者情节严重的，对个人或者其主要负责人处以200元以上1000元以下罚款，并对单位处以1万元以上3万元以下罚款。

第十一章　附　　则

第一百二十一条 本规则自2016年4月17日起施行。1988年5月16日民航局发布的《民用航空航行情报工作规则》（CCAR-175 TM）同时废止。

附件：1. 定义
2. 航空情报原始资料通知单
3. 航空资料定期颁发制的共同生效日期表
4. 航空资料定期颁发制发布的航空情报资料
5. 中华人民共和国航空资料汇编
6. 中国民航国内航空资料汇编
7. 航空资料通报内容
8. 空中交通服务设施服务状况及鸟情状况报告单

附件 1

定 义

一、航空资料(Aeronautical Information):对航空数据进行收集、分析和整理后形成的资料。

二、航空情报服务(Aeronautical Information Service,AIS):提供规定区域内航行安全、正常和效率所必需的航空资料和数据的服务。

三、航空情报服务产品(AIS Product):以一体化航空情报系列资料为主要内容(其中包括航图,不包括航行通告及飞行前资料公告),采用印刷品或者相应的电子媒介方式提供的航空资料。

四、航空资料汇编(Aeronautical Information Publication,AIP):由国家或者国家授权发行的,载有空中航行所必需的具有持久性质的航空资料出版物。

五、航空资料汇编补充资料(AIP Supplement):以彩色纸张公布的,对航空资料汇编中的资料所做的临时性变更。

六、航空资料汇编修订(AIP Amendment):对航空资料汇编的永久性变更。

七、航空资料通报(Aeronautical Information Circular,AIC):按规定不需要签发航行通告或者编入航空资料汇编,但涉及安全、航行、技术、管理或者法律问题的资料通报。

八、航行通告(NOTAM):飞行人员和与飞行业务有关的人员必须及时了解的,以电信方式发布的,关于航行设施、服务、程序的建立、情况或者变化,以及对航行有危险的情况的出现和变化的通知。

九、雪情通告(SNOWTAM):航行通告的一个专门系列,是以特定格式拍发的,针对机场活动区内有雪、冰、雪浆及其相关的积水导致危险的出现和排除情况的通告。

十、火山通告(ASHTAM):航行通告的一个专门系列,是以特定的格式拍发的,针对可能影响航空器运行的火山活动变化、火山爆发和火山烟云的通告。

十一、国际航行通告室(International NOTAM Office,NOF):由国家指定负责进行国际间交换航行通告的单位。

十二、航空资料定期颁发制(Aeronautical Information Regulation and Control,AIRAC):对运行活动需要做出重大调整的情况,应当按照共同生效日期提前发布通知的制度。

十三、飞行前资料公告(Pre-flight Information Bulletin,PIB):在飞行前准备的、对运行有重要意义的有效航行通告资料。

附件 2

航空情报原始资料通知单

1. 航空情报原始资料提供人	
提供人：	联系电话：
提供单位：	提供日期和时间：
2. 航空情报原始资料收集人	
收集人：	联系电话：
收集单位：	联系传真：
3. 提供内容	
提供序列号：	生效日期和时间：
共　　页	失效日期和时间：
公布方式　□航行通告 　　　　　□航空资料汇编补充资料	□航空资料汇编修订 □航空资料通报
内容：	
4. AIRAC 事宜	
应采用 AIRAC 但未能实施的原因：	
5. 声明	
提供的航空情报原始数据内容真实、数据准确、全面。	
负责人签字	
6. 回执	
提供序列号： 收集单位： 收集人： 收集时间： 备注：	

附件 3

航空资料定期颁发制的共同生效日期表

2011 年	2012 年	2013 年	2014 年
航空资料共同生效日期	航空资料共同生效日期	航空资料共同生效日期	航空资料共同生效日期
1 月 13 日	1 月 12 日	1 月 10 日	1 月 9 日
2 月 10 日	2 月 9 日	2 月 7 日	2 月 6 日
3 月 10 日	3 月 8 日	3 月 7 日	3 月 6 日
4 月 7 日	4 月 5 日	4 月 4 日	4 月 3 日
5 月 5 日	5 月 3 日	5 月 2 日	5 月 1 日
6 月 2 日	5 月 31 日	5 月 30 日	5 月 29 日
6 月 30 日	6 月 28 日	6 月 27 日	6 月 26 日
7 月 28 日	7 月 26 日	7 月 25 日	7 月 24 日
8 月 25 日	8 月 23 日	8 月 22 日	8 月 21 日
9 月 22 日	9 月 20 日	9 月 19 日	9 月 18 日
10 月 20 日	10 月 18 日	10 月 17 日	10 月 16 日
11 月 17 日	11 月 15 日	11 月 14 日	11 月 13 日
12 月 15 日	12 月 13 日	12 月 12 日	12 月 11 日

备注:共同生效日期从 1998 年 1 月 29 日开始,以 28 天为间隔计算得到。其他各年度航空资料共同生效日期由此推算。

附件 4

航空资料定期颁发制发布的航空情报资料

航空资料定期颁发制(AIRAC)发布的航空情报资料包括下列各项的设置、撤销和预定的重要变更,含运行试验:

一、涉及下列各项的水平和垂直界限、规章和程序的资料:

1. 飞行情报区;
2. 管制区;
3. 管制地带;
4. 空中交通服务航路;
5. 永久性危险区、禁区和限制区,包括已知活动的类别和期限;
6. 存在拦截可能的永久性区域或者航路、航段;
7. 影响航行的险情、军事演习和航空器的大规模活动。

二、无线电助航设备和通信设施的位置、频率、呼号、已知不正常情况和维修期。

三、等待和进近程序、进场和离场程序、减噪程序以及有关空中交通服务的其他程序。

四、气象服务程序和设备,包括气象广播。

五、机场、设施和服务的时间。

六、跑道、停止道、滑行道和停机坪。

七、过渡高度层、过渡高度和最低扇区高度。

八、机场地面运行程序,包括低能见度程序。

九、进近灯光和跑道灯光。

十、机场运行最低标准。

十一、航行障碍物的位置、高度和灯光。

十二、海关、移民和卫生服务。

附件 5

中华人民共和国航空资料汇编

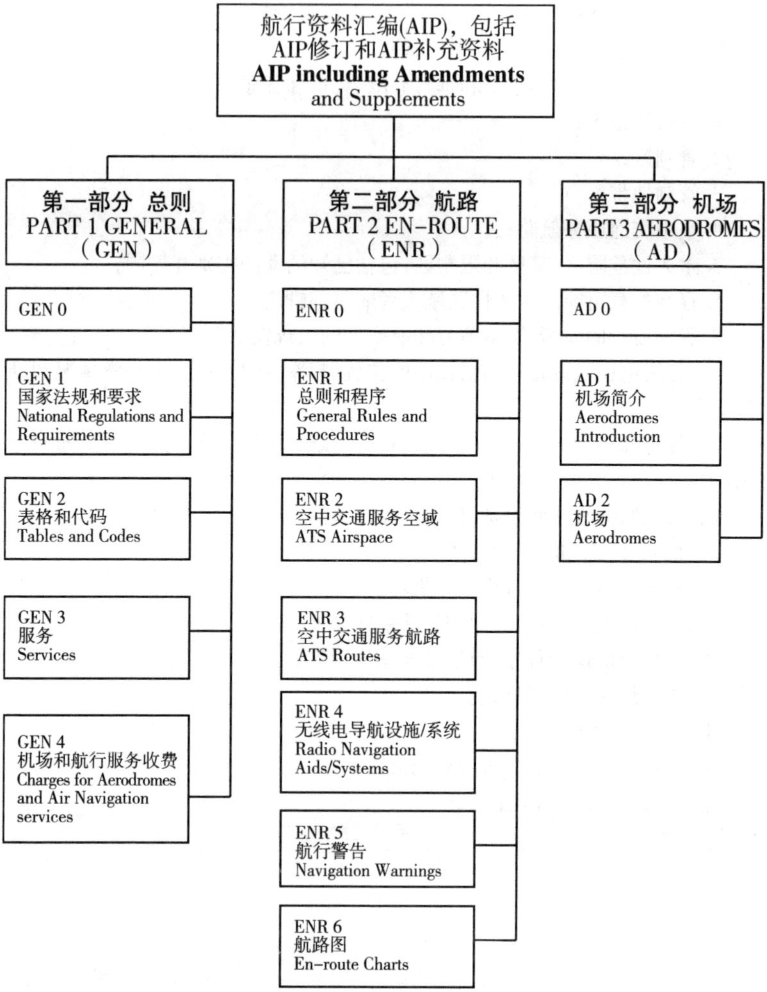

附件 6

中国民航国内航空资料汇编

- 中国民航国内航空资料汇编
  - 第一部分 总则
    - 总则 0
    - 总则 1 国家法规和要求
    - 总则 2 表格和代码
    - 总则 3 服务
  - 第二部分 航路
    - 航路 0
    - 航路 1 通则和程序
    - 航路 2 空中交通服务区域
    - 航路 3 空中交通服务航路航线
    - 航路 4 无线电导航设施
    - 航路 5 报告点
    - 航路 6 特殊区域
    - 航路 7 航路图
  - 第三部分 机场
    - 机场 0
    - 机场 1 机场简介
    - 机场 2 机场使用细则
    - 机场 3 航图手册

- 第一部分 总则
  - 总则 0
    - 前言
    - 修订记录
    - 补充资料记录
    - 校核单
    - 第一部分目录
  - 总则 1 国家法律和要求
    - 负责当局
    - 国家法规摘要
  - 总则 2 表格和代码
    - 计量系统
    - 简缩写
    - 航图符号
    - 地名代码
    - 数据换算表
    - 气象符号
    - 日出/日没表
  - 总则 3 服务
    - 航空情报服务
    - 航图
    - 空中交通服务
    - 通信导航监视服务
    - 气象服务
    - 搜寻和援救服务

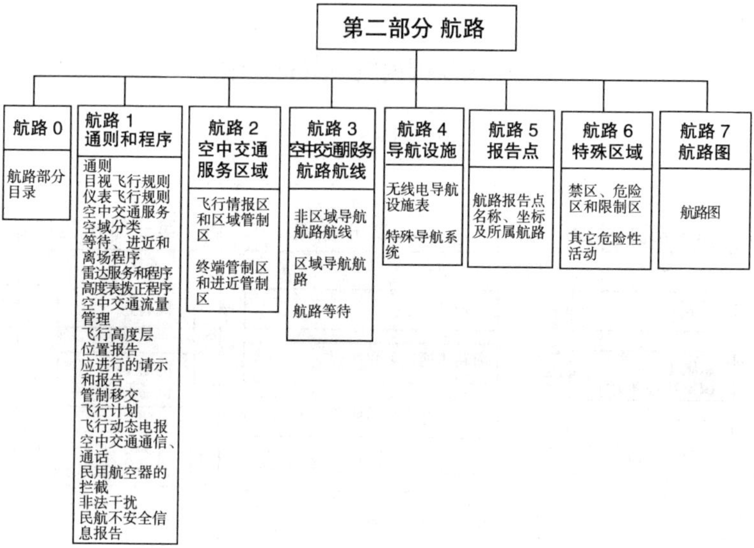
第二部分 航路
航路 0
航路部分目录
航路 1
通则和程序
通则
目视飞行规则
仪表飞行规则
空中交通服务
空域分类
等待、进近和离场程序
雷达服务和程序
高度表拨正程序
空中交通流量管理
飞行高度层
位置报告
应进行的请示和报告
管制移交
飞行计划
飞行动态电报
空中交通通信、通话
民用航空器的拦截
非法干扰
民航不安全信息报告
航路 2
空中交通服务区域
飞行情报区和区域管制区
终端管制区和进近管制区
航路 3
空中交通服务航路航线
非区域导航航路航线
区域导航航路
航路等待
航路 4
导航设施
无线电导航设施表
特殊导航系统
航路 5
报告点
航路报告点名称、坐标及所属航路
航路 6
特殊区域
禁区、危险区和限制区
其它危险性活动
航路 7
航路图
航路图

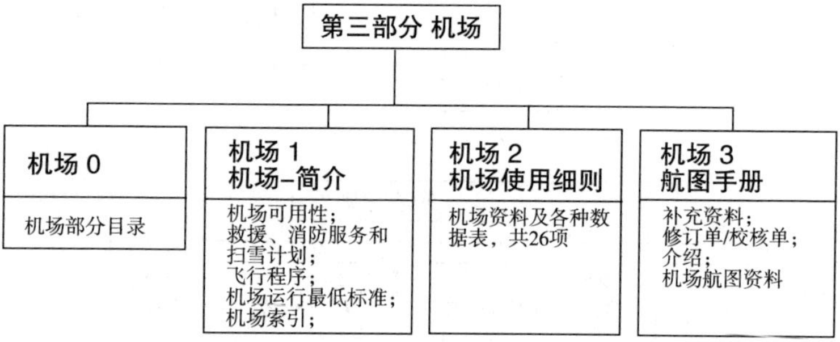
第三部分 机场
机场 0
机场部分目录
机场 1
机场–简介
机场可用性；
救援、消防服务和扫雪计划；
飞行程序；
机场运行最低标准；
机场索引；
机场 2
机场使用细则
机场资料及各种数据表，共26项
机场 3
航图手册
补充资料；
修订单/校核单；
介绍；
机场航图资料

附件 7

航空资料通报内容

应当以航空资料通报方式发布的内容包括：

一、所提供的航行程序、服务和设施的重大变更的预报；

二、实施新导航系统的预报；

三、涉及飞行安全的航空器事故或者事故征候调查的重要资料；

四、有关防止对国际民用航空进行非法干扰行为的规定；

五、与驾驶员有特殊关系的医疗问题的通知；

六、驾驶员提出的有关避免健康受到危害的告警；

七、某些天气现象对航空器飞行的影响；

八、影响航空器操作技术的新险情资料；

九、有关航空禁运物品的规章；

十、国家法令要求以及国家公布变更法令的情况；

十一、空勤人员执照要求；

十二、航空人员培训；

十三、国家法律规定的适用或者豁免；

十四、特定型号设备的使用与维护的建议；

十五、实际或者计划可用的新版或者修订版航图；

十六、机载通信设备；

十七、减少噪声的说明性资料；

十八、选定的适航指令；

十九、航行通告系列或者其分发范围的变更，新版航空资料汇编或者其内容、范围和格式的重大变更；

二十、有关除雪计划的先期情报；

二十一、类似情况的其他资料。

附件 8

空中交通服务设施服务状况及鸟情状况报告单

航空器国籍及注册标记：			
营 运 人 及 航 班 号：			
起飞机场：	起飞时间(UTC)：		
着陆机场：	着陆时间(UTC)：		
设 施	位 置	缺陷的详细情况	观察时间
鸟 情	位 置	详细情况	观察时间
日期：________年____月____日　　机组签字：________________			

自然资源部关于第四批废止的部门规章的决定

（2022年11月8日自然资源部令第9号公布　自公布之日起施行　国司备字[2023007579]）

为了贯彻实施《中华人民共和国民法典》《中华人民共和国森林法》《信访工作条例》，推进政府职能转变和深化“放管服”改革，自然资源部对自然资源和林草领域部门规章进行了清理。经过清理，自然资源部决定废止以下部门规章：

一、《国土资源信访规定》（2002年5月9日国土资源部令第12号公布 根据2006年1月4日国土资源部令第32号修改）

二、《沿海国家特殊保护林带管理规定》（1996年12月9日林业部令第11号公布 根据2011年1月25日国家林业局令第26号修改）

三、《林业行政执法证件管理办法》（1997年1月6日林业部令第12号公布）

四、《国家林业局关于授权森林公安机关代行行政处罚权的决定》（1998年6月26日国家林业局令第1号公布）

五、《林木和林地权属登记管理办法》（2000年12月31日国家林业局令第1号公布 根据2011年1月25日国家林业局令第26号修改）

六、《林业统计管理办法》（2005年6月1日国家林业局令第15号公布）

七、《国家林业局产品质量检验检测机构管理办法》（2007年11月30日国家林业局令第24号公布 根据2015年4月30日国家林业局令第37号修改）

八、《林业固定资产投资建设项目管理办法》（2015年3月30日国家林业局令第36号公布）

本决定自公布之日起施行。

地质灾害防治单位资质管理办法

（2022年11月8日自然资源部令第8号公布　自2023年1月1日起施行　国司备字［2023007578］）

第一条　为了加强地质灾害防治单位资质管理，保证地质灾害危险性评估和地质灾害治理工程质量，避免和减轻地质灾害造成的损失，维护人民生命和财产安全，根据《地质灾害防治条例》，制定本办法。

第二条　在中华人民共和国境内从事地质灾害危险性评估以及地质灾害治理工程勘查、设计、施工、监理等地质灾害防治活动的单位，应当依照本办法的规定取得地质灾害防治单位资质，并在资质等级许可的范围内从事地质灾害防治活动。

第三条　本办法所称地质灾害危险性评估，是指在地质灾害易发区进行工程建设或者编制地质灾害易发区内的国土空间规划时，对建设工程或者规划区遭受山体崩塌、滑坡、泥石流、地面塌陷、地裂缝、地面沉降等地质灾害的可能性和建设工程引发地质灾害的可能性作出评估，提出具体预防治理措施的活动。

本办法所称地质灾害治理工程，是指开展勘查、设计、施工、监理等专项地质工程措施，控制或者减轻山体崩塌、滑坡、泥石流、地面塌陷、地裂缝、地面沉降等地质灾害或者地质灾害隐患的工程。

第四条　地质灾害防治单位资质分为甲、乙两个等级。

第五条　地质灾害防治单位资质分为以下专业类别：

（一）地质灾害评估和治理工程勘查设计资质；

（二）地质灾害治理工程施工资质；

（三）地质灾害治理工程监理资质。

第六条　自然资源部负责全国地质灾害防治单位资质工作的监督管理。

省级人民政府自然资源主管部门负责本行政区域内地质灾害防治单位甲级、乙级资质的审批和监督管理。

第七条　申请地质灾害防治单位资质的单位应当符合下列条件：

（一）具有企业法人或者事业单位法人资格，其中申请地质灾害治理工程施工资质应当具有企业法人资格；

（二）具有资源与环境类、土木水利类相关专业技术人员，其中单位技术负责人应当具有高级技术职称；专业技术人员中退休人员数量不超过本办法规定的专业技术人员最低数量要求的百分之十；

（三）具有与从事的地质灾害防治活动相适应的技术装备和设施，其中申请地质灾害评估和治理工程勘查设计资质应当具备全站仪、水准仪、探地雷达等设备，申请地质灾害治理工程施工资质应当具备全站仪、水准仪、锚杆锚索钻机、凿岩机等设备；

（四）具有健全的安全管理体系和质量管理体系。

第八条 除本办法第七条规定的条件外，申请地质灾害防治单位资质的单位还应当具备以下人员和业绩条件：

（一）甲级资质

1. 人员条件：申请地质灾害评估和治理工程勘查设计资质、地质灾害治理工程施工资质的单位，资源与环境类、土木水利类相关专业技术人员总数不少于五十人，其中高级、中级技术职称人员总数不少于二十五人，高级技术职称人员不少于十人；

申请地质灾害治理工程监理资质的单位，资源与环境类、土木水利类相关专业技术人员总数不少于三十人，其中高级、中级技术职称人员总数不少于十五人，高级技术职称人员不少于五人。

2. 业绩条件：申请地质灾害评估和治理工程勘查设计资质的单位，在申请之日前五年内应当独立承担并完成地质灾害危险性评估项目、地质灾害治理工程勘查项目、地质灾害治理工程设计项目总数不少于五项，完成项目总经费不少于六十万元；

申请地质灾害治理工程施工资质的单位，在申请之日前五年内应当独立承担并完成地质灾害治理工程施工项目不少于五项，完成项目总经费不少于五千万元；

申请地质灾害治理工程监理资质的单位，在申请之日前五年内应当独立承担并完成地质灾害治理工程监理项目不少于五项，完成项目总经费不少于三十万元。

（二）乙级资质

人员条件：申请地质灾害评估和治理工程勘查设计资质、地质灾害治理工程监理资质的单位，资源与环境类、土木水利类相关专业技术人员总数不少于十人，其中高级技术职称人员不少于三人；

申请地质灾害治理工程施工资质的单位，资源与环境类、土木水利类相关专业技术人员总数不少于二十人，其中高级技术职称人员不少于五人。

第九条 地质灾害危险性评估项目分为一级、二级两个级别。

从事下列活动之一的，其地质灾害危险性评估的项目级别属于一级：

（一）在地质环境条件复杂地区进行建设项目；

（二）在地质环境条件中等复杂地区进行较为重要建设项目；

（三）编制地质灾害易发区内的国土空间规划。

前款规定以外的其他建设项目地质灾害危险性评估的项目级别属于二级。

建设项目重要性和地质环境条件复杂程度的分类，按照地质灾害危险性评估技术规范有关国家标准执行。

第十条 地质灾害治理工程项目分为一级、二级两个级别。

符合下列条件之一的，为一级地质灾害治理工程项目：

（一）地质灾害治理工程施工经费在五百万元及以上；

（二）单独立项的地质灾害治理工程勘查项目经费在二十万元及以上；

（三）地质灾害治理工程勘查、设计项目总经费在四十万元及以上；

（四）对于治理特大型、大型地质灾害而开展的地质灾害治理工程。

前款规定以外的地质灾害治理工程项目级别属于二级。

第十一条 具有甲级资质的地质灾害防治单位，可以承揽相应一级、二级地质灾害危险性评估项目及地质灾害治理工程项目。

具有乙级资质的地质灾害防治单位，仅可以承揽相应二级地质灾害危险性评估项目及地质灾害治理工程项目。

同一地质灾害治理工程的监理单位与施工单位不得具有隶属关系或者其他利害关系。

第十二条 申请地质灾害防治单位资质的单位，应当向单位登记注册地的省级人民政府自然资源主管部门提出申请，并提交以下材料：

（一）资质申请书；

（二）营业执照或者事业单位法人证书；

（三）有关专业技术人员名单、身份证、职称证书、学历证书、申请前连续三个月由本单位缴纳社会保险记录文件，技术负责人的任命或者聘任文件；

（四）本单位设备的所有权材料；

（五）职业健康安全管理体系认证证书或者安全管理制度文件；

（六）质量管理体系认证证书或者质量管理制度文件。

除前款规定的条件外，申请地质灾害评估和治理工程勘查设计甲级资质的单位，还应当提供相关业绩的项目合同、验收报告或者专家评审意见；申请地质灾害治理工程施工甲级资质、地质灾害治理工程监理甲级资质的单位，还应当提供相关业绩的项目合同、验收报告。

申请材料中涉及国家秘密的信息应当进行脱密处理后提交。

第十三条 省级人民政府自然资源主管部门对申请单位提出的地质灾害防治单位资质申请，应当根据下列情形分别作出处理：

（一）申请材料齐全并符合法定形式的，应当决定受理并发放受理通知书；

（二）申请材料不齐全或者不符合法定形式的，应当当场或者在五个工作日内一次告知申请单位需要补正的全部内容，逾期不告知的，自收到申请材料之日起即为受理；

（三）申请事项依法不属于本机关职责范围的，应当即时作出不予受理的决定，并告知申请单位向有关机关提出申请。

第十四条 省级人民政府自然资源主管部门可以网上受理、审查地质灾害防治单位资质申请。省级人民政府自然资源主管部门受理申请后，应当依据本办法第七条、第八条规定的条件，对申请材料进行审查。

省级人民政府自然资源主管部门可以组织专家对申请材料进行评审。必要时可以进行实地核查。

省级人民政府自然资源主管部门在作出准予行政许可的决定前，应当对拟批准或者不予批准的单位进行公示，公示时间不得少于五个工作日。公示期满，对公示内容无异议的，省级人民政府自然资源主管部门应当作出审批决定；对公示内容有异议的，省级人民政府自然资源主管部门应当予以复核。

省级人民政府自然资源主管部门应当结合地方实际，细化审批标准和流程，明确核查重点和核查方式。

第十五条 省级人民政府自然资源主管部门应当自受理地质灾害防治单位资质申请之日起二十个工作日内作出是否批准的书面决定。

因特殊情况在二十个工作日内不能作出决定的，经本单位负责人批准，可以延长十个工作日，并应当将延长期限的理由告知申请单位。

省级人民政府自然资源主管部门作出批准地质灾害防治单位资质决定的，应当向申请单位颁发资质证书，并予以公告。省级人民政府自然资源主管部门作出不予批准决定的，应当说明理由，并告知申请单位享有依法申请行政复议或者提起行政诉讼的权利。

第十六条 地质灾害防治单位资质证书有效期为五年。

电子地质灾害防治单位资质证书和纸质地质灾害防治单位资质证书具有同等法律效力。地质灾害防治单位资质证书样式由自然资源部统一规定，实行统一编号。

第十七条 地质灾害防治单位资质证书有效期届满需要继续从业的，地质灾害防治单位应当在有效期届满六十个工作日前向单位登记注册地的省级人民政府自然资源主管部门提出延续申请，并依照本办法第十二条有关规定提交申请材料。

受理延续申请的省级人民政府自然资源主管部门应当在地质灾害防治单位资质证书有效期届满前作出是否准予延续的决定;逾期未作出决定的,视为准予延续。

第十八条 地质灾害防治单位名称、住所发生变更的,应当在有关事项变更后三十个工作日内向单位登记注册地的省级人民政府自然资源主管部门提交有关部门的核准材料,申请换发新的地质灾害防治单位资质证书。

第十九条 地质灾害防治单位有下列情形之一的,单位登记注册地的省级人民政府自然资源主管部门应当依法予以注销资质:

(一)地质灾害防治单位资质证书有效期届满未延续的;

(二)地质灾害防治单位依法终止的;

(三)地质灾害防治单位资质依法被撤销、撤回的;

(四)地质灾害防治单位资质证书依法被吊销的;

(五)地质灾害防治单位申请注销地质灾害防治单位资质的。

第二十条 地质灾害防治单位资质证书遗失、损毁的,可以向单位登记注册地的省级人民政府自然资源主管部门申请补领。

第二十一条 地质灾害防治单位在获得地质灾害防治单位乙级资质证书两年后,符合本办法规定的甲级资质条件的,可以申请相应甲级资质。

第二十二条 地质灾害防治单位与其他单位发生合并或者由事业单位整体转制为企业,需要变更单位名称的,应当向单位登记注册地的省级人民政府自然资源主管部门申请换发新的地质灾害防治单位资质证书。除本办法第十八条规定材料外,申请单位还应当提交上级单位或者主管部门关于合并或者转制的批复文件;企业无上级单位或者主管部门的,应当提交企业合并方案及企业股东大会、董事会决议。

地质灾害防治单位发生分立的,应当及时向单位登记注册地的省级人民政府自然资源主管部门申请办理地质灾害防治单位资质证书注销手续。分立后需要继续从业的,应当重新申请地质灾害防治单位资质。

第二十三条 省级人民政府自然资源主管部门应当在全国地质勘查行业监管服务平台填报地质灾害防治单位有关管理信息。

自然资源部可以采取网上审查和实地核查等方式,对省级人民政府自然资源主管部门实施地质灾害防治单位资质审批情况进行监督检查。

第二十四条 地质灾害防治单位应当在全国地质勘查行业监管服务平台填报单位基本情况、地质灾害危险性评估项目、地质灾害治理工程项目等地质灾害防治活动等信息,并向社会公示。

第二十五条 地质灾害防治单位应当建立健全内部管理制度,明确质量安全管控职责及工作流程,保障地质灾害危险性评估和地质灾害治理工程质量。

第二十六条 省级人民政府自然资源主管部门应当按照“双随机、一公开”监管要求,采取随机摇号的方式,按照不低于百分之十的比例确定抽查的地质灾害防治单位,组织对地质灾害防治单位资质情况和从事地质灾害防治活动情况进行监督检查。

第二十七条 省级人民政府自然资源主管部门负责本行政区域内地质灾害防治单位资质情况的监督管理,重点对地质灾害防治单位的专业技术人员、项目业绩真实性、质量安全管理体系等情况进行检查。

第二十八条 市、县级人民政府自然资源主管部门负责本行政区域内地质灾害防治活动的日常监督管理。

第二十九条 地质灾害防治单位应当配合自然资源主管部门开展监督检查,如实提供有关文件、资料,不得隐瞒、拒绝和阻碍。

第三十条 任何单位和个人对违反本办法规定的行为,有权向县级以上人民政府自然资源主管部门举报。接到举报的自然资源主管部门应当及时依法处理。

第三十一条 违反本办法规定,有下列行为之一的,由县级以上人民政府自然资源主管部门依照《地质灾害防治条例》第四十四条的规定予以处罚:

(一)未取得地质灾害防治单位资质证书或者超越其资质等级许可的范围承揽地质灾害危险性评估、地质灾害治理工程勘查、设计、施工及监理业务的;

(二)以其他单位的名义或者允许其他单位以本单位的名义承揽地质灾害危险性评估、地质灾害治理工程勘查、设计、施工及监理业务的。

第三十二条 违反本办法规定,伪造、变造、买卖地质灾害防治单位资质证书的,由省级以上人民政府自然资源主管部门依照《地质灾害防治条例》第四十五条的规定予以处罚。

第三十三条 申请地质灾害防治单位资质的单位违反本办法规定,隐瞒有关情况或者提供虚假材料的,省级人民政府自然资源主管部门应当依法作出不予受理或者不予批准的决定,并按照程序将其列入地质勘查单位异常名录,在全国地质勘查行业监管服务平台上予以公示。该单位在一年内再次申请地质灾害防治单位资质的,省级人民政府自然资源主管部门不予受理。

第三十四条 地质灾害防治单位违反本办法规定,以欺骗、贿赂等不正当手段取得地质灾害防治单位资质证书的,由省级以上人民政府自然资源主管部门依照《中华人民共和国行政许可法》第六十九条的规定予以撤销;并按照程序将其列入地质勘查单位严重失信主体名单。该单位在三年内再次申请地质灾害防治单位资质的,省级人民政府自然资源主管部门不予受理。

第三十五条 监督检查中隐瞒有关情况或者提供虚假材料的,由县级以上人民政府自然资源主管部门责令其限期整改,并按照程序由省级以上人民政府自然资源主管部门将其列入地质勘查单位异常名录,在全国地质勘查行业监管服务平台上予以公示。

第三十六条 违反本办法规定,县级以上人民政府自然资源主管部门的工作人员在地质灾害防治单位资质审批和管理工作中滥用职权、玩忽职守、徇私舞弊的,依法给予处分;涉嫌构成犯罪的,移送有关机关依法追究刑事责任。

第三十七条 本办法所称资源与环境类相关专业包括水文地质、工程地质、环境地质、地质工程、勘查技术与工程、资源勘查工程、地下水科学与工程、地质资源与地质工程、地质矿产、地质勘查、地质勘探、地质学等专业。

本办法所称土木水利类相关专业包括岩土工程、结构工程、防灾减灾工程及防护工程、水利水电工程、水工结构工程等专业。

第三十八条 本办法施行前取得的地质灾害防治单位甲级、乙级资质证书,在资质证书有效期内继续有效。

本办法施行前取得地质灾害防治单位丙级资质的单位已经承揽地质灾害危险性评估项目、地质灾害治理工程项目的,可以按照原资质管理办法规定的从业范围继续完成相关项目;需要承揽新的地质灾害危险性评估项目、地质灾害治理工程项目的,应当依据本办法规定申请地质灾害防治单位乙级资质。

第三十九条 本办法自 2023 年 1 月 1 日起施行。原国土资源部 2005 年 5 月 20 日发布的《地质灾害危险性评估单位资质管理办法》(国土资源部令第 29 号)、《地质灾害治理工程勘查设计施工单位资质管理办法》(国土资源部令第 30 号)、《地质灾害治理工程监理单位资质管理办法》(国土资源部令第 31 号)同时废止。

人身保险产品信息披露管理办法

(2022 年 11 月 11 日中国银行保险监督管理委员会令 2022 年第 8 号公布　自 2023 年 6 月 30 日起施行　国司备字[2023007649])

第一章　总　　则

第一条 为规范人身保险产品信息披露行为,促进行业健康可持续发展,保护投保人、被保险人和受益人的合法权益，根据《中华人民共和国保险法》等法律、行政法规，制定本办法。

第二条 本办法所称人身保险，按险种类别划分，包括人寿保险、年金保险、健康保险、意外伤害保险等；按设计类型划分，包括普通型、分红型、万能型、投资连结型等。按保险期间划分，包括一年期以上的人身保险和一年期及以下的人身保险。

第三条 本办法所称产品信息披露，指保险公司及其保险销售人员、保险中介机构及其从业人员根据法律、行政法规等要求，通过线上或线下等形式，向投保人、被保险人、受益人及社会公众公开保险产品信息的行为。

第四条 产品信息披露应当遵循真实性、准确性、完整性、及时性原则。保险公司及其保险销售人员、保险中介机构及其从业人员应当准确说明并充分披露与产品相关的信息，无重大遗漏，不得对投保人、被保险人、受益人及社会公众进行隐瞒和欺骗。

第五条 中国银行保险监督管理委员会（以下简称银保监会）根据法律、行政法规和国务院授权，对保险公司及其保险销售人员、保险中介机构及其从业人员人身保险产品信息披露行为进行监督管理。

第二章　信息披露主体和披露方式

第六条 产品信息披露主体为保险公司。

保险公司保险销售人员、保险中介机构及其从业人员应当按照保险公司提供的产品信息披露材料，向社会公众介绍或提供产品相关信息。

第七条 产品信息披露对象包括投保人、被保险人、受益人及社会公众。保险公司应当向社会公众披露其产品信息，接受保险监管部门及社会公众的监督。保险公司及其保险销售人员、保险中介机构及其从业人员应当在售前、售中、售后及时向投保人、被保险人、受益人披露应知的产品信息，维护保险消费者的合法权益。

第八条 保险公司可以通过以下渠道披露产品信息材料：

（一）保险公司官方网站、官方公众服务号等自营平台；

（二）中国保险行业协会等行业公共信息披露渠道；

（三）保险公司授权或委托的合作机构和第三方媒体；

（四）保险公司产品说明会等业务经营活动；

（五）保险公司根据有关要求及公司经营管理需要，向保险消费者披露产品信息的其他渠道。

第九条 中国保险行业协会、中国银行保险信息技术管理有限公司等机构应当积极发挥行业保险产品信息披露的平台作用,为社会公众及保险消费者提供行业保险产品信息查询渠道。

保险公司在公司官方网站以外披露产品信息的,其内容不得与公司官方网站披露的内容相冲突。

第十条 保险公司的产品信息材料因涉及国家秘密、商业秘密和个人隐私不予披露的,应当有充分的认定依据和完善的保密措施。

第三章 信息披露内容和披露时间

第十一条 保险公司应当根据保险产品审批或备案材料报送内容,披露下列保险产品信息:

(一)保险产品目录;

(二)保险产品条款;

(三)保险产品费率表;

(四)一年期以上的人身保险产品现金价值全表;

(五)一年期以上的人身保险产品说明书;

(六)银保监会规定的其他应当披露的产品材料信息。

第十二条 保险公司销售一年期以上的人身保险产品,应当在销售过程中以纸质或电子形式向投保人提供产品说明书。产品说明书应当结合产品特点,按照监管要求制定。

保险公司通过产品组合形式销售人身保险产品的,应当分别提供每个一年期以上的人身保险产品对应的产品说明书。

第十三条 订立保险合同,采用保险公司提供的格式条款的,保险公司向投保人提供的投保单应当附格式条款及条款查询方式,保险公司应当通过适当方式向投保人说明保险合同的内容,并重点提示格式条款中与投保人有重大利害关系的条款。

第十四条 保险公司在保单承保后,应当为投保人、被保险人、受益人提供电话、互联网等方式的保单查询服务,建立可以有效使用的保单查询通道。

保单查询内容包括但不限于:产品名称,产品条款,保单号,投保人、被保险人及受益人信息,保险销售人员、保险服务人员信息,保险费,交费方式,保险金额,保险期间,保险责任,责任免除,等待期,保单生效日,销售渠道,查询服务电话等。

第十五条 对购买一年期以上的人身保险产品且有转保需求的客户,经双方协商一致，保险公司同意进行转保的，保险公司应当向投保人披露相关转保信息，充分提示客户了解转保的潜在风险，禁止发生诱导转保等不利于客户利益的行为。披露信息包括但不限于以下内容：

（一）确认客户知悉对现有产品转保需承担因退保或保单失效而产生的相关利益损失；

（二）确认客户知悉因转保后年龄、健康状况等变化可能导致新产品保障范围的调整；

（三）确认客户知悉因转保后的年龄、健康状况、职业等变化导致相关费用的调整；

（四）确认客户对转保后产品的保险责任、责任免除、保单利益等产品信息充分知情；

（五）确认客户知悉转保后新产品中的时间期限或需重新计算，例如医疗保险、重大疾病保险产品的等待期、自杀或不可抗辩条款的起算时间等。

第十六条 保险公司决定停止销售保险产品的，应当自决定停止之日起10个工作日内，披露停止销售产品的名称、停止销售的时间、停止销售的原因，以及后续服务措施等相关信息。

第十七条 保险公司应当通过公司官方网站、官方APP、官方公众服务号、客户服务电话等方便客户查询的平台向客户提供理赔流程、理赔时效、理赔文件要求等相关信息。理赔披露内容包括但不限于：

（一）理赔服务的咨询电话等信息；

（二）理赔报案、申请办理渠道，办理理赔业务所需材料清单以及服务时效承诺；

（三）理赔进度、处理依据、处理结果以及理赔金额计算方法等信息。

保险公司应当在产品或服务合约中，提供投诉电话或其他投诉渠道信息。

第十八条 保险公司应当对60周岁以上人员以及残障人士等特殊人群，提供符合该人群特点的披露方式，积极提供便捷投保通道等客户服务，确保消费者充分知悉其所购买保险产品的内容和主要特点。

第十九条 保险公司应当在公司官方网站披露本办法第十一条、第十六条规定的产品信息。产品信息发生变更的，保险公司应当自变更之日起10个工作日内更新。上述变更包括产品上市销售、产品变更或修订，以及银保监会规定的其他情形。

第四章 信息披露管理

第二十条 保险公司应当加强产品信息披露管理，建立产品信息披露内部管理办法，完善内部管理机制，加强公司网站披露页面建设，强化产品销售过程与售后信息披露监督管理。

第二十一条 保险产品信息披露材料应当由保险公司总公司统一负责管理。保险公司总公司可以授权省级分公司设计或修改保险产品信息披露材料，但应当报经总公司批准。除保险公司省级分公司以外，保险公司的其他各级分支机构不得设计和修改保险产品信息披露材料。

第二十二条 保险公司不得授权或委托保险销售人员、保险中介机构及其从业人员自行修改保险产品信息披露材料。保险销售人员、保险中介机构及其从业人员不得自行修改代理销售的保险产品信息披露材料。

保险公司保险销售人员、保险中介机构及其从业人员使用的产品信息披露材料应当与保险公司产品信息披露材料保持一致。保险中介机构及其从业人员所使用产品宣传材料中的产品信息应当与保险公司产品信息披露材料内容保持一致。

第二十三条 保险公司应当加强数据和信息的安全管理，防范假冒网站、假冒 APP 等的违法活动，并检查网页上外部链接的可靠性。

第二十四条 保险公司及其保险销售人员、保险中介机构及其从业人员不得违规收集、使用、加工、泄露客户信息。保险公司应当加强客户信息保护管理，建立客户信息保护机制。

第五章 监督管理

第二十五条 保险公司应当对产品信息披露的真实性、准确性、完整性、及时性承担主体责任。

保险公司应当指定公司高级管理人员负责管理产品信息披露事务。保险公司负责产品信息披露的高级管理人员、承办产品信息披露的部门负责人员对产品信息披露承担管理责任。保险公司保险销售人员、保险中介机构及其从业人员对产品信息披露材料的使用承担责任。

第二十六条 银保监会及其派出机构依法履行消费者权益保护监管职责，通过非现场监管、现场检查、举报调查等手段和采取监管谈话、责令限期整改、下发风险提示函等监管措施，督促保险公司、保险中介机构落实产品信息披露的各项要求，严厉打击侵害消费者权益行为，营造公平有序的市场环境。

第二十七条 保险公司、保险中介机构有下列行为之一的，由银保监会及其派出机构依据《中华人民共和国保险法》等法律、行政法规予以处罚：

（一）未按照本办法规定披露产品信息且限期未改正；

（二）编制或提供虚假信息；

（三）拒绝或妨碍依法监督检查；

（四）银保监会规定的其他情形。

第二十八条 保险公司、保险中介机构未按照本办法规定设计、修改、使用产品信息披露材料的，由银保监会及其派出机构责令限期改正；逾期不改正的，对保险机构处以一万元以上十万元以下的罚款，对其直接负责的主管人员和其他直接责任人员给予警告，并处一万元以上十万元以下的罚款。

第六章 附 则

第二十九条 本办法适用于个人人身保险产品信息披露要求。团体人身保险产品信息披露不适用本办法，另行规定。

第三十条 本办法由银保监会负责解释。

第三十一条 本办法自 2023 年 6 月 30 日起施行。《人身保险新型产品信息披露管理办法》（中国保险监督管理委员会令 2009 年第 3 号）、《关于执行〈人身保险新型产品信息披露管理办法〉有关事项的通知》（保监发〔2009〕104 号）和《关于〈人身保险新型产品信息披露管理办法〉有关条文解释的通知》（保监寿险〔2009〕1161 号）同时废止。

铁路旅客车票实名制管理办法

（2022 年 11 月 18 日交通运输部令 2022 年第 39 号公布　自 2023 年 1 月 1 日起施行　国司备字［2023007700］）

第一章 总 则

第一条 为了保障铁路旅客生命财产安全，维护旅客运输秩序，根据《中华人民共和国反恐怖主义法》《铁路安全管理条例》等法律、行政法规，制定本办法。

第二条 在中华人民共和国境内实施铁路旅客车票（以下简称车票）实名购买、查验活动，适用本办法。

第三条 本办法所称车票实名购买，是指购票人凭乘车人的有效身份证件购买车票，铁路运输企业凭乘车人的有效身份证件销售车票，并记录旅客身份信息和购票信息的行为；车票实名查验，是指铁路运输企业对实行车票实名购买的车票记载的身份信息与乘车人及其有效身份证件进行一致性核对，并记录旅客乘车信息的行为。

车票实名购买和实名查验统称车票实名制管理。

第四条 国家铁路局负责全国铁路旅客车票实名制管理的监督管理工作。地区铁路监督管理局负责辖区内铁路旅客车票实名制管理的监督管理工作。

国家铁路局和地区铁路监督管理局统称铁路监管部门。

第二章 基本要求

第五条 铁路旅客列车和车站应当实行车票实名制管理。

不属于长途客运的公益性“慢火车”、市域（郊）列车、城际列车和相关车站根据实际情况暂不实行车票实名制管理的，铁路运输企业应当提前向社会公布并说明理由。

第六条 铁路运输企业应当依法开展车票实名制管理工作，在企业网站、车站服务场所内公告车票实名制管理规定，完善作业程序，落实作业标准。

第七条 铁路运输企业应当为车票实名制管理提供必要的场地、作业条件，以及车票查验、身份证件识读等设备；积极推进管理和技术创新，通过互联网、电话、自动售票机、人工售票窗口等方式提供实名售票服务，逐步配备自助检票、查验等设备，为旅客实名购票、乘车提供便利。

第八条 铁路运输企业应当加强车票实名制管理相关人员的培训，确保人员具备必要的专业知识，掌握车票实名制管理技能。

第九条 铁路运输企业应当加强对售票、检票、验票等车票实名制管理相关设施设备、系统的管理，完善系统功能，确保设施设备、系统安全稳定运行，满足车票实名制管理工作需求。

第十条 铁路运输企业应当结合车票实名制管理实际，针对客流高峰、设备系统故障等特殊情况制定有效的应急预案或者应急处置措施，定期实施应急演练。

第三章 车票实名购买

第十一条 购买车票以及办理补票、取票、改签、退票等业务时，应当提供乘车人真实有效的身份证件或者身份证件信息。铁路运输企业应当对外公告在人工售票窗口、互联网、电话等渠道办理各项业务所需的身份证件或者身份证件信息。

不能提供有效身份证件或者身份证件信息的，铁路运输企业应当拒绝办理上述业务。

第十二条 在人工售票窗口可以使用的有效身份证件包括：中华人民共和国居民身份证（含中华人民共和国临时居民身份证），居民户口簿，中华人民共和国护照，中华人民共和国出入境通行证，中华人民共和国旅行证，新生儿出生医学证明，军官证、警官证、文职干部证、义务兵证、士官证、文职人员证，海员证，以及公安机关出具的临时乘车身份证明；中华人民共和国港澳居民居住证，中华人民共和国台湾居民居住证，港澳居民来往内地通行证，往来港澳通行证，大陆居民往来台湾通行证，台湾居民来往大陆通行证；外国人永久居留身份证，外国人护照，外国人出入境证。

外国人因证件到期、遗失、损毁等原因正在办理证件补换发的，可以使用公安机关出具的外国人签证证件受理回执、护照报失证明，或者各国驻华使领馆签发的临时性国际旅行证件，该临时性国际旅行证件应当附具公安机关签发的有效签证或者停留证件。

第十三条 通过互联网、电话可以使用的有效身份证件包括：中华人民共和国居民身份证（含中华人民共和国临时居民身份证），中华人民共和国护照；中华人民共和国港澳居民居住证，中华人民共和国台湾居民居住证，港澳居民来往内地通行证，台湾居民来往大陆通行证；外国人永久居留身份证，外国人护照。

通过自动售票机可以使用的有效身份证件包括：中华人民共和国居民身份证，中华人民共和国港澳居民居住证，中华人民共和国台湾居民居住证，外国人永久居留身份证。

第十四条 铁路运输企业应当为购票旅客出具实名制车票，车票应当载明旅客身份识别信息。

旅客持有纸质车票的，应当妥善保管，保持票面整洁，便于接受实名查验。

第十五条 旅客遗失实名制车票的，铁路运输企业经核实旅客身份信息及购票信息后，应当免费为旅客挂失补办车票。

第十六条 铁路运输企业应当为无法出示有效身份证件的旅客提供咨询服务，为公安机关办理临时乘车身份证明提供场所及必要办公条件。

鼓励铁路运输企业配合有关部门通过互联网、自助办证设备等方式为旅客办理临时乘车身份证明提供便利。

第四章　车票实名查验

第十七条　旅客应当配合铁路运输企业实施车票实名查验，在检票、验票、乘车时出示车票和本人购票时使用的有效身份证件。

铁路运输企业应当对车票记载的身份信息、乘车人及其购票时使用的有效身份证件进行核对，对拒不提供本人购票时使用的有效身份证件或者经车票实名查验相关信息不一致的，应当拒绝其进站乘车。

第十八条　铁路运输企业应当根据旅客发送量确定车站实名查验通道的开放数量。车站应当设有人工实名查验通道，为老年人、证件无法自动识读、需要使用无障碍通道和其他需要帮助的旅客提供必要的服务。

第十九条　鼓励铁路运输企业采用先进设备和技术，积极开展有效身份证件线上核验，推广使用自助实名查验设备，为旅客提供无接触式查验服务，提高通行效率。

第二十条　铁路运输企业应当采取有效措施，确保经车票实名查验的旅客与未经车票实名查验的旅客分区隔离。旅客临时离开经车票实名查验的活动区域，返回时应当重新接受实名查验。

第二十一条　对已经在车站查验车票、身份信息的旅客，铁路运输企业可以在旅客列车上进行必要的实名查验。

旅客在乘降所登乘实施实名制管理的旅客列车时，铁路运输企业应当在旅客列车上进行车票实名制管理。

旅客应当接受铁路运输企业在旅客列车上进行的车票实名制管理。

第二十二条　铁路运输企业及其工作人员对实施车票实名制管理所获得的旅客身份、购票、乘车等个人信息应当严格保密，不得非法收集、使用、加工、传输、买卖、提供或者公开。

铁路运输企业应当依照法律、行政法规规定，建立健全信息安全保障制度，采取必要防护措施，防止旅客个人信息泄露、篡改、丢失。发生或者可能发生旅客个人信息泄露、篡改、丢失等情况时，铁路运输企业应当立即采取补救措施。

第五章　监 督 管 理

第二十三条　铁路监管部门应当认真妥善处理有关车票实名制管理的投诉举报，对铁路运输企业落实车票实名制管理制度情况加强监督检查，并依法处理监督检查过程中发现的违法违规行为。

第二十四条 铁路运输企业应当积极配合铁路监管部门依法依规履行监督检查职责,不得拒绝、阻挠。

第六章 法律责任

第二十五条 在实行车票实名制管理过程中,发生殴打、辱骂车票实名制管理人员,冲闯、堵塞实名查验通道、相关场地,破坏、损毁、占用相关设施设备、系统等扰乱车票实名制管理工作秩序、妨碍车票实名制管理人员正常工作行为的,铁路运输企业应当予以制止;发生涉嫌违反治安管理行为或者犯罪行为的,及时报告公安机关。

第二十六条 铁路运输企业未建立健全信息安全保障制度,采取必要防护措施,造成旅客个人信息泄露、篡改、丢失以及铁路运输企业工作人员非法处理旅客个人信息的,由铁路监管部门责令改正,交由有关部门处理。

第二十七条 铁路运输企业未对旅客身份进行查验,或者对身份不明、拒绝身份查验的旅客提供进站乘车服务的,由铁路监管部门依照《中华人民共和国反恐怖主义法》第八十六条规定处理。

第二十八条 铁路监管部门对车票实名制管理依法开展监督管理等安全防范工作。铁路运输企业及其工作人员拒不配合的,由铁路监管部门依照《中华人民共和国反恐怖主义法》第九十一条规定处理。

第二十九条 铁路运输企业未提供车票实名制管理必要的场地、作业条件,以及车票查验和身份证件识读等设备的,由铁路监管部门责令改正;逾期未改正的,处 1 万元以下罚款。

第三十条 铁路运输企业及其工作人员违反本办法其他有关车票实名制管理规定的,铁路监管部门应当责令改正。

第三十一条 铁路监管部门的工作人员对实名制管理情况实施监督检查、处理投诉举报时,应当恪尽职守,廉洁自律,秉公执法。对失职、渎职、滥用职权、玩忽职守的,依法给予处分;构成犯罪的,依法追究刑事责任。

第七章 附 则

第三十二条 本办法自 2023 年 1 月 1 日起施行。交通运输部于 2014 年 12 月 8 日以交通运输部令 2014 年第 20 号公布的《铁路旅客车票实名制管理办法》同时废止。

农业综合行政执法管理办法

（2022年11月22日农业农村部令2022年第9号公布　自2023年1月1日起施行　国司备字[2023007458]）

第一章　总　　则

第一条　为加强农业综合行政执法机构和执法人员管理，规范农业行政执法行为，根据《中华人民共和国行政处罚法》等有关法律的规定，结合农业综合行政执法工作实际，制定本办法。

第二条　县级以上人民政府农业农村主管部门及农业综合行政执法机构开展农业综合行政执法工作及相关活动，适用本办法。

第三条　农业综合行政执法工作应当遵循合法行政、合理行政、诚实信用、程序正当、高效便民、权责统一的原则。

第四条　农业农村部负责指导和监督全国农业综合行政执法工作。

县级以上地方人民政府农业农村主管部门负责本辖区内农业综合行政执法工作。

第五条　县级以上地方人民政府农业农村主管部门应当明确农业综合行政执法机构与行业管理、技术支撑机构的职责分工，健全完善线索处置、信息共享、监督抽查、检打联动等协作配合机制，形成执法合力。

第六条　县级以上地方人民政府农业农村主管部门应当建立健全跨区域农业行政执法联动机制，加强与其他行政执法部门、司法机关的交流协作。

第七条　县级以上人民政府农业农村主管部门对农业行政执法工作中表现突出、有显著成绩和贡献或者有其他突出事迹的执法机构、执法人员，按照国家和地方人民政府有关规定给予表彰和奖励。

第八条　县级以上地方人民政府农业农村主管部门及其农业综合行政执法机构应当加强基层党组织和党员队伍建设，建立健全党风廉政建设责任制。

第二章　执法机构和人员管理

第九条　县级以上地方人民政府农业农村主管部门依法设立的农业综合行政执法机构承担并集中行使农业行政处罚以及与行政处罚相关的行政检

查、行政强制职能，以农业农村部门名义统一执法。

第十条 省级农业综合行政执法机构承担并集中行使法律、法规、规章明确由省级人民政府农业农村主管部门及其所属单位承担的农业行政执法职责，负责查处具有重大影响的跨区域复杂违法案件，监督指导、组织协调辖区内农业行政执法工作。

市级农业综合行政执法机构承担并集中行使法律、法规、规章规定明确由市级人民政府农业农村主管部门及其所属单位承担的农业行政执法职责，负责查处具有较大影响的跨区域复杂违法案件及其直接管辖的市辖区内一般农业违法案件，监督指导、组织协调辖区内农业行政执法工作。

县级农业综合行政执法机构负责统一实施辖区内日常执法检查和一般农业违法案件查处工作。

第十一条 农业农村部建立健全执法办案指导机制，分领域遴选执法办案能手，组建全国农业行政执法专家库。

市级以上地方人民政府农业农村主管部门应当选调辖区内农业行政执法骨干组建执法办案指导小组，加强对基层农业行政执法工作的指导。

第十二条 县级以上地方人民政府农业农村主管部门应当建立与乡镇人民政府、街道办事处执法协作机制，引导和支持乡镇人民政府、街道办事处执法机构协助农业综合行政执法机构开展日常巡查、投诉举报受理以及调查取证等工作。

县级农业行政处罚权依法交由乡镇人民政府、街道办事处行使的，县级人民政府农业农村主管部门应当加强对乡镇人民政府、街道办事处综合行政执法机构的业务指导和监督，提供专业技术、业务培训等方面的支持保障。

第十三条 上级农业农村主管部门及其农业综合行政执法机构可以根据工作需要，经下级农业农村主管部门同意后，按程序调用下级农业综合行政执法机构人员开展调查、取证等执法工作。

持有行政执法证件的农业综合行政执法人员，可以根据执法协同工作需要，参加跨部门、跨区域、跨层级的行政执法活动。

第十四条 农业综合行政执法人员应当经过岗位培训，考试合格并取得行政执法证件后，方可从事行政执法工作。

农业综合行政执法机构应当鼓励和支持农业综合行政执法人员参加国家统一法律职业资格考试，取得法律职业资格。

第十五条 农业农村部负责制定全国农业综合行政执法人员培训大纲，编撰统编执法培训教材，组织开展地方执法骨干和师资培训。

县级以上地方人民政府农业农村主管部门应当制定培训计划，组织开展本辖区内执法人员培训。鼓励有条件的地方建设农业综合行政执法实训基地、现场教学基地。

农业综合行政执法人员每年应当接受不少于60学时的公共法律知识、业务法律知识和执法技能培训。

第十六条 县级以上人民政府农业农村主管部门应当定期开展执法练兵比武活动,选拔和培养业务水平高、综合素质强的执法办案能手。

第十七条 农业综合行政执法机构应当建立和实施执法人员定期轮岗制度,培养通专结合、一专多能的执法人才。

第十八条 县级以上人民政府农业农村主管部门可以根据工作需要,按照规定程序和权限为农业综合行政执法机构配置行政执法辅助人员。

行政执法辅助人员应当在农业综合行政执法机构及执法人员的指导和监督下开展行政执法辅助性工作。禁止辅助人员独立执法。

第三章 执法行为规范

第十九条 县级以上人民政府农业农村主管部门实施行政处罚及相关执法活动,应当做到事实清楚,证据充分,程序合法,定性准确,适用法律正确,裁量合理,文书规范。

农业综合行政执法人员应当依照法定权限履行行政执法职责,做到严格规范公正文明执法,不得玩忽职守、超越职权、滥用职权。

第二十条 县级以上人民政府农业农村主管部门应当通过本部门或者本级政府官方网站、公示栏、执法服务窗口等平台,向社会公开行政执法人员、职责、依据、范围、权限、程序等农业行政执法基本信息,并及时根据法律法规及机构职能、执法人员等变化情况进行动态调整。

县级以上人民政府农业农村主管部门作出涉及农产品质量安全、农资质量、耕地质量、动植物疫情防控、农机、农业资源生态环境保护、植物新品种权保护等具有一定社会影响的行政处罚决定,应当依法向社会公开。

第二十一条 县级以上人民政府农业农村主管部门应当通过文字、音像等形式,对农业行政执法的启动、调查取证、审核决定、送达执行等全过程进行记录,全面系统归档保存,做到执法全过程留痕和可回溯管理。

查封扣押财产、收缴销毁违法物品产品等直接涉及重大财产权益的现场执法活动,以及调查取证、举行听证、留置送达和公告送达等容易引发争议的行政执法过程,应当全程音像记录。

农业行政执法制作的法律文书、音像等记录资料,应当按照有关法律法规和档案管理规定归档保存。

第二十二条 县级以上地方人民政府农业农村主管部门作出涉及重大公共利益,可能造成重大社会影响或引发社会风险,案件情况疑难复杂、涉及多个法律关系等重大执法决定前,应当依法履行法制审核程序。未经法制审核或者审核未通过的,不得作出决定。

县级以上地方人民政府农业农村主管部门应当结合本部门行政执法行为类别、执法层级、所属领域、涉案金额等,制定本部门重大执法决定法制审核目录清单。

第二十三条 农业综合行政执法机构制作农业行政执法文书,应当遵照农业农村部制定的农业行政执法文书制作规范和农业行政执法基本文书格式。

农业行政执法文书的内容应当符合有关法律、法规和规章的规定,做到格式统一、内容完整、表述清楚、逻辑严密、用语规范。

第二十四条 农业农村部可以根据统一和规范全国农业行政执法裁量尺度的需要,针对特定的农业行政处罚事项制定自由裁量权基准。

县级以上地方人民政府农业农村主管部门应当根据法律、法规、规章以及农业农村部规定,制定本辖区农业行政处罚自由裁量权基准,明确裁量标准和适用条件,并向社会公开。

县级以上人民政府农业农村主管部门行使农业行政处罚自由裁量权,应当根据违法行为的事实、性质、情节、社会危害程度等,准确适用行政处罚种类和处罚幅度。

第二十五条 农业综合行政执法人员开展执法检查、调查取证、采取强制措施和强制执行、送达执法文书等执法时,应当主动出示执法证件,向当事人和相关人员表明身份,并按照规定要求统一着执法服装、佩戴农业执法标志。

第二十六条 农业农村部定期发布农业行政执法指导性案例,规范和统一全国农业综合行政执法法律适用。

县级以上人民政府农业农村主管部门应当及时发布辖区内农业行政执法典型案例,发挥警示和震慑作用。

第二十七条 农业综合行政执法机构应当坚持处罚与教育相结合,按照“谁执法谁普法”的要求,将法治宣传教育融入执法工作全过程。

县级农业综合行政执法人员应当采取包区包片等方式,与农村学法用法示范户建立联系机制。

第二十八条 农业综合行政执法人员依法履行法定职责受法律保护,非因法定事由、非经法定程序,不受处分。任何组织和个人不得阻挠、妨碍农业综合行政执法人员依法执行公务。

农业综合行政执法人员因故意或者重大过失，不履行或者违法履行行政执法职责，造成危害后果或者不良影响的，应当依法承担行政责任。

第二十九条 农业综合行政执法机构及其执法人员应当严格依照法律、法规、规章的要求进行执法，严格遵守下列规定：

（一）不准徇私枉法、庇护违法者；

（二）不准越权执法、违反程序办案；

（三）不准干扰市场主体正常经营活动；

（四）不准利用职务之便为自己和亲友牟利；

（五）不准执法随意、畸轻畸重、以罚代管；

（六）不准作风粗暴。

第四章 执法条件保障

第三十条 县级以上地方人民政府农业农村主管部门应当落实执法经费财政保障制度，将农业行政执法运行经费、执法装备建设经费、执法抽检经费、罚没物品保管处置经费等纳入部门预算，确保满足执法工作需要。

第三十一条 县级以上人民政府农业农村主管部门应当依托大数据、云计算、人工智能等信息技术手段，加强农业行政执法信息化建设，推进执法数据归集整合、互联互通。

农业综合行政执法机构应当充分利用已有执法信息系统和信息共享平台，全面推行掌上执法、移动执法，实现执法程序网上流转、执法活动网上监督、执法信息网上查询。

第三十二条 县级以上地方人民政府农业农村主管部门应当根据执法工作需要，为农业综合行政执法机构配置执法办公用房和问询室、调解室、听证室、物证室、罚没收缴扣押物品仓库等执法辅助用房。

第三十三条 县级以上地方人民政府农业农村主管部门应当按照党政机关公务用车管理办法、党政机关执法执勤用车配备使用管理办法等有关规定，结合本辖区农业行政执法实际，为农业综合行政执法机构合理配备农业行政执法执勤用车。

县级以上地方人民政府农业农村主管部门应当按照有关执法装备配备标准为农业综合行政执法机构配备依法履职所需的基础装备、取证设备、应急设备和个人防护设备等执法装备。

第三十四条 县级以上地方人民政府农业农村主管部门内设或所属的农

业综合行政执法机构中在编在职执法人员，统一配发农业综合行政执法制式服装和标志。

县级以上地方人民政府农业农村主管部门应当按照综合行政执法制式服装和标志管理办法及有关技术规范配发制式服装和标志，不得自行扩大着装范围和提高发放标准，不得改变制式服装和标志样式。

农业综合行政执法人员应当妥善保管制式服装和标志，辞职、调离或者被辞退、开除的，应当交回所有制式服装和帽徽、臂章、肩章等标志；退休的，应当交回帽徽、臂章、肩章等所有标志。

第三十五条 农业农村部制定、发布全国统一的农业综合行政执法标识。

县级以上地方人民政府农业农村主管部门应当按照农业农村部有关要求，规范使用执法标识，不得随意改变标识的内容、颜色、内部结构及比例。

农业综合行政执法标识所有权归农业农村部所有。未经许可，任何单位和个人不得擅自使用，不得将相同或者近似标识作为商标注册。

第五章 执法监督

第三十六条 上级农业农村部门应当对下级农业农村部门及其农业综合行政执法机构的行政执法工作情况进行监督，及时纠正违法或明显不当的行为。

第三十七条 属于社会影响重大、案情复杂或者可能涉及犯罪的重大违法案件，上级农业农村部门可以采取发函督办、挂牌督办、现场督办等方式，督促下级农业农村部门及其农业综合行政执法机构调查处理。接办案件的农业农村部门及其农业综合行政执法机构应当及时调查处置，并按要求反馈查处进展情况和结果。

第三十八条 县级以上人民政府农业农村主管部门应当建立健全行政执法文书和案卷评查制度，定期开展评查，发布评查结果。

第三十九条 县级以上地方人民政府农业农村主管部门应当定期对本单位农业综合行政执法工作情况进行考核评议。考核评议结果作为农业行政执法人员职级晋升、评优评先的重要依据。

第四十条 农业综合行政执法机构应当建立行政执法情况统计报送制度，按照农业农村部有关要求，于每年 6 月 30 日和 12 月 31 日前向本级农业农村主管部门和上一级农业综合行政执法机构报送半年、全年执法统计情况。

第四十一条 县级以上地方人民政府农业农村主管部门应当健全群众监督、舆论监督等社会监督机制，对人民群众举报投诉、新闻媒体曝光、有关部门移送的涉农违法案件及时回应，妥善处置。

第四十二条 鼓励县级以上地方人民政府农业农村主管部门会同财政、司法行政等有关部门建立重大违法行为举报奖励机制，结合本地实际对举报奖励范围、标准等予以具体规定，规范发放程序，做好全程监督。

第四十三条 县级以上人民政府农业农村主管部门应当建立领导干部干预执法活动、插手具体案件责任追究制度。

第四十四条 县级以上人民政府农业农村主管部门应当建立健全突发问题预警研判和应急处置机制，及时回应社会关切，提高风险防范及应对能力。

第六章 附 则

第四十五条 本办法自 2023 年 1 月 1 日起施行。

粮食流通行政执法办法

（2022 年 11 月 23 日国家发展和改革委员会令第 53 号公布 自 2023 年 1 月 1 日起施行 国司备字[2023007672]）

第一章 总 则

第一条 为全面贯彻落实党的二十大精神，深入贯彻落实习近平新时代中国特色社会主义思想，全方位夯实粮食安全根基，规范粮食和物资储备行政管理部门（以下简称"粮食和储备部门"）粮食流通行政执法行为，根据《中华人民共和国行政处罚法》《中华人民共和国行政强制法》《粮食流通管理条例》等法律法规，制定本办法。

第二条 本办法适用于粮食和储备部门对粮食收购、储存、运输和政策性粮食购销等活动，以及国家粮食流通统计制度执行情况，依法开展的监督检查活动。

第三条 粮食和储备部门应当与相关部门加强配合，建立粮食流通行政执法工作协调机制。

第四条 粮食流通行政执法应当严格落实《国务院办公厅关于全面推行行政执法公示制度执法全过程记录制度重大执法决定法制审核制度的指导意见》相关制度规定。

粮食流通行政执法实行持证上岗。开展行政执法工作，执法人员不得少于两人,不得干扰粮食经营者的正常经营活动。

粮食和储备部门应当加强粮食流通行政执法制度建设和人员队伍建设,并定期对行政执法人员进行培训考核。

第五条 任何单位和个人有权向粮食和储备部门检举违反粮食流通管理规定的行为。粮食和储备部门应当为检举人保密,并依法及时处理。

第六条 粮食流通行政执法过程中,可以行使以下职权:

(一)进入粮食经营者经营场所,查阅有关资料、凭证;

(二)检查粮食数量、质量和储存安全情况;

(三)检查粮食仓储设施、设备是否符合有关标准和技术规范;

(四)向有关单位和人员调查了解相关情况;

(五)查封、扣押非法收购或者不符合国家粮食质量安全标准的粮食,用于违法经营或者被污染的工具、设备以及有关账簿资料;

(六)查封违法从事粮食经营活动的场所;

(七)法律、法规规定的其他职权。

第七条 被检查对象对粮食流通行政执法人员依法履行职责,应当予以配合。任何单位和个人不得拒绝、阻挠、干涉粮食和储备部门粮食流通行政执法人员依法履行行政执法职责。

第二章 管 辖

第八条 粮食和储备部门行政执法实行分级负责制。

国家粮食和物资储备局组织、指导跨省(自治区、直辖市)等重大案件的查办,必要时提级或者指定管辖。省级粮食和储备部门组织、指导跨地(市)等重大案件的查处,必要时提级或者指定管辖。

第九条 粮食和储备部门行政执法涉及政策性粮食的,应当结合粮食权属及性质开展。

国家粮食和物资储备局垂直管理局负责监管辖区内中央政府储备粮管理情况,对中央政府储备粮承储企业开展行政执法,依法对违法违规行为实施行政处罚。

地方粮食和储备部门会同国家粮食和物资储备局垂直管理局,监管辖区内除中央政府储备粮以外的其他中央事权粮食及其相关政策执行情况,开展相关行政执法。

地方粮食和储备部门监管辖区内地方政府储备粮,以及社会粮食流通情况。

国家粮食和物资储备局垂直管理局与省级粮食和储备部门应当建立协同联动工作机制。

第十条 粮食和储备部门实施行政处罚,原则上由违法行为发生地的县级以上粮食和储备部门管辖。两个以上同级部门都有管辖权的,由最先立案的粮食和储备部门管辖;因管辖权发生争议,协商解决不成的,应当报请共同上一级部门指定管辖。

粮食和储备部门发现涉嫌违法违规的行为不属于本部门管辖时,应当及时移送有管辖权的粮食和储备部门。受移送的粮食和储备部门对管辖权有异议的,应当报请共同上一级部门指定管辖;不得擅自移送。

第十一条 粮食和储备部门在行政执法中发现不属于本部门管辖的涉嫌违法违规的行为,应当及时向有管辖权的相关部门移送违法线索。

第三章 立案调查

第十二条 粮食和储备部门对属于本部门管辖的涉嫌违法违规的行为,除可以当场作出行政处罚的外,应当立案调查。

第十三条 粮食经营者存在下列情形之一的,属于第十二条规定的应当立案调查的违法违规行为:

(一)粮食收购企业、仓储单位未按照规定备案,或者提供虚假备案信息;

(二)粮食收购企业未及时向售粮者支付售粮款,时间三十日以上且涉及金额三千元以上,或者其他粮食收购者未及时向售粮者支付售粮款被举报;

(三)粮食收购者违反《粮食流通管理条例》相关规定,代扣、代缴税、费和其他款项;

(四)粮食收购者未执行国家粮食质量标准,涉及粮食数量较大;

(五)粮食收购者收购粮食,未按照国家有关规定进行质量安全检验,涉及粮食数量较大;

(六)粮食收购者收购粮食,对不符合食品安全标准的粮食未作为非食用用途单独储存;

(七)粮食储存企业未按照规定进行粮食销售出库质量安全检验,涉及粮食数量五吨以上;

(八)粮食收购者、粮食储存企业非法销售不得作为食用用途销售的粮食;

(九)从事粮食收购、销售、储存、加工的经营者以及饲料、工业用粮企业,未按要求建立粮食经营台账,或者未按规定报送粮食基本数据和有关情况;

(十)粮食仓储单位经营场地、设施设备、专业技术管理人员不符合粮油仓储管理制度规定；

（十一）粮食仓储单位违反出入库、储存管理规定，或者造成粮油储存事故；

（十二）粮食收购者、粮食储存企业使用被污染的运输工具或者包装材料运输粮食，或者与有毒有害物质混装运输；

（十三）粮食应急预案启动后，粮食经营者未服从国家统一安排和调度；

（十四）其他违反国家粮食经营管理规定的情形。

第十四条 粮食经营者在政策性粮食业务中，存在下列情形之一的，属于第十二条规定的应当立案调查的违法违规行为：

（一）政策性粮食收购时，未及时向售粮者支付售粮款；

（二）承储企业虚报粮食收储数量达十吨以上；

（三）承储企业通过以陈顶新、以次充好、低收高转、虚假购销、虚假轮换、违规倒卖等方式，套取粮食价差和财政补贴，或者骗取信贷资金；

（四）承储企业挤占、挪用、克扣财政补贴、信贷资金三千元以上；

（五）承储企业擅自动用政策性粮食；

（六）承储企业以政策性粮食为债务作担保或者清偿债务；

（七）承储企业利用政策性粮食进行除政府委托的政策性任务以外的其他商业经营；

（八）承储企业在政策性粮食出库时掺杂使假、以次充好、调换标的物，涉及粮食数量五吨以上；

（九）承储企业在政策性粮食出库时拒不执行出库指令或者阻挠出库，时间三日以上并且涉及粮食数量五十吨以上；

（十）粮食经营者购买国家限定用途的政策性粮食，违规倒卖或者不按照规定用途处置；

（十一）其他违反国家政策性粮食经营管理规定的情形。

第十五条 应当立案调查的，立案决定应于发现涉嫌违法违规行为之日起十五个工作日内，经粮食和储备部门负责人批准后作出。

第十六条 粮食和储备部门对违法违规行为进行调查取证，应当依照相关法律法规及粮食和储备部门有关工作规程等法定程序开展。

第十七条 粮食和储备部门执法人员在调查或者进行检查时，应当主动向当事人或者有关人员出示行政执法证件。当事人或者有关人员有权要求执法人员出示行政执法证件。执法人员不出示行政执法证件的，当事人或者有关人员有权拒绝接受调查或者检查。

当事人或者有关人员应当如实回答询问，并协助调查或者检查，不得拒绝或者阻挠。询问或者检查应当制作笔录。

第十八条 粮食和储备部门在收集证据时,可以抽样取证。

在证据可能灭失或者以后难以取得的情况下,经粮食和储备部门负责人批准,可以先行登记保存,并在七个工作日内作出处理决定。

在调查期间,被调查对象及有关人员不得销毁或者转移证据。

第十九条 粮食和储备部门可委托具有相应资质的鉴定检测机构,对涉嫌违法违规行为有关的粮食、工具等进行鉴定检测。

第二十条 粮食和储备部门应当在立案决定作出之日起三十日内形成案件调查报告,必要时可听取公职律师、法律顾问、专家意见。案情疑难复杂或者委托检验鉴定时间较长的,经粮食和储备部门负责人批准,可以适当延长调查时限。

第四章 查封、扣押

第二十一条 粮食和储备部门在行政执法过程中,应当依照法定的权限、范围、条件和程序,实施查封、扣押等行政强制措施。采用非强制手段可以达到行政管理目的的,不得实施查封、扣押等行政强制措施。

第二十二条 粮食和储备部门不得查封、扣押与违法行为无关的粮食、工具、设备、账簿资料,不得查封与违法行为无关的场所。粮食经营者的粮食、工具、设备、账簿资料、场所等已被其他国家机关依法查封的,不得重复查封。

第二十三条 粮食和储备部门决定实施查封、扣押的,应当制作并当场交付查封、扣押决定书和清单。

第二十四条 查封、扣押的期限不得超过三十日;情况复杂的,经粮食和储备部门负责人批准,可以延长,但是延长期限不得超过三十日。法律、行政法规另有规定的除外。

延长查封、扣押的决定应当及时书面告知当事人,并说明理由。

对涉案粮食、工具、设备需要进行检测、检验或者技术鉴定的,查封、扣押的期间不包括检测、检验或者技术鉴定的期间。检测、检验或者技术鉴定的期间应当明确,并书面告知当事人。初次检测、检验或者技术鉴定的费用由粮食和储备部门承担。

第二十五条 对查封、扣押的粮食、工具、设备、账簿资料、场所等,粮食和储备部门应当妥善保管,不得使用或者损毁;造成损失的,应当承担赔偿责任。

对查封的粮食、工具、设备、账簿资料、场所等,粮食和储备部门可以委托第三人保管,第三人不得损毁或者擅自转移、处置。因第三人的原因造成的损失，粮食和储备部门先行赔付后，应当及时向第三人追偿。

因查封、扣押发生的保管费用由粮食和储备部门承担。

第二十六条 粮食和储备部门采取查封、扣押措施后，应当及时查清事实，在规定期限内作出处理决定。

第二十七条 有下列情形之一的，粮食和储备部门应当及时作出解除查封、扣押决定：

（一）当事人没有违法行为；

（二）查封、扣押的粮食、工具、设备、账簿资料、场所等与违法行为无关；

（三）对违法行为已经作出处理决定，不再需要查封、扣押；

（四）查封、扣押期限已经届满；

（五）其他不再需要采取查封、扣押措施的情形。

解除查封、扣押应当立即退还粮食、工具、设备、账簿资料。

第二十八条 粮食和储备部门查封、扣押的粮食、工具、设备、账簿资料、场所等，依法应当没收、销毁的，依照有关法律法规规定，移送有权部门执行。

第五章 行政处罚决定

第一节 简易程序

第二十九条 违法事实确凿并有法定依据，对公民处以二百元以下、对法人或者其他组织处以三千元以下罚款或者警告的行政处罚的，粮食和储备部门及其执法人员可以当场作出行政处罚决定。法律另有规定的，从其规定。

第三十条 执法人员当场作出行政处罚决定的，应当向当事人出示行政执法证件，填写预定格式、编有号码的行政处罚决定书，并当场交付当事人。当事人拒绝签收的，应当在行政处罚决定书上注明。

前款规定的行政处罚决定书应当载明当事人的违法行为，行政处罚的种类和依据、罚款数额、时间、地点，申请行政复议、提起行政诉讼的途径和期限以及行政机关名称，并由执法人员签名或者盖章。

执法人员当场作出的行政处罚决定，应当报所属粮食和储备部门备案。

第三十一条 对当场作出的行政处罚决定，当事人应当依照《中华人民共和国行政处罚法》的规定履行。

第二节 普通程序

第三十二条 除本办法规定的可以当场作出的行政处罚外，粮食和储备部门发现公民、法人或者其他组织有依法应当给予行政处罚的行为的，必须全面、客观、公正地调查，收集有关证据。

第三十三条 调查终结，粮食和储备部门负责人应当对调查结果进行审查，根据不同情况，分别作出如下决定：

（一）确有应受行政处罚的违法行为的，根据情节轻重及具体情况，作出行政处罚决定；

（二）违法行为轻微，依法可以不予行政处罚的，不予行政处罚；

（三）违法事实不能成立的，不予行政处罚；

（四）违法行为涉嫌犯罪的，移送司法机关。

对情节复杂或者重大违法行为给予行政处罚，粮食和储备部门负责人应当集体讨论决定。

第三十四条 粮食和储备部门在作出行政处罚决定时，应当遵循公正、公开、过罚相当、处罚与教育相结合的原则，正确行使粮食流通行政处罚裁量权。

省级粮食和储备部门、国家粮食和物资储备局垂直管理局应当参照本办法，结合地区实际制定并公开行政处罚裁量权基准，包括违法行为、法定依据、裁量阶次、适用条件和具体标准等内容。

第三十五条 有下列情形之一，在粮食和储备部门负责人作出行政处罚的决定之前，应当由从事行政处罚决定法制审核的人员按照相关规定进行法制审核；未经法制审核或者审核未通过的，不得作出决定：

（一）涉及重大公共利益的；

（二）直接关系当事人或者第三人重大权益，经过听证程序的；

（三）案件情况疑难复杂、涉及多个法律关系的；

（四）应当进行法制审核的其他情形。

粮食和储备部门初次从事行政处罚决定法制审核的人员，应当通过国家统一法律职业资格考试取得法律职业资格。

第三十六条 粮食和储备部门及其执法人员在作出行政处罚决定之前，未依照《中华人民共和国行政处罚法》规定向当事人告知拟作出的行政处罚内容及事实、理由、依据，或者拒绝听取当事人的陈述、申辩，不得作出行政处罚决定；当事人明确放弃陈述或者申辩权利的除外。

第三十七条 粮食和储备部门依照《中华人民共和国行政处罚法》规定给予行政处罚，应当制作行政处罚决定书。行政处罚决定书应当载明下列事项：

（一）当事人的姓名或者名称、地址；

（二）违反法律、法规、规章的事实和证据；

（三）行政处罚的种类和依据；

(四)行政处罚的履行方式和期限;

(五)申请行政复议、提起行政诉讼的途径和期限;

(六)作出行政处罚决定的行政机关名称和作出决定的日期。

行政处罚决定书必须盖有作出行政处罚决定的粮食和储备部门的印章。

第三十八条 粮食和储备部门应当自行政处罚案件立案之日起九十日内作出行政处罚决定。法律、法规另有规定的,从其规定。

第三十九条 行政处罚决定书应当在宣告后当场交付当事人;当事人不在场的,粮食和储备部门应当在七个工作日内依照《中华人民共和国民事诉讼法》有关规定,将行政处罚决定书送达当事人。

当事人同意并签订确认书的,粮食和储备部门可以采用传真、电子邮件等方式,将行政处罚决定书等送达当事人。

第四十条 粮食和储备部门行政处罚决定信息应当在执法决定作出之日起7个工作日内,通过政府网站及政务新媒体、办事大厅公示栏、服务窗口等平台向社会公开。

第四十一条 粮食流通行政处罚产生的罚没收入,按照《中华人民共和国行政处罚法》和《财政部关于印发〈罚没财物管理办法〉的通知》(财税〔2020〕54号)相关规定处理。

第三节 听证程序

第四十二条 粮食和储备部门拟作出下列行政处罚决定,应当告知当事人有要求听证的权利,当事人要求听证的,粮食和储备部门应当组织听证:

(一)较大数额罚款;

(二)没收较大数额违法所得;

(三)法律、法规、规章规定的其他情形。

前款中所称“较大数额”,省、自治区、直辖市人大常委会或者人民政府有规定的,从其规定;没有规定的,其数额为对公民罚款、没收违法所得三千元以上,对法人或者其他组织罚款、没收违法所得五万元以上。

当事人不承担粮食和储备部门组织听证的费用。

第四十三条 听证应当依照以下程序组织:

(一)当事人要求听证的,应当在粮食和储备部门告知后五个工作日内提出;

(二)粮食和储备部门应当在举行听证的七个工作日前,通知当事人及有关人员听证的时间、地点;

(三)除涉及国家秘密、商业秘密或者个人隐私依法予以保密外,听证公开举行；

（四）听证由粮食和储备部门指定的非本案调查人员主持；当事人认为主持人与本案有直接利害关系的，有权申请回避；

（五）当事人可以亲自参加听证，也可以委托一至二人代理；

（六）当事人及其代理人无正当理由拒不出席听证或者未经许可中途退出听证的，视为放弃听证权利，粮食和储备部门终止听证；

（七）举行听证时，调查人员提出当事人违法的事实、证据和行政处罚建议，当事人进行申辩和质证；

（八）听证应当制作笔录。笔录应当交当事人或者其代理人核对无误后签字或者盖章。当事人或者其代理人拒绝签字或者盖章的，由听证主持人在笔录中注明。

第四十四条 听证结束后，粮食和储备部门应当根据听证笔录，依照《中华人民共和国行政处罚法》的规定，作出决定。

第六章 责任追究

第四十五条 粮食和储备部门行政执法人员在粮食流通行政执法中，涉嫌违纪违规、违法犯罪的，依照有关规定移送纪检监察机关、司法机关。

有下列行为之一的，除按前款规定处理外，粮食和储备部门应予以通报，并由相关任免部门按照管理权限进行教育、管理、监督或处分：

（一）包庇、纵容粮食流通违法违规行为；

（二）瞒案不报、压案不查；

（三）未按规定核查、处理粮食流通违法违规举报、案件线索；

（四）未按法定权限、程序和规定开展粮食流通行政执法，造成不良后果；

（五）违反保密规定，泄露举报人或者案情；

（六）滥用职权、徇私舞弊；

（七）其他违法违规行为。

第七章 附　　则

第四十六条 本办法中，涉及粮食价值的，已达成交易的按交易价计算，其他按库存成本价或最近一次采购成本计算；涉及数量的，“以上”包括基数。

第四十七条 大豆、油料和食用植物油的收购、销售、储存、运输、加工等经营活动，适用本办法的规定。

第四十八条 本办法由国家发展改革委、国家粮食和物资储备局负责解释。

第四十九条 本办法自2023年1月1日起施行。2004年11月16日国家发展和改革委员会、原国家粮食局、财政部、原卫生部、原国家工商行政管理总局、原国家质量监督检验检疫总局印发的《粮食流通监督检查暂行办法》(国粮检〔2004〕230号),以及2005年3月9日原国家粮食局印发的《粮食监督检查行政处罚程序(试行)》(国粮检〔2005〕31号)同时废止。

财政部关于废止部分规范性文件的决定

(2022年11月24日财政部令第112号公布 自公布之日起施行 国司备字[2023007456])

为了适应依法行政、依法理财的需要,落实国企改革有关要求,我部对已出台的国企改革方面的规章和规范性文件进行了专项清理。经过清理,决定废止规范性文件13件。现将废止的规范性文件目录予以公布。

废止的规范性文件目录

序号	文件名称	制定机关	文号	公布日期
1	关于印发《证券公司财务报表格式和附注》的通知	财政部	财会〔2013〕26号	2013年12月27日
2	关于证券资格会计师事务所转制为特殊普通合伙会计师事务所有关业务延续问题的通知	财政部 证监会 国资委	财会〔2012〕17号	2012年9月14日
3	关于《中关村国家自主创新示范区企业股权和分红激励实施办法》的补充通知	财政部 科技部	财企〔2011〕1号	2011年1月10日
4	关于印发《中关村国家自主创新示范区企业股权和分红激励实施办法》的通知	财政部 科技部	财企〔2010〕8号	2010年2月1日

续表

序号	文件名称	制定机关	文号	公布日期
5	关于鼓励政府和企业发包促进我国服务外包产业发展的指导意见	财政部 发展改革委 科技部 工业和信息化部 商务部 国资委 银监会 证监会 保监会	财企〔2009〕200号	2009年9月23日
6	关于外商投资企业场地使用费征收问题的意见	财政部	财企〔2008〕166号	2008年8月21日
7	关于实施《关于国有高新技术企业开展股权激励试点工作的指导意见》有关问题的通知	财政部 科技部	财企〔2002〕508号	2002年11月18日
8	关于加强中央财政拨付部分困难企业职工基本养老保险专项补助资金使用管理问题的通知	财政部	财社字〔2000〕41号	2000年5月19日
9	关于加强和改进外商投资企业提缴使用涉及中方职工权益资金管理的通知	财政部	财外字〔1999〕735号	1999年12月28日
10	关于进一步做好国有重点煤炭企业基本养老保险统筹工作的通知	财政部 劳动和社会保障部	财社字〔1999〕179号	1999年11月17日
11	关于印发《境外投资财务管理暂行办法》的通知	财政部	财外字〔1996〕215号	1996年6月6日
12	关于加强外商投资企业场地使用费征收管理的通知	财政部 国家土地管理局	财工字〔1995〕53号	1995年3月13日
13	关于改革境外企业工资制度的通知	财政部 劳动部 外经贸部	财外字〔1995〕18号	1995年2月9日

环境监管重点单位名录管理办法

（2022 年 11 月 28 日生态环境部令第 27 号公布　自 2023 年 1 月 1 日起施行　国司备字[2023007472]）

第一条　为了加强对环境监管重点单位的监督管理，强化精准治污，根据《中华人民共和国环境保护法》和水、大气、噪声、土壤等污染防治法律，以及地下水管理、排污许可管理等行政法规，制定本办法。

第二条　本办法所称环境监管重点单位，包括依法确定的水环境重点排污单位、地下水污染防治重点排污单位、大气环境重点排污单位、噪声重点排污单位、土壤污染重点监管单位，以及环境风险重点管控单位。

同一企业事业单位可以同时属于不同类别的环境监管重点单位。

第三条　国务院生态环境主管部门负责指导、协调和监督环境监管重点单位名录的确定和管理，建立、运行环境监管重点单位名录信息平台。

省级生态环境主管部门负责协调和监督本行政区域环境监管重点单位名录的确定和发布。

设区的市级生态环境主管部门负责本行政区域环境监管重点单位名录的确定、管理和发布。

第四条　环境监管重点单位应当依法履行自行监测、信息公开等生态环境法律义务，采取措施防治环境污染，防范环境风险。

各级生态环境主管部门应当加强对环境监管重点单位的监督管理。

第五条　水环境重点排污单位应当根据本行政区域的水环境容量、重点水污染物排放总量控制指标的要求以及排污单位排放水污染物的种类、数量和浓度等因素确定。

具备下列条件之一的，应当列为水环境重点排污单位：

（一）化学需氧量、氨氮、总氮、总磷中任一种水污染物近三年内任一年度排放量大于设区的市级生态环境主管部门设定的筛选排放量限值的工业企业；

（二）设有污水排放口的规模化畜禽养殖场；

（三）工业废水集中处理厂，以及日处理能力 10 万吨以上或者日处理工业废水量 2 万吨以上的城镇生活污水处理厂。

设区的市级生态环境主管部门设定筛选排放量限值，应当确保所筛选的水环境重点排污单位工业水污染物排放量之和，不低于该行政区域排放源统计调查的工业水污染物排放总量的65%。

第六条 地下水污染防治重点排污单位应当根据本行政区域地下水污染防治需要、排污单位排放有毒有害物质情况等因素确定。

具备下列条件之一的，应当列为地下水污染防治重点排污单位：

（一）位于地下水污染防治重点区内且设有水污染物排放口的企业事业单位；

（二）一级和二级环境监督管理尾矿库的运营、管理单位；

（三）涉及填埋处置的危险废物处置场的运营、管理单位；

（四）日处理能力500吨以上的生活垃圾填埋场的运营、管理单位。

第七条 大气环境重点排污单位应当根据本行政区域的大气环境承载力、重点大气污染物排放总量控制指标的要求以及排污单位排放大气污染物的种类、数量和浓度等因素确定。

具备下列条件之一的，应当列为大气环境重点排污单位：

（一）二氧化硫、氮氧化物、颗粒物、挥发性有机物中任一种大气污染物近三年内任一年度排放量大于设区的市级生态环境主管部门设定的筛选排放量限值的工业企业；

（二）太阳能光伏玻璃行业企业，其他玻璃制造、玻璃制品、玻璃纤维行业中以天然气为燃料的规模以上企业；

（三）陶瓷、耐火材料行业中以煤、石油焦、油、发生炉煤气为燃料的企业；

（四）陶瓷、耐火材料行业中以天然气为燃料的规模以上企业；

（五）工业涂装行业规模以上企业，全部使用符合国家规定的水性、无溶剂、辐射固化、粉末等四类低挥发性有机物含量涂料的除外；

（六）包装印刷行业规模以上企业，全部使用符合国家规定的低挥发性有机物含量油墨的除外。

设区的市级生态环境主管部门设定筛选排放量限值，应当确保所筛选的大气环境重点排污单位工业大气污染物排放量之和，不低于该行政区域排放源统计调查的工业大气污染物排放总量的65%。

第八条 生产、加工使用或者排放重点管控新污染物清单中所列化学物质的企业事业单位，应当纳入重点排污单位。

第九条 噪声重点排污单位应当根据本行政区域噪声排放状况、声环境质量改善要求等因素确定。

具备下列条件之一的工业企业，应当列为噪声重点排污单位：

（一）位于噪声敏感建筑物集中区域或者厂界外200米范围内存在噪声敏感建筑物集中区域，且造成噪声污染的；

（二）影响所在行政区域完成声环境质量改善规划设定目标的；

（三）噪声污染问题突出、群众反映强烈的。

第十条 土壤污染重点监管单位应当根据本行政区域土壤污染防治需要、有毒有害物质排放情况等因素确定。

具备下列条件之一的，应当列为土壤污染重点监管单位：

（一）有色金属矿采选、有色金属冶炼、石油开采、石油加工、化工、焦化、电镀、制革行业规模以上企业；

（二）位于土壤污染潜在风险高的地块，且生产、使用、贮存、处置或者排放有毒有害物质的企业；

（三）位于耕地土壤重金属污染突出地区的涉镉排放企业。

第十一条 具备下列条件之一的，可以列为环境风险重点管控单位：

（一）年产生危险废物 100 吨以上的企业；

（二）具有危险废物自行利用处置设施的企业；

（三）持有危险废物经营许可证的企业；

（四）生活垃圾填埋场（含已封场的）或者生活垃圾焚烧厂的运营维护单位；

（五）矿产资源（除铀、钍矿外）开发利用活动中原矿、中间产品、尾矿（渣）或者其他残留物中铀（钍）系单个核素含量超过 1Bq/g 的企业。

第十二条 排污许可分类管理名录规定的实施排污许可重点管理的企业事业单位，应当列为重点排污单位。

《固定污染源排污许可分类管理名录（2019 年版）》规定的实施排污许可重点管理的条件为“纳入重点排污单位名录”的企业事业单位，根据本办法第五条、第七条的规定不再符合重点排污单位筛选条件的，设区的市级生态环境主管部门应当及时予以调整。

第十三条 设区的市级生态环境主管部门可以根据本行政区域环境质量状况、环境质量改善要求、污染物排放情况、有毒有害物质以及环境风险管控要求等，将确有必要实施重点监管的企业事业单位列入环境监管重点单位名录。

第十四条 设区的市级生态环境主管部门应当在每年 1 月底前提出本年度环境监管重点单位初步名录，上传至环境监管重点单位名录信息平台。

省级以上生态环境主管部门可以于每年 2 月底前，通过环境监管重点单位名录信息平台，提出对环境监管重点单位初步名录的调整建议。

设区的市级生态环境主管部门可以根据省级以上生态环境主管部门提出的调整建议，对本年度环境监管重点单位初步名录进行调整，并于 3 月底前确定本年度环境监管重点单位名录,依法向社会公布。

第十五条 列入环境监管重点单位名录的企业事业单位,在名录存续期间出现不符合本办法规定的筛选条件情形的,应当在确定下一年度环境监管重点单位名录时予以调整。

第十六条 本办法由国务院生态环境主管部门负责解释。

第十七条 本办法自 2023 年 1 月 1 日起施行。《关于印发〈重点排污单位名录管理规定(试行)〉的通知》(环办监测〔2017〕86 号)同时废止。

烈士安葬办法

(2022 年 11 月 30 日退役军人事务部令第 8 号公布 自 2023 年 2 月 1 日起施行 国司备字[2023007713])

第一条 为了褒扬和尊崇烈士,做好烈士安葬工作,根据《中华人民共和国英雄烈士保护法》、《烈士褒扬条例》等法律法规,制定本办法。

第二条 烈士应当在烈士陵园或者烈士集中安葬墓区安葬。

烈士陵园、烈士集中安葬墓区是国家建立的专门安葬、纪念、宣传烈士的重要场所,受法律保护。

第三条 确定烈士安葬地和安排烈士安葬活动,应当征求烈士遗属意见。

烈士可以在牺牲地、生前户籍所在地、遗属户籍所在地或者生前工作单位所在地安葬。烈士安葬地确定后,就近在安葬地的烈士陵园或者烈士集中安葬墓区安葬烈士。

第四条 烈士骨灰盒或者灵柩应当覆盖中华人民共和国国旗。需要覆盖中国共产党党旗或者中国人民解放军军旗的,按照有关规定执行。

国旗、党旗、军旗不能同时覆盖,不得随遗体火化或者随骨灰盒、灵柩掩埋,安葬后由安葬地烈士纪念设施保护单位保存,也可以赠送给烈士遗属留作纪念。

第五条 运送烈士骨灰或者遗体(骸),由烈士牺牲地、烈士安葬地县级以上地方人民政府共同安排,并举行送迎仪式。

送迎工作方案由烈士牺牲地、烈士安葬地县级以上地方人民政府退役军人工作主管部门商相关部门制定并报同级人民政府批准后实施。

送迎仪式一般按下列程序进行:

(一)仪式开始;

(二)整理烈士灵柩(骨灰盒)并覆盖国旗(或者党旗、军旗);

（三）奏国歌；
（四）向烈士默哀；
（五）起灵；
（六）仪式结束。

烈士生前为现役军人的，烈士骨灰或者遗体（骸）运送任务可由烈士牺牲地县级以上地方人民政府会同军队有关单位承担。

第六条 烈士安葬地县级以上地方人民政府应当举行庄严、肃穆、文明、节俭的烈士安葬仪式。

烈士安葬仪式应当邀请当地党委、政府和有关部门负责同志，烈士遗属代表、烈士生前所在单位代表，机关、团体、学校、企业事业单位、社会组织、军队等有关单位代表和退役军人代表参加。

烈士安葬仪式可以邀请解放军、武警部队官兵或者人民警察承担礼兵仪仗、花篮护送等任务；可以邀请军乐队或者其他乐队演奏乐曲，也可以播放音乐。

第七条 烈士安葬仪式一般按下列程序进行：
（一）仪式开始；
（二）礼迎烈士；
（三）奏国歌；
（四）宣读烈士评定文件、烈士生平事迹并致悼词或者祭文；
（五）向烈士默哀；
（六）安葬烈士骨灰或者遗体（骸）；
（七）向烈士敬献花篮（花圈）；
（八）仪式结束。

第八条 安葬烈士的方式包括：
（一）将烈士骨灰安葬于烈士墓区或者烈士骨灰堂；
（二）将烈士遗体（骸）安葬于烈士墓区；
（三）其他安葬方式。

安葬烈士应当遵守国家殡葬管理有关规定，尊重少数民族的丧葬习俗，倡导绿色、节地、生态安葬方式。

第九条 烈士墓穴、骨灰安放格位，由烈士纪念设施保护单位按照规定确定。

第十条 安葬烈士骨灰的墓穴面积一般不超过1平方米。允许土葬的地区，安葬烈士遗体（骸）的墓穴面积一般不超过4平方米。

第十一条 烈士墓碑碑文或者骨灰盒标识牌文字应当经烈士安葬地县级

以上地方人民政府退役军人工作主管部门审定，内容应当包括烈士姓名、性别、民族、籍贯、出生年月、牺牲时间、单位、职务、简要事迹等基本信息，落款一般为安葬地县级以上地方人民政府。

第十二条 烈士墓区应当规划科学、布局合理，环境整洁、肃穆。烈士墓和烈士骨灰存放设施应当形制统一、用料优良，确保施工建设质量。

第十三条 烈士陵园、烈士集中安葬墓区的保护单位应当向烈士遗属发放烈士安葬证明书，载明烈士姓名、安葬时间和安葬地点等。没有烈士遗属的，应当将烈士安葬情况向烈士生前户籍所在地县级人民政府退役军人工作主管部门备案。

烈士生前有工作单位的，应当将安葬情况向烈士生前所在单位通报。

第十四条 烈士在烈士陵园或者烈士集中安葬墓区安葬后，原则上不迁葬。

对未在烈士陵园或者烈士集中安葬墓区安葬的零散烈士墓，县级以上地方人民政府退役军人工作主管部门应当根据实际情况并征得烈士遗属同意，就近迁入烈士陵园或者烈士集中安葬墓区。

第十五条 在生产生活或者相关工作中发现、发掘的疑似烈士遗骸，按照有关规定，经鉴定确认为烈士遗骸的，应当就近在烈士陵园或者烈士集中安葬墓区及时妥善安葬；已确认身份的，应当及时通知其亲属并邀请出席安葬仪式。

第十六条 烈士牺牲后无法搜寻到遗体（骸）、无法查找到安葬地或者安葬地在境外的，可在烈士牺牲地、生前户籍所在地或者遗属户籍所在地烈士陵园、烈士集中安葬墓区英名墙，纪念相关战役（战争）烈士陵园英名墙等设施镌刻烈士姓名予以纪念，但不得在烈士陵园或者烈士集中安葬墓区建造衣冠冢或者空墓。

第十七条 烈士陵园、烈士集中安葬墓区的保护单位应当建立烈士安葬信息档案，及时收集、整理、陈列有纪念意义的烈士遗物、事迹资料，烈士遗属、有关单位和个人应当予以配合。

第十八条 在烈士纪念日等重要纪念日和节日时，机关、团体、学校、企业事业单位和军队有关单位应当组织开展烈士纪念活动，祭奠缅怀烈士，弘扬英烈精神。

烈士陵园、烈士集中安葬墓区的保护单位及所在地人民政府退役军人工作主管部门对前来祭扫的烈士遗属和社会群众，应当做好接待服务工作。

第十九条 鼓励和支持社会殡仪专业服务机构等社会力量为烈士安葬提供专业化、规范化服务。

第二十条 战时牺牲人员遗体收殓安葬、在境外搜寻发掘的烈士遗骸归国安葬按照有关规定执行。

第二十一条 本办法自2023年2月1日起施行。

住房和城乡建设部关于修改《城镇污水排入排水管网许可管理办法》的决定

（2022年12月1日住房和城乡建设部令第56号公布　自2023年2月1日起施行　国司备字[2023007457]）

住房和城乡建设部决定对《城镇污水排入排水管网许可管理办法》（住房和城乡建设部令第21号）作如下修改：

一、将第三条中的“住房城乡建设主管部门”修改为“住房和城乡建设主管部门”。其余条款依此修改。

二、第四条增加一款，作为第三款：“工程建设疏干排水应当优先利用和补给水体。”

三、将第五条修改为“城镇排水主管部门应当因地制宜，按照排水行为影响城镇排水与污水处理设施安全运行的程度，对排水户进行分级分类管理。

“对列入重点排污单位名录的排水户和城镇排水主管部门确定的对城镇排水与污水处理设施安全运行影响较大的排水户，应当作为重点排水户进行管理。”

四、将第六条修改为“排水户向排水行为发生地的城镇排水主管部门申请领取排水许可证。城镇排水主管部门应当自受理申请之日起15日内作出决定。

“集中管理的建筑或者单位内有多个排水户的，可以由产权单位或者其委托的物业服务人统一申请领取排水许可证，并由领证单位对排水户的排水行为负责。

“因施工作业需要向城镇排水设施排入污水的，由建设单位申请领取排水许可证。”

五、将第七条第二项至第五项修改为“（二）排水户内部排水管网、专用检测井、雨污水排放口位置和口径的图纸及说明等材料；

“（三）按照国家有关规定建设污水预处理设施的有关材料；

“（四）排水隐蔽工程竣工报告，或者排水户承诺排水隐蔽工程合格且不存在雨水污水管网混接错接、雨水污水混排的书面承诺书；

“（五）排水水质符合相关标准的检测报告或者排水水质符合相关标准的书面承诺书”。

删去第七项。

六、增加一条，作为第八条：“城镇排水主管部门在作出许可决定前，应当按照排水户分级分类管理要求，对重点排水户进行现场核查，对其他排水户采取抽查方式进行现场核查。”

七、将第八条改为第九条，第一款第二项修改为“（二）排放污水的水质符合国家或者地方规定的有关排放标准”。

删去第二款。

八、将第十条改为第十一条，其中的“可不再进行审查”修改为“不再进行审查”。

九、将第十一条改为第十二条，第一款中的“污染物项目”修改为“主要污染物项目”。其余条款依此修改。

第二款修改为“排水户名称、法定代表人等其他事项变更的，排水户应当在变更之日起 30 日内向城镇排水主管部门申请办理变更。”

十、将第十三条改为第十四条，修改为“排水户不得有下列危及城镇排水设施安全的活动：

“（一）向城镇排水设施排放、倾倒剧毒、易燃易爆、腐蚀性废液和废渣；

“（二）向城镇排水设施排放有害气体和烹饪油烟；

“（三）堵塞城镇排水设施或者向城镇排水设施内排放、倾倒垃圾、渣土、施工泥浆、油脂、污泥等易堵塞物；

“（四）擅自拆卸、移动、穿凿和接入城镇排水设施；

“（五）擅自向城镇排水设施加压排放污水；

“（六）其他危及城镇排水与污水处理设施安全的活动。”

十一、将第十四条改为第十五条，第三十条改为第三十一条，其中的“停止”修改为“暂停”。

十二、将第十六条改为第十七条，修改为“重点排水户应当建立档案管理制度，对污水预处理设施、内部排水管网、与市政管网的连接管、专用检测井运行维护情况、发生异常的原因和采取的措施等进行记录，记录保存期限不少于 5 年。

“鼓励排水户推进传统载体档案数字化。电子档案与传统载体档案具有同等效力。”

十三、将第十七条、第十八条改为第十八条，修改为“城镇排水主管部门应当结合排水户分级分类情况,通过‘双随机、一公开’方式,对排水户排放污水的情况实施监督检查。实施监督检查时,有权采取下列措施:

“(一)进入现场开展检查、监测;

“(二)要求被监督检查的排水户出示排水许可证;

“(三)查阅、复制有关文件和材料;

“(四)要求被监督检查的单位和个人就有关问题作出说明;

“(五)依法采取禁止排水户向城镇排水设施排放污水等措施,纠正违反有关法律、法规和本办法规定的行为。

“被监督检查的单位和个人应当予以配合,不得妨碍和阻挠依法进行的监督检查活动。

“城镇排水主管部门可以通过政府购买服务等方式,组织或者委托排水监测机构等技术服务单位为排水许可监督检查工作提供技术服务。受委托的具有计量认证资质的排水监测机构应当对排水户排放污水的水质、水量进行监测,建立排水监测档案。”

十四、增加一条,作为第二十条:“城镇排水主管部门应当将排水户的基本信息、排水许可内容等信息载入城市排水信息系统。涉及排水户的排水许可内容、行政处罚、不良信用记录等信息,应当依法向社会公示。

“城镇排水主管部门可以根据排水户的信用情况,依法采取守信激励、失信惩戒措施。”

十五、将第二十八条改为第二十九条,其中的“3 万元”修改为“1 万元”。

十六、增加一条,作为第三十三条:“重点排水户未按照本办法规定建立档案管理制度,或者档案记录保存期限少于 5 年的,由城镇排水主管部门责令改正,可以处 3 万元以下罚款。”

十七、将第三十三条改为第三十五条,修改为“排水许可证由国务院住房和城乡建设主管部门制定格式,由省、自治区人民政府住房和城乡建设主管部门以及直辖市人民政府城镇排水主管部门组织印制。鼓励城镇排水主管部门实行电子许可证,电子许可证与纸质许可证具有同等效力。

“排水许可申请表、排水户书面承诺书由国务院住房和城乡建设主管部门制定推荐格式,城镇排水主管部门可以参考制定。”

此外,对相关条文序号作相应调整。

本决定自 2023 年 2 月 1 日起施行。《城镇污水排入排水管网许可管理办法》根据本决定作相应修改,重新发布。

城镇污水排入排水管网许可管理办法

（2015 年 1 月 22 日住房和城乡建设部令第 21 号发布　根据 2022 年 12 月 1 日住房和城乡建设部令第 56 号修订）

第一章　总　　则

第一条　为了加强对污水排入城镇排水管网的管理，保障城镇排水与污水处理设施安全运行，防治城镇水污染，根据《中华人民共和国行政许可法》、《城镇排水与污水处理条例》等法律法规，制定本办法。

第二条　在中华人民共和国境内申请污水排入排水管网许可（以下称排水许可），对从事工业、建筑、餐饮、医疗等活动的企业事业单位、个体工商户（以下称排水户）向城镇排水设施排放污水的活动实施监督管理，适用本办法。

第三条　国务院住房和城乡建设主管部门负责全国排水许可工作的指导监督。

省、自治区人民政府住房和城乡建设主管部门负责本行政区域内排水许可工作的指导监督。

直辖市、市、县人民政府城镇排水与污水处理主管部门（以下简称城镇排水主管部门）负责本行政区域内排水许可证书的颁发和监督管理。城镇排水主管部门可以委托专门机构承担排水许可审核管理的具体工作。

第四条　城镇排水设施覆盖范围内的排水户应当按照国家有关规定，将污水排入城镇排水设施。排水户向城镇排水设施排放污水，应当按照本办法的规定，申请领取排水许可证。未取得排水许可证，排水户不得向城镇排水设施排放污水。城镇居民排放生活污水不需要申请领取排水许可证。

在雨水、污水分流排放的地区，不得将污水排入雨水管网。

工程建设疏干排水应当优先利用和补给水体。

第五条　城镇排水主管部门应当因地制宜，按照排水行为影响城镇排水与污水处理设施安全运行的程度，对排水户进行分级分类管理。

对列入重点排污单位名录的排水户和城镇排水主管部门确定的对城镇排水与污水处理设施安全运行影响较大的排水户，应当作为重点排水户进行管理。

第二章　许可申请与审查

第六条　排水户向排水行为发生地的城镇排水主管部门申请领取排水许可证。城镇排水主管部门应当自受理申请之日起15日内作出决定。

集中管理的建筑或者单位内有多个排水户的，可以由产权单位或者其委托的物业服务人统一申请领取排水许可证，并由领证单位对排水户的排水行为负责。

因施工作业需要向城镇排水设施排入污水的，由建设单位申请领取排水许可证。

第七条　申请领取排水许可证，应当如实提交下列材料：

（一）排水许可申请表；

（二）排水户内部排水管网、专用检测井、雨污水排放口位置和口径的图纸及说明等材料；

（三）按照国家有关规定建设污水预处理设施的有关材料；

（四）排水隐蔽工程竣工报告，或者排水户承诺排水隐蔽工程合格且不存在雨水污水管网混接错接、雨水污水混排的书面承诺书；

（五）排水水质符合相关标准的检测报告或者排水水质符合相关标准的书面承诺书；

（六）列入重点排污单位名录的排水户应当提供已安装的主要水污染物排放自动监测设备有关材料。

第八条　城镇排水主管部门在作出许可决定前，应当按照排水户分级分类管理要求，对重点排水户进行现场核查，对其他排水户采取抽查方式进行现场核查。

第九条　符合以下条件的，由城镇排水主管部门核发排水许可证：

（一）污水排放口的设置符合城镇排水与污水处理规划的要求；

（二）排放污水的水质符合国家或者地方规定的有关排放标准；

（三）按照国家有关规定建设相应的预处理设施；

（四）按照国家有关规定在排放口设置便于采样和水量计量的专用检测井和计量设备；列入重点排污单位名录的排水户已安装主要水污染物排放自动监测设备；

（五）法律、法规规定的其他条件。

第十条　排水许可证的有效期为5年。

因施工作业需要向城镇排水设施排水的，排水许可证的有效期，由城镇排水主管部门根据排水状况确定，但不得超过施工期限。

第十一条 排水许可证有效期满需要继续排放污水的，排水户应当在有效期届满30日前，向城镇排水主管部门提出申请。城镇排水主管部门应当在有效期届满前作出是否准予延续的决定。准予延续的，有效期延续5年。

排水户在排水许可证有效期内，严格按照许可内容排放污水，且未发生违反本办法规定行为的，有效期届满30日前，排水户可提出延期申请，经原许可机关同意，不再进行审查，排水许可证有效期延期5年。

第十二条 在排水许可证的有效期内，排水口数量和位置、排水量、主要污染物项目或者浓度等排水许可内容变更的，排水户应当按照本办法规定，重新申请领取排水许可证。

排水户名称、法定代表人等其他事项变更的，排水户应当在变更之日起30日内向城镇排水主管部门申请办理变更。

第三章 管理和监督

第十三条 排水户应当按照排水许可证确定的排水类别、总量、时限、排放口位置和数量、排放的主要污染物项目和浓度等要求排放污水。

第十四条 排水户不得有下列危及城镇排水设施安全的活动：

（一）向城镇排水设施排放、倾倒剧毒、易燃易爆、腐蚀性废液和废渣；

（二）向城镇排水设施排放有害气体和烹饪油烟；

（三）堵塞城镇排水设施或者向城镇排水设施内排放、倾倒垃圾、渣土、施工泥浆、油脂、污泥等易堵塞物；

（四）擅自拆卸、移动、穿凿和接入城镇排水设施；

（五）擅自向城镇排水设施加压排放污水；

（六）其他危及城镇排水与污水处理设施安全的活动。

第十五条 排水户因发生事故或者其他突发事件，排放的污水可能危及城镇排水与污水处理设施安全运行的，应当立即暂停排放，采取措施消除危害，并按规定及时向城镇排水主管部门等有关部门报告。

第十六条 城镇排水主管部门应当加强对排水户的排放口设置、连接管网、预处理设施和水质、水量监测设施建设和运行的指导和监督。

第十七条 重点排水户应当建立档案管理制度，对污水预处理设施、内部排水管网、与市政管网的连接管、专用检测井运行维护情况、发生异常的原因和采取的措施等进行记录，记录保存期限不少于5年。

鼓励排水户推进传统载体档案数字化。电子档案与传统载体档案具有同等效力。

第十八条 城镇排水主管部门应当结合排水户分级分类情况，通过“双随机、一公开”方式，对排水户排放污水的情况实施监督检查。实施监督检查时，有权采取下列措施：

（一）进入现场开展检查、监测；

（二）要求被监督检查的排水户出示排水许可证；

（三）查阅、复制有关文件和材料；

（四）要求被监督检查的单位和个人就有关问题作出说明；

（五）依法采取禁止排水户向城镇排水设施排放污水等措施，纠正违反有关法律、法规和本办法规定的行为。

被监督检查的单位和个人应当予以配合，不得妨碍和阻挠依法进行的监督检查活动。

城镇排水主管部门可以通过政府购买服务等方式，组织或者委托排水监测机构等技术服务单位为排水许可监督检查工作提供技术服务。受委托的具有计量认证资质的排水监测机构应当对排水户排放污水的水质、水量进行监测，建立排水监测档案。

第十九条 城镇排水主管部门委托的专门机构，可以开展排水许可审查、档案管理、监督指导排水户排水行为等工作，并协助城镇排水主管部门对排水许可实施监督管理。

第二十条 城镇排水主管部门应当将排水户的基本信息、排水许可内容等信息载入城市排水信息系统。涉及排水户的排水许可内容、行政处罚、不良信用记录等信息，应当依法向社会公示。

城镇排水主管部门可以根据排水户的信用情况，依法采取守信激励、失信惩戒措施。

第二十一条 有下列情形之一的，许可机关或者其上级行政机关，根据利害关系人的请求或者依据职权，可以撤销排水许可：

（一）城镇排水主管部门工作人员滥用职权、玩忽职守作出准予排水许可决定的；

（二）超越法定职权作出准予排水许可决定的；

（三）违反法定程序作出准予排水许可决定的；

（四）对不符合许可条件的申请人作出准予排水许可决定的；

（五）依法可以撤销排水许可的其他情形。

排水户以欺骗、贿赂等不正当手段取得排水许可的，应当予以撤销。

第二十二条 有下列情形之一的，城镇排水主管部门应当依法办理排水

许可的注销手续:

(一)排水户依法终止的;

(二)排水许可依法被撤销、撤回,或者排水许可证被吊销的;

(三)排水许可证有效期满且未延续许可的;

(四)法律、法规规定的应当注销排水许可的其他情形。

第二十三条 城镇排水主管部门应当按照国家有关规定将监督检查的情况向社会公开。

城镇排水主管部门及其委托的专门机构、排水监测机构的工作人员对知悉的被监督检查单位和个人的技术和商业秘密负有保密义务。

第二十四条 城镇排水主管部门实施排水许可不得收费。

城镇排水主管部门实施排水许可所需经费,应当列入城镇排水主管部门的预算,由本级财政予以保障,按照批准的预算予以核拨。

第四章 法律责任

第二十五条 城镇排水主管部门有下列情形之一的,由其上级行政机关或者监察机关责令改正,对直接负责的主管人员和其他直接责任人员依法给予处分;构成犯罪的,依法追究刑事责任:

(一)对不符合本规定条件的申请人准予排水许可的;

(二)对符合本规定条件的申请人不予核发排水许可证或者不在法定期限内作出准予许可决定的;

(三)利用职务上的便利,收受他人财物或者谋取其他利益的;

(四)泄露被监督检查单位和个人的技术或者商业秘密的;

(五)不依法履行监督管理职责或者监督不力,造成严重后果的。

第二十六条 违反本办法规定,在城镇排水与污水处理设施覆盖范围内,未按照国家有关规定将污水排入城镇排水设施,或者在雨水、污水分流地区将污水排入雨水管网的,由城镇排水主管部门责令改正,给予警告;逾期不改正或者造成严重后果的,对单位处 10 万元以上 20 万元以下罚款;对个人处 2 万元以上 10 万元以下罚款,造成损失的,依法承担赔偿责任。

第二十七条 违反本办法规定,排水户未取得排水许可,向城镇排水设施排放污水的,由城镇排水主管部门责令停止违法行为,限期采取治理措施,补办排水许可证,可以处 50 万元以下罚款;对列入重点排污单位名录的排水户,可以处 30 万元以上 50 万元以下罚款;造成损失的,依法承担赔偿责任;构成犯罪的,依法追究刑事责任。

第二十八条 排水户未按照排水许可证的要求，向城镇排水设施排放污水的，由城镇排水主管部门责令停止违法行为，限期改正，可以处5万元以下罚款；造成严重后果的，吊销排水许可证，并处5万元以上50万元以下罚款，对列入重点排污单位名录的排水户，处30万元以上50万元以下罚款，并将有关情况通知同级环境保护主管部门，可以向社会予以通报；造成损失的，依法承担赔偿责任；构成犯罪的，依法追究刑事责任。

第二十九条 排水户名称、法定代表人等其他事项变更，未按本办法规定及时向城镇排水主管部门申请办理变更的，由城镇排水主管部门责令改正，可以处1万元以下罚款。

第三十条 排水户以欺骗、贿赂等不正当手段取得排水许可的，可以处3万元以下罚款；造成损失的，依法承担赔偿责任；构成犯罪的，依法追究刑事责任。

第三十一条 违反本办法规定，排水户因发生事故或者其他突发事件，排放的污水可能危及城镇排水与污水处理设施安全运行，没有立即暂停排放，未采取措施消除危害，或者并未按规定及时向城镇排水主管部门等有关部门报告的，城镇排水主管部门可以处3万元以下罚款。

第三十二条 违反本办法规定，从事危及城镇排水设施安全的活动的，由城镇排水主管部门责令停止违法行为，限期恢复原状或者采取其他补救措施，并给予警告；逾期不采取补救措施或者造成严重后果的，对单位处10万元以上30万元以下罚款，对个人处2万元以上10万元以下罚款；造成损失的，依法承担赔偿责任；构成犯罪的，依法追究刑事责任。

第三十三条 重点排水户未按照本办法规定建立档案管理制度，或者档案记录保存期限少于5年的，由城镇排水主管部门责令改正，可以处3万元以下罚款。

第三十四条 排水户违反本办法规定，拒不接受水质、水量监测或者妨碍、阻挠城镇排水主管部门依法监督检查的，由城镇排水主管部门给予警告；情节严重的，处3万元以下罚款。

第五章　附　　则

第三十五条 排水许可证由国务院住房和城乡建设主管部门制定格式，由省、自治区人民政府住房和城乡建设主管部门以及直辖市人民政府城镇排水主管部门组织印制。鼓励城镇排水主管部门实行电子许可证，电子许可证与纸质许可证具有同等效力。

排水许可申请表、排水户书面承诺书由国务院住房和城乡建设主管部门制定推荐格式,城镇排水主管部门可以参考制定。

第三十六条 本办法自2015年3月1日起施行。《城市排水许可管理办法》(建设部令第152号)同时废止。

工业节能监察办法

(2022年12月22日工业和信息化部令第58号公布 自2023年2月1日起施行 国司备字[2023007712])

第一条 为了规范工业节能监察,促进企业节约能源和提高能源利用效率,加快绿色低碳发展,推动工业领域碳达峰碳中和,根据《中华人民共和国节约能源法》等有关法律、行政法规,制定本办法。

第二条 本办法所称工业节能监察,是指工业节能监察部门依法对工业和信息化领域能源生产、使用、服务等相关企业、机构执行节能管理有关法律、法规、规章以及强制性国家标准情况进行监督检查,查处违法用能,提出依法用能、合理用能建议的行为。

第三条 工业和信息化部负责全国工业节能监察工作,组织制定和实施全国工业节能监察年度工作计划,加强全国工业节能监察的指导和统筹协调。

县级以上地方人民政府工业和信息化主管部门或者县级以上地方人民政府确定的其他管理工业节能监察的部门负责本行政区域内工业节能监察,制定和实施本行政区域内工业节能监察年度工作计划。

工业和信息化部、县级以上地方人民政府工业和信息化主管部门、县级以上地方人民政府确定的其他管理工业节能监察的部门,统称工业节能监察部门。

第四条 工业节能监察遵循依法、公开、公平、公正和效能原则。

工业节能监察不得向被监察单位收取费用。

第五条 被监察单位应当配合工业节能监察,如实说明情况,提供有关资料,不得隐瞒、虚构事实,不得伪造、隐匿、销毁、篡改有关资料,不得拒绝和阻碍工业节能监察。

第六条 工业节能监察部门可以依据法律、法规、规章的规定,在其法定权限范围内书面委托符合法律规定条件的组织实施工业节能监察。

受委托组织应当在委托范围内以委托部门的名义实施工业节能监察,及时向委托部门报告工业节能监察情况;不得再委托其他组织或者个人实施工业节能监察。

委托部门应当加强对受委托组织实施工业节能监察的监督。

第七条 工业节能监察应当由2名以上取得行政执法资格的工业节能监察人员实施。

第八条 工业节能监察人员与被监察单位有直接利害关系或者有其他关系可能影响公正监察的,应当回避。

被监察单位认为工业节能监察人员与被监察单位有直接利害关系或者有其他关系可能影响公正监察的,有权申请回避。

第九条 工业节能监察部门、受委托实施工业节能监察的组织,因工业节能监察需要,可以聘请第三方机构或者有关专家开展工业节能监察辅助工作。

从事工业节能监察辅助工作的机构、人员,不得独立开展工业节能监察。

第十条 工业节能监察包括下列内容:

(一)执行单位产品能耗限额,用能产品、设备能源效率等强制性国家标准情况;

(二)执行落后的耗能过高的用能产品、设备和生产工艺淘汰制度情况;

(三)加强能源计量管理情况;

(四)建立能源消费统计和能源利用状况分析制度情况;

(五)建立节能目标责任制情况,加强节能管理,制定并实施节能计划和节能技术措施情况;

(六)开展节能宣传教育和岗位节能培训情况;

(七)工业节能监察意见落实情况;

(八)法律、法规、规章规定的其他需要开展工业节能监察的事项。

第十一条 对重点用能企业的工业节能监察还包括下列内容:

(一)完成年度工业节能目标情况;

(二)执行能源管理岗位设立和能源管理负责人聘任、培训制度情况;

(三)执行能源利用状况报告制度情况;

(四)建立和实施能源管理体系情况、测量管理体系情况;

(五)开展能源计量审查情况;

(六)法律、法规、规章规定的对重点用能企业其他需要开展工业节能监察的事项。

第十二条 工业节能监察采取现场监察或者书面监察方式。鼓励采用信息化手段开展工业节能监察。

第十三条 实施下列工业节能监察,应当采取现场监察方式:

(一)单位产品能耗限额,用能产品、设备能源效率等强制性国家标准执行情况；

（二）落后的耗能过高的用能产品、设备和生产工艺淘汰制度执行情况；

（三）加强能源计量管理情况；

（四）建立能源消费统计制度情况；

（五）节能监察意见落实情况；

（六）重点用能企业年度工业节能目标完成情况；

（七）法律、法规、规章规定应当采取现场监察的其他事项。

实施前款规定以外事项的工业节能监察，可以采取书面监察方式。

第十四条 实施现场监察的，应当提前5个工作日以书面形式告知被监察单位实施工业节能监察的依据、内容、时间和要求。因查处违法案件、以抽查方式实施的监察，以及依据本办法第十九条规定实施的监察除外。

第十五条 实施现场监察的，工业节能监察人员应当主动向被监察单位出示行政执法证件。未出示行政执法证件或者行政执法证件无效的，被监察单位有权拒绝接受工业节能监察。

第十六条 实施现场监察，可以采取以下措施：

（一）进入有关场所进行勘察、采样、拍照、录音、录像；

（二）查阅、复制或者摘录有关资料；

（三）询问有关人员，要求说明相关事项、提供相关材料；

（四）对用能产品、设备和生产工艺的能源利用状况等进行监测和分析评价；

（五）法律、法规、规章规定可以采取的其他措施。

第十七条 实施现场监察，应当制作现场监察笔录，如实记录监察时间、地点、内容、参加人员、过程等事项，经被监察单位核对无误后签字或者盖章确认。被监察单位拒绝确认的，由2名以上工业节能监察人员在现场监察笔录中注明。

第十八条 实施书面监察，应当以书面形式告知被监察单位监察的依据、内容，列明被监察单位需报送资料的名称、内容、时间和其他要求等。

第十九条 实施书面监察，发现被监察单位所报材料不完整或者存在疑问的，应当要求被监察单位补充或者书面说明；发现所报材料存在隐瞒事实、弄虚作假等行为的，应当实施现场监察。

第二十条 实施工业节能监察，发现被监察单位有违反节能管理有关法律、法规、规章以及强制性国家标准的行为，依法应当给予行政处罚的，按照《中华人民共和国节约能源法》《中华人民共和国行政处罚法》以及其他相关法律、法规、规章的规定处理。

依据前款规定给予被监察单位行政处罚的，应当责令被监察单位改正或者限期改正违法行为。

第二十一条 实施工业节能监察，发现被监察单位有违反节能管理有关法律、法规、规章以及强制性国家标准的行为，但依法可以不予行政处罚的，应当对被监察单位进行教育，责令被监察单位改正或者限期改正违法行为。

第二十二条 限期改正违法行为的期限一般不超过6个月。确需延长改正期限的，经被监察单位申请和工业节能监察部门或者受委托实施工业节能监察的组织批准，可以延长3个月。法律、法规、规章另有规定的，从其规定。

第二十三条 实施工业节能监察，发现被监察单位有不合理用能行为，但未违反节能管理有关法律、法规、规章以及强制性国家标准的，应当依法向被监察单位提出合理用能的监察意见。

第二十四条 工业节能监察部门应当加强工业节能监察能力建设，健全工业节能监察体系。

第二十五条 工业节能监察部门应当加强部门联动，统筹制定工业节能监察年度工作计划。

在同一年度内对同一被监察单位的同一监察事项，不得重复实施工业节能监察，但确认被监察单位落实监察意见、改正违法行为，以及查处违法案件等原因实施的工业节能监察除外。法律、法规、规章另有规定的，从其规定。

第二十六条 工业节能监察部门、受委托实施工业节能监察的组织应当以文字、录像等形式，对工业节能监察进行全过程记录，并按照国家有关规定归档保存。

第二十七条 工业节能监察部门、受委托实施工业节能监察的组织及其工作人员，以及其他参加工业节能监察的机构、人员，对在工业节能监察中知悉的国家秘密、商业秘密或者个人隐私信息，应当依法予以保密。

第二十八条 工业节能监察人员在工业节能监察中滥用职权、玩忽职守、徇私舞弊构成犯罪的，依法追究刑事责任；不构成犯罪的，依法给予处分。

第二十九条 本办法自2023年2月1日起施行。

无线电发射设备管理规定

（2022年12月22日工业和信息化部令第57号公布　自2023年7月1日起施行　国司备字[2023007711]）

第一条 为了加强无线电发射设备管理，防止和减少无线电干扰，维护空中电波秩序,促进无线电技术应用和产业发展,根据《中华人民共和国无线电管理条例》和相关法律、行政法规,制定本规定。

第二条 在中华人民共和国境内研制、生产、进口、销售和维修无线电发射设备,应当遵守本规定。

前款所称无线电发射设备是指为开展各类无线电业务而发射无线电波的设备。

第三条 国家无线电管理机构负责全国无线电发射设备研制、生产、进口、销售和维修活动的监督管理。

省、自治区、直辖市无线电管理机构依照本规定负责本行政区域内无线电发射设备研制、生产、进口、销售和维修活动的监督管理。

国家无线电管理机构和省、自治区、直辖市无线电管理机构统称无线电管理机构。

第四条 研制无线电发射设备使用的无线电频率,应当符合国家无线电频率划分规定。

第五条 生产或者进口在国内销售、使用的无线电发射设备,应当符合产品质量等法律法规、国家标准和国家无线电管理的有关规定。

第六条 生产或者进口在国内销售、使用除微功率短距离无线电发射设备以外的无线电发射设备,应当向国家无线电管理机构申请无线电发射设备型号核准。无线电发射设备型号核准目录由国家无线电管理机构公布。

第七条 申请无线电发射设备型号核准,应当符合下列条件:

(一)申请人有相应的生产能力、技术力量、质量保证体系;

(二)无线电发射设备的工作频率、功率等技术指标符合国家标准和国家无线电管理的有关规定;

(三)法律、行政法规规定的其他条件。

第八条 申请无线电发射设备型号核准,应当向国家无线电管理机构提交下列申请材料,并对申请材料的真实性、完整性负责:

(一)经申请人法定代表人或者其委托人签署的型号核准申请表和承诺书;

(二)加盖申请人签章的营业执照副本、事业单位法人证书复印件或者组织机构证明材料(后者仅限境外申请人);

(三)与无线电发射设备生产相适应的生产能力、技术力量和质量保证体系说明材料;

(四)无线电发射设备使用说明(含电子显示的说明)、技术手册、彩色照片,以及与无线电发射和接收功能相关的电路图、电路原理方框图、关键射频元器件清单；

（五）法律、行政法规规定的其他材料。

第九条 国家无线电管理机构应当依法对申请型号核准的无线电发射设备是否符合本规定第七条规定的条件进行审查，并自受理申请之日起 15 个工作日内作出核准或者不予核准的决定。予以核准的，核发纸质或者电子型号核准证；不予核准的，书面通知申请人并说明理由。电子型号核准证与纸质型号核准证具有同等效力。

型号核准证应当载明申请人名称、设备名称、设备型号、核定的主要技术指标、型号核准代码、发证机关、发证日期、型号核准有效期等内容。

型号核准证的有效期不短于 2 年，不超过 5 年，但因无线电频率规划调整以及频率使用许可期限另有要求的除外。

第十条 国家无线电管理机构可以委托省、自治区、直辖市无线电管理机构对申请型号核准的无线电发射设备是否符合本规定第七条第二项规定的条件进行技术检测。

受委托的省、自治区、直辖市无线电管理机构应当按照政府购买服务有关法律法规的要求确定检测机构，并在国家无线电管理机构规定的时限内组织开展技术检测，提交检测报告。

无线电管理机构组织开展无线电发射设备技术检测，不得收取任何费用，所需时间不计算在本规定第九条第一款规定的期限内，但应当将所需时间书面告知申请人。

组织开展无线电发射设备技术检测所需时间包括样品寄递、运输、调试、测试时间。

因测试样品质量或者体积过大等原因不便寄递的，申请人应当与检测机构协商进行现场测试。

第十一条 条件完备、具有良好质量管理水平和信用的申请人，可以在作出相关承诺的前提下，免于提交本规定第八条第三项规定的材料；除网络安全等特殊检测项目外，可以采用申请人检测报告替代本规定第十条规定的检测报告。具体实施办法另行制定。

第十二条 型号核准证有效期届满需要延续的，应当在有效期届满 30 日前向国家无线电管理机构申请延续。

国家无线电管理机构依照本规定进行审查，在有效期届满前作出是否准予延续的决定。准予延续的，收回原型号核准证并换发新型号核准证，型号核准代码保持不变；不予延续的，书面告知申请人并说明理由。

型号核准证每次延续的有效期不超过 5 年。

第十三条 型号核准证需要变更的，应当依据有关规定向国家无线电管理机构提出变更申请。符合有关规定的，国家无线电管理机构应当依法办理变更手续。

第十四条 取得无线电发射设备型号核准的，应当保证在型号核准证有效期内无线电发射设备生产能力、技术力量、质量水平不降低，无线电发射设备技术参数与型号核准证核定的指标相一致。

第十五条 型号核准代码应当在无线电发射设备上标注或者采用电子形式显示。确因设备尺寸过小等原因无法标注或者显示型号核准代码的，应当在设备的独立外包装或者使用说明中标注。

国家无线电管理机构制定发布无线电发射设备型号核准代码编码规则。申请人可以按照编码规则自主编制型号核准代码，但在无线电发射设备取得型号核准前不得在国内销售、使用。

第十六条 国家无线电管理机构定期向社会公布核发的无线电发射设备型号核准信息，接受社会监督。

第十七条 无线电发射设备型号核准证或者型号核准代码不得涂改、倒卖、出租、出借或者以其他形式非法转让。

第十八条 进口应当取得型号核准的无线电发射设备，货物收货人、携带无线电发射设备入境的人员、寄递无线电发射设备的收件人应当依法向海关申报，凭型号核准证向海关办理通关手续。

第十九条 携带、寄递或者以其他方式运输应当取得型号核准而未取得型号核准的无线电发射设备临时进关的，应当按照下列途径报经无线电管理机构批准，凭临时进关批准文件向海关办理通关手续：

（一）用于体育比赛、科学实验、产品研发测试等活动的，向进关所在地的省、自治区、直辖市无线电管理机构提出申请；

（二）用于办理型号核准的，向国家无线电管理机构提出申请。

第二十条 申请临时进关批准文件应当符合以下条件：

（一）申请临时进关的无线电发射设备具有明确具体、合法的用途；

（二）无线电发射设备的工作频率、功率等技术指标符合国家标准和国家无线电管理的有关规定；

（三）法律、行政法规规定的其他条件。

第二十一条 申请临时进关批准文件，应当向无线电管理机构提交下列申请材料，并对申请材料的真实性、完整性负责：

（一）经申请人法定代表人或者委托人签署的无线电发射设备进关核准申请表；

（二）加盖申请人签章的营业执照副本、事业单位法人证书复印件或者组织机构证明材料（后者仅限境外申请人）；

（三）临时进关合同或者设备运单；

（四）无线电发射设备在有效期届满前复运出境的承诺书；

（五）法律、行政法规规定的其他材料。

第二十二条 无线电管理机构应当自受理临时进关申请之日起 20 个工作日内作出批准或者不予批准的决定。予以批准的，签发批准文件；不予批准的，应当书面通知申请人并说明理由。

临时进关批准文件有效期不超过 6 个月。有效期届满的，应当按照规定及时复运出境。

第二十三条 销售应当取得型号核准的无线电发射设备的，应当向省、自治区、直辖市无线电管理机构办理销售备案。备案信息应当真实、有效并及时更新。

第二十四条 维修应当取得型号核准的无线电发射设备的，不得改变型号核准证核定的技术指标。

第二十五条 生产或者进口在国内销售、使用的微功率短距离无线电发射设备，应当符合国家无线电管理机构的有关规定和技术要求，在微功率短距离无线电发射设备及使用说明中标注微功率短距离无线电发射设备的专用标识。专用标识标注方式和样式另行制定。

微功率短距离无线电发射设备使用说明中应当注明“使用微功率短距离无线电发射设备应当符合国家无线电管理有关规定”字样。

第二十六条 研制、生产、销售和维修大功率无线电发射设备，应当采取加装滤波器、安装屏蔽设备以及更换电子元器件等措施有效抑制电波发射，不得对依法设置、使用的无线电台（站）产生有害干扰。产生有害干扰的，应当立即停止电波发射。进行实效发射试验的，应当依法办理临时设置、使用无线电台（站）手续。

第二十七条 无线电管理机构应当加强对研制、生产、进口、销售和维修无线电发射设备的监督检查，建立和完善随机抽查监督管理制度，随机选派检查人员，随机抽取被检查对象，及时向社会公布抽查事项目录、抽查情况和查处结果。

被检查对象应当配合无线电管理机构的监督检查，如实提供有关情况及材料。

第二十八条 无线电管理机构及其工作人员应当对在履行职责中知悉的商业秘密和个人隐私信息严格保密，不得泄露或者非法向他人提供。

第二十九条 研制、生产、进口、销售、维修无线电发射设备违反本规定的，由无线电管理机构责令改正，依照《中华人民共和国行政许可法》《中华人民共和国无线电管理条例》等法律、行政法规予以处罚。

生产、销售无线电发射设备违反产品质量管理法律法规的，由市场监督管理部门依法处罚；进口、携带、寄递或者以其他方式运输无线电发射设备入境，违反海关监管法律法规的，由海关依法处罚。

构成违反治安管理行为的，依法给予治安管理处罚；构成犯罪的，依法追究刑事责任。

第三十条 无线电管理机构及其工作人员不依照《中华人民共和国无线电管理条例》和本规定履行职责的，对负有责任的领导人员和其他直接责任人员依法给予处分。

第三十一条 使用无线电发射设备，应当遵守无线电台（站）管理的相关规定，国家另有规定的，从其规定。

第三十二条 本规定自 2023 年 7 月 1 日起施行。

水利工程供水定价成本监审办法

（2022 年 12 月 22 日国家发展和改革委员会令第 55 号公布　自 2023 年 4 月 1 日起施行　国司备字[2023007749]）

第一章　总　　则

第一条 为加强水利工程供水成本监管，规范定价成本监审行为，提高政府价格监管的科学性、合理性和透明度，促进水利工程良性运行、水利事业健康发展，根据《中华人民共和国价格法》和《政府制定价格成本监审办法》（国家发展改革委 2017 年第 8 号令）等有关规定，制定本办法。

第二条 本办法适用于国务院价格主管部门对实行政府定价的中央直属及跨省（自治区、直辖市）重大水利工程供水经营者（以下简称“供水经营者”）实施定价成本监审的行为。

第三条 本办法所称水利工程供水定价成本，是指供水经营者通过拦、蓄、引、提等水利工程设施提供天然水过程中发生的合理费用支出。

第四条 水利工程供水定价成本监审应当遵循以下原则：

（一）合法性原则。计入定价成本的费用应当符合《中华人民共和国会计法》等有关法律法规、国家有关财务会计制度、价格监管制度等规定。

（二）相关性原则。计入定价成本的费用，应当与水利工程供水生产经营活动相关。

（三）合理性原则。计入定价成本的费用，应当反映水利工程供水生产经营活动正常需要，并按照合理方法和合理标准核算；影响定价成本水平的主要技术、经济指标，应当符合行业标准或者社会公允水平。

第五条 核定水利工程供水定价成本，应当以监审期间经会计师事务所审计或者政府有关部门审核的年度财务报告、会计凭证、账簿，以及水量统计报表、水利工程投资、生产运行、政府审批核准文件等相关资料为基础。

第六条 水利工程供水定价成本监审周期原则上为 5 年。首次成本监审，监审期根据实际运营年度及工程运行情况合理确定。

第七条 供水经营者应当积极配合做好成本监审工作，如实客观反映情况，并按照要求提供财务报告、会计凭证、账簿、科目汇总表等相关文件资料和电子数据。

第八条 供水经营者应当按照本办法要求，建立健全供水业务成本核算制度，完整准确记录并单独核算各类供水业务的生产经营成本和收入情况，并于每年 4 月底前向国务院价格主管部门和国务院水行政主管部门报送。

第二章　定价成本构成

第九条 水利工程供水定价成本包括固定资产折旧费、无形资产摊销费、运行维护费和纳入定价成本的相关税金。其中，运行维护费包括：材料费、修理费、大修理费、职工薪酬、管理费用、销售费用、其他运行维护费，以及供水经营者为保障本区域供水服务购入原水的费用。

第十条 固定资产折旧费指与水利工程供水相关的可计提折旧的固定资产按照规定的折旧年限和方法计提的费用。

第十一条 无形资产摊销费指供水经营者持有的与水利工程供水相关的无形资产按照规定的年限和方法计提的费用。

第十二条 材料费指水利工程供水运行维护过程中实际消耗的原材料、辅助材料、备品备件、燃料动力以及其他直接材料的费用。

第十三条 修理费指为维持水利工程正常运行所进行的修理和维护活动发生的费用。

大修理费指为恢复或提升固定资产的性能、延长固定资产使用年限，对其进行较大规模修理发生的费用。

第十四条 职工薪酬指供水经营者从事水利工程运行维护、经营管理人员的工资、奖金等各种形式的报酬以及其他相关费用。具体包括：职工工资（基本工资、奖金、津贴和补贴）；职工福利费；基本养老保险费、基本医疗保险费、失业保险费、工伤保险费和生育保险费等社会保险费，以及按照法律法规规定为职工缴纳的补充养老保险费（年金）和补充医疗保险费；住房公积金和补充住房公积金；工会经费和职工教育经费；符合政策规定的离退休费用等。

劳务派遣、临时用工性质的用工支出未包含在工资总额内的，在不超过国家有关规定的范围内按照实际发生数核定。

第十五条 销售费用指供水经营者在供水销售过程中发生的费用，包括运输费、资料费、包装费、保险费、租赁费、销售服务费、代办手续费等。

第十六条 管理费用指供水经营者管理部门为组织和管理供水经营发生的费用，包括办公费、差旅费、业务招待费、印刷费、水电费、取暖费、会议费、培训费、公安消防费、低值易耗品摊销、土地使用费、物业管理费等。

第十七条 其他运行维护费指水利工程运行维护过程中发生的除上述费用之外的水质检测费、水文水工观测费、研发费用、安全生产费用、劳务费、劳动保护费、生产用车使用费、委托业务费、临时设施费和应急保供任务发生费用、安全鉴定及检测费用等。

第十八条 纳入定价成本的相关税金包括车船使用税、房产税、土地使用税和印花税。

第三章 定价成本核定

第十九条 固定资产折旧费。按照核定的监审期间最末一年可计提折旧的固定资产原值、规定的折旧年限，采用年限平均法分类核定。

（一）可计提折旧的固定资产。指履行必要审批手续购买、建设的与水利工程供水业务相关的资产，以及政府无偿划拨的供水业务相关资产，不包括供水经营者开办的多种经营企业及“三产”等与供水业务无关的资产。

固定资产原值遵循历史成本原则核定。按照规定进行过清产核资的，根据财政或国有资产监督管理部门认定的各类固定资产价值核定；未实际投入使用的、不能提供固定资产价值有效证明的或者社会无偿投入的固定资产，以及固定资产评估增值的部分不计提折旧。

（二）固定资产折旧费按照核定的固定资产原值分类确定。折旧年限根据固定资产的性质、设计使用年限和行业规范，并考虑资产使用状况合理核定，各类固定资产折旧年限不低于附件规定的折旧年限。固定资产残值率按附件规定的残值率核定。供水经营者实际固定资产折旧年限高于本办法规定的折旧年限,按实际折旧年限核定。已计提完折旧仍在使用的固定资产不再计提折旧费用。

第二十条 无形资产摊销费。计入定价成本的无形资产摊销费按照核定的监审期间最末一年无形资产原值、规定的摊销年限,采用直线摊销法核定。土地使用权费已计入地面建筑物价值且无法分离的,随建筑物提取折旧;专利权等其他无形资产,按照受益年限摊销,没有明确受益年限的按 10 年摊销。

第二十一条 材料费、修理费。按照保障水利工程供水设施正常运行的原则,根据剔除不合理因素后的监审期间平均值核定。材料费和修理费用合计原则上不得超过监审期内每年固定资产原值期末数平均值的 2%。

第二十二条 大修理费。大修理费按照剔除不合理因素后的监审期间平均值核定;数额较大的,可按照一定年限分摊计入定价成本。其中,供水经营者为事业单位的,可根据水利工程老化状况,按照不超过监审期间最末一年固定资产原值的 1.5%核定大修理费;对于老化比较严重、运营存在较大困难的水利工程,大修理费计提比例可以在不超过 4%的范围内适当提高。

事业单位供水经营者计提大修理费的,应当单独设置账户归集并记录大修理相关支出情况。大修理费专款专用于工程修理维护;有用于其他用途的,大修理费不得计入定价成本,以往年度计提的大修理费也应当从定价成本中冲减。

第二十三条 原水费。按照监审期间实际发生费用平均值计入定价成本。原水费明显过高的可以对提供原水的单位进行成本调查并予以核定。

第二十四条 职工薪酬。职工工资原则上按照监审期间最末一年的实际值核定。政府有关部门对供水经营者进行工资管理的,职工工资总额不得超过政府有关部门核定的数值;政府有关部门没有进行工资管理的,职工平均工资按照不超过统计部门统计的当地水利管理行业或相关行业职工平均工资水平核定。职工人数按照实际在岗职工人数核定,政府有关部门有明确规定的,不得超过其规定人数。因解除与职工劳动关系所给予的补偿,按照一定年限分摊计入相应科目。

工会经费、职工教育经费、职工福利费、社会保险费(包括补充医疗和补充养老保险)、住房公积金,计算基数原则上按照监审期间最末一年实缴基数核定,但不得超过核定的工资总额和当地政府规定的基数,计提比例不高于国家或地方规定的比例。

第二十五条 销售费用、管理费用。按照保障水利工程供水设施正常运行的原则,根据剔除不合理因素后的监审期间平均值核定。销售费用和管理费用不包含固定资产折旧费、无形资产摊销费和职工薪酬。

第二十六条 其他运行维护费。根据剔除不合理因素后的监审期间平均值核定。

第二十七条 纳入定价成本的相关税金。按照现行国家税法规定计算的监审期间平均值核定。

第二十八条 下列费用不得计入定价成本:

(一)不符合《中华人民共和国会计法》等有关法律、行政法规、财务制度和国家统一的会计制度规定的费用,以及价格监管制度等的费用;

(二)与水利工程供水生产经营过程无关的费用;

(三)虽与水利工程供水生产经营过程有关,但有专项资金来源予以补偿的费用;

(四)固定资产盘亏、毁损、闲置和出售的净损失;

(五)向上级公司或者管理部门上交的利润性质的管理费用、代上级公司或者管理部门缴纳的各项费用、向出资人支付的利润分成以及对附属单位的补助支出等;

(六)各类捐赠、赞助、滞纳金、违约金、罚款,以及计提的准备金;

(七)各类广告、宣传费用(不包括安全警示宣传费用);

(八)其他不合理费用。

第四章 定价成本的归集和分摊

第二十九条 水利工程供水成本分类归集,不能直接归集的,按照要求在各类业务之间进行分摊。长距离引调水水利工程成本按照“受益者分摊”的原则,分区段或口门归集分摊。

第三十条 供水经营者应当采取合理方法分别核定经营性业务成本和公益性业务成本。

供水经营者单独核算公益性业务和经营性业务且相关成本费用核算分摊合理的,按照供水经营者核算值确定公益性和经营性业务成本;未单独核算或者成本费用分摊不合理的,按照库容量等对总成本进行分摊,并核定公益性成本(防洪、排涝等)和经营性成本。

$$\text{公益性成本}=\text{总成本}\times\frac{\text{防洪库容}}{\text{死库容}+\text{兴利库容}+\text{防洪库容}}$$

$$\text{经营性成本}=\text{总成本}\times\frac{\text{死库容}+\text{兴利库容}}{\text{死库容}+\text{兴利库容}+\text{防洪库容}}$$

其中,总成本是指核定的未剔除政府补助部分的总成本,包含公共基础设施计提折旧。

第三十一条 水利工程供水成本中由政府投入形成的部分，应当区分供水经营者属性，按照顺序冲减各类业务成本。

（一）供水经营者为事业单位的，财政补助形成固定资产、无形资产及当期费用的，计入成本的部分先冲减公益性成本再冲减经营性成本。

（二）供水经营者为企业的，供水经营者获得的与水利工程有关的政府投资和补助补贴（形成政府资本金的除外）形成固定资产、无形资产和当期费用的，计入定价成本的部分冲减水利工程总成本。

第三十二条 供水经营者供水同时也有发电业务的，发电业务和供水业务按照监审期间应收平均收入比例分摊经营性成本。

$$\text{发电业务成本}=\text{经营性成本}\times\frac{\text{监审期间平均发电业务收入}}{\text{监审期间平均发电和供水业务收入}}$$

$$\text{供水业务成本}=\text{经营性成本}-\text{发电业务成本}$$

第三十三条 其他业务成本应当单独核算，不计入供水成本。其他业务与水利工程供水业务共同使用资产、人员或者统一支付费用，依托主营业务从事生产经营活动，以及因从事主营业务而获得政府优惠政策，不能单独核算或者核算成本不合理的，应当将其他业务收入按照一定比例冲减供水成本。

第三十四条 供水力发电用水和生态用水业务收入应当冲减供水业务成本。

第三十五条 水利工程供水定价成本以供水经营者为单位核定，水利工程供水定价不以供水经营者为单位定价的，相关定价成本应当结合定价需要合理确定成本核定单位。

第三十六条 核定售水量为监审期间年平均售水量，有设计供水量的工程，监审周期年平均售水总量低于工程设计供水量60%的，按设计供水量的60%确定。有供水力发电用水和生态用水的，相应水量予以剔除。新建工程在达产过程中，核定售水量按监审期间最末两年平均售水量且不低于设计供水量的60%确定。原有工程因上游来水、用水需求发生较大变化导致实际售水量较多低于设计供水量的，可视情调整核定售水量，保障工程运行维护需要。

第五章 供水有效资产的核定

第三十七条 可计提收益的供水有效资产为供水经营者投入且与供水业务相关的允许计提投资回报的资产，包括固定资产净值、无形资产净值和营运资本。以下资产不得纳入可计提收益的供水有效资产范围：

（一）与供水业务无关的资产；

（二）未投入实际使用的资产；

（三）不能提供价值有效证明的资产；

（四）由用户或政府无偿移交、社会无偿投入及除政府资本金注入之外的其他政府投资和补助补贴的资产；

（五）1994 年财政部清产核资资产价值重估之后评估增值部分的资产；

（六）其他不应当计提收益的固定资产、无形资产和营运资本。

第三十八条 可计提收益的固定资产（无形资产）净值，暂按监审期间最末一年可计提收益的固定资产（无形资产）原值减去核定的累计折旧额（摊销额）核定。自本办法实施后该水利工程第二个监审周期起，按监审期间最末一年可计提收益的固定资产（无形资产）原值所对应的账面净值核定。

第三十九条 可计提收益的营运资本，指供水经营者为提供供水服务，除固定资产和无形资产投资以外的正常运营所需要的周转资金。营运资本按照不高于核定的运行维护费（扣除原水费）除以监审期间最末一年流动资产周转次数核定。

第六章　经营者责任

第四十条 供水经营者应当自收到成本监审书面通知之日起 20 个工作日内，提供定价成本监审所需资料，并对资料的真实性、合法性、完整性负责。所需资料应当包括下列内容：

（一）经会计师事务所审计或者政府有关部门审核的年度财务报告，以及手续齐备的会计凭证、账簿，费用支出、收入明细账，监审期间内各年末最末级科目余额表；

（二）按照要求和规定表式填报的成本报表，主要成本项目的核算方法、成本费用分摊方法及相关依据；

（三）渠首供水量、最末端计量点实际供水量、产权分界点或交水断面计量售水量以及水量相关的统计报表；

（四）营业执照或准许经营许可证等能够说明经营范围的相关证明材料；

（五）水利工程设施分布、结构、规划示意图；

（六）成本监审所需的其他资料。

第四十一条 供水经营者应当按照成本监审要求，向监审人员开放查询各类资料的权限，及时提供情况，反馈意见。供水经营者拒绝提供、未在规定时间内提供、虚假或不完整提供成本监审所需资料的，国务院价格主管部门责令限期改正,到期未改正的,可按照从低原则核定定价成本,由此产生的定价成本减少不能在以后成本监审周期内进行弥补。

第七章　附　　则

第四十二条　各省(自治区、直辖市)价格主管部门可以参照本办法,对本省(自治区、直辖市)骨干水利工程供水经营者实施定价成本监审,或商水行政主管部门参照本办法并结合本地实际情况,制定本省(自治区、直辖市)水利工程供水定价成本监审办法。

第四十三条　本办法由国务院价格主管部门负责解释。

第四十四条　本办法自2023年4月1日起施行。本办法发布前国家发展改革委、水利部有关规定与本办法不符的,以本办法为准。国家发展改革委、水利部2006年发布的《水利工程供水定价成本监审办法(试行)》(发改价格〔2006〕310号)同时废止。

附件:水利工程固定资产折旧年限表

附件

水利工程固定资产折旧年限表

<table>
<tr><th rowspan="2">建筑物类别</th><th colspan="2">折旧年限(年)</th><th rowspan="2">残值率</th></tr>
<tr><th>大型</th><th>中小型</th></tr>
<tr><td>坝、闸建筑物</td><td rowspan="2">100</td><td rowspan="2">50</td><td rowspan="6">0%</td></tr>
<tr><td>溢洪设施、泄洪、放水管洞建筑物</td></tr>
<tr><td>引水、灌排渠道、管网</td><td rowspan="3">50</td><td rowspan="3">30</td></tr>
<tr><td>发电建筑物</td></tr>
<tr><td>堤防、供水泵站</td></tr>
<tr><td>灌溉渠道、灌排建筑物</td><td>30</td><td>30</td></tr>
</table>

注:1. 其他未列明的固定资产按照《水利建设项目经济评价规范》(SL72-2013)规定的折旧年限执行,残值率5%。

2. 坝、闸建筑物不包括定向爆破坝、橡胶坝。

3. 建筑物级别根据相关工程决算报告中规定的级别认定。

水利工程供水价格管理办法

（2022年12月22日国家发展和改革委员会令第54号公布　自2023年4月1日起施行　国司备字[2023007748]）

第一章　总　　则

第一条　为科学合理核定水利工程供水价格，完善水利工程供水定价机制，促进水资源节约、保护和合理利用，促进水利工程良性运行、水利事业健康发展，保障国家水安全，根据《中华人民共和国价格法》《中华人民共和国水法》以及《政府制定价格行为规则》等法律法规规定，制定本办法。

第二条　本办法适用于中华人民共和国境内制定和调整中央直属及跨省（自治区、直辖市）重大水利工程供水价格的行为。

第三条　本办法所称水利工程供水价格，是指水利工程供水经营者通过拦、蓄、引、提等水利工程设施销售的天然水价格。

第四条　中央直属及跨省（自治区、直辖市）水利工程供水价格原则上实行政府定价，由国务院价格主管部门制定和调整。鼓励有条件的水利工程由供需双方协商确定价格，或通过招投标等公开公平竞争形成价格。

第五条　制定和调整水利工程供水价格遵循以下原则：

（一）激励约束并重。按照“准许成本加合理收益”的方法核定水利工程供水价格，强化成本约束的同时，合理确定投资回报，促进水利工程良性运行。

（二）用户公平负担。区分供水经营者类别和性质，科学归集和分摊不同功能类型和供水类别的成本，统筹考虑用户承受能力，兼顾其他公共政策目标，确定供水价格。

（三）发挥市场作用。与水利投融资体制机制改革相适应，充分发挥价格杠杆作用，鼓励和引导社会资本参与水利工程建设和运营，为扩大市场化融资规模创造条件。

第六条　水利工程供水价格原则上以水利工程供水经营者为单位核定。同一水利工程供水经营者所属的多个工程供水价格统一核定，其中多个工程向不同区域供水且区域差异较大的，可分别定价。同一水利工程向不同区域供水且成本差异较大的，可按区域分别定价。

第七条　水利工程供水价格以准许收入为基础核定，具体根据工程情况分类确定。政府投入实行保本或微利，社会资本投入收益率适当高一些。少数国家重大水利工程根据实际情况，供水价格可按照保障工程正常运行和满足还贷需要制定。

第八条 水利工程供水价格监管周期为5年。如监管周期内工程投资、供水量、成本等发生重大变化，可以提前校核调整。

第九条 水利工程供水实行分类定价，按供水对象分为农业用水价格和非农业用水价格。农业用水是指由水利工程直接供应的粮食作物、经济作物和水产养殖等用水；非农业用水是指由水利工程直接供应的除农业用水外的其他用水，其中供水力发电用水和生态用水价格由供需双方协商确定，生态用水价格参考供水成本协商。

第二章 准许收入的确定

第十条 供水经营者供水业务的准许收入由准许成本、准许收益和税金构成。其中，按满足运行还贷需要制定水价的工程，准许收入原则上按照补偿工程运行维护费用和贷款本息确定。

第十一条 准许成本包括固定资产折旧费、无形资产摊销费和运行维护费等，由国务院价格主管部门按照《政府制定价格成本监审办法》《水利工程供水定价成本监审办法》等通过成本监审核定。

第十二条 准许收益按可计提收益的供水有效资产乘以准许收益率计算确定。

（一）可计提收益的供水有效资产为成本监审核定的由供水经营者投入且与供水业务相关的允许计提投资回报的资产，包括固定资产净值、无形资产净值和营运资本。

（二）准许收益率按权益资本收益率和债务资本收益率加权平均确定。计算公式为：

准许收益率=权益资本收益率×（1-资产负债率）+债务资本收益率×资产负债率

区分社会资本投入和政府资本金注入形成的供水有效资产，分别确定权益资本收益率。社会资本投入形成的供水有效资产，权益资本收益率综合考虑工程运行状况、供水结构、下游用户承受能力等因素，按监管周期初始年前一年国家10年期国债平均收益率加不超过4个百分点确定；政府资本金注入形成的供水有效资产，权益资本收益率按不超过监管周期初始年前一年国家10年期国债平均收益率确定。

债务资本收益率参考供水经营者实际融资结构，如实际贷款利率高于监管周期初始年前一年贷款(5 年期以上)市场报价利率(LPR),按照市场报价利率核定;如实际贷款利率低于市场报价利率,按照实际贷款利率加二者差额的 50%核定。

资产负债率参照监管周期初始年前 5 年供水经营者实际资产负债率平均值核定,首次核定价格的,以开展成本监审时的前一年度财务数据核定。

第十三条 税金包括所得税、城市维护建设税、教育费附加,依据国家现行相关税法规定核定。

第三章 价格制定和调整

第十四条 供水价格按供水业务准许收入除以计价点核定售水量确定。综合考虑农业、非农业用水状况和用户承受能力等,国务院价格主管部门制定供农业用水和非农业用水价格,其中供农业用水权益资本收益率适当低一些。

核定售水量为上一监管周期年平均售水量,有设计供水量的工程,上一监管周期年平均售水总量低于工程设计供水量 60%的,按设计供水量的 60%确定。有供水力发电用水和生态用水的,相应水量予以剔除。核定农业售水量和非农业售水量按照上一监管周期年平均农业和非农业实际售水量的比例确定。新建工程在达产过程中,核定售水量按上一监管周期最末两年平均售水量且不低于设计供水量的 60%确定。原有工程因上游来水、用水需求发生较大变化导致实际售水量较多低于设计供水量的,可视情调整核定售水量,保障工程运行维护需要。实际农业售水量超过上一监管周期核定农业售水量的部分,可适当上浮供农业用水价格。

供水价格不含增值税,增值税根据实际执行税率另行计算。

第十五条 国务院价格主管部门综合考虑供水成本、市场供求状况、国民经济与社会发展要求以及用户承受能力等,合理制定水利工程供水价格。价格调整幅度较大时,可分步调整到位。

第十六条 长距离引调水工程供水价格按照“受益者分摊”的原则,兼顾地区差异,分区段或口门制定。

第十七条 新建水利工程运行初期的供水价格,由国务院价格主管部门依据经批复的可行性研究报告、初步设计的成本参数及设计供水量确定,保障工程正常运行;可行性研究报告、初步设计的成本参数与成本监审有关规定不一致的,按成本监审有关规定进行调整。具备成本监审条件后,由国务院价格主管部门开展成本监审,制定供水价格。

第十八条 新建重大水利工程实行基本水价和计量水价相结合的两部制

水价,原有工程具备条件的可实行两部制水价。基本水价按照适当补偿工程基本运行维护费用、合理偿还贷款本息的原则核定,原则上不超过综合水价的50%。

新建工程的基本水费按设计供水量收取,原有工程按核定售水量收取;计量水费按计价点的实际售水量收取。

第十九条 供水水源受季节影响较大的水利工程,供水价格可实行季节水价。

第二十条 除向水力发电、生态用水、城乡供水企业供水以外,水利工程向终端用水户直接供水的,应当实行定额管理,超定额用水实行累进加价。

第四章 定调价程序和信息公开

第二十一条 水利工程供水价格的制定和调整,由国务院价格主管部门依职责实施。水利工程供水经营者可通过国务院水行政主管部门向国务院价格主管部门提出定调价建议,或直接向国务院价格主管部门提出定调价建议,同时抄报国务院水行政主管部门。

第二十二条 国务院价格主管部门制定和调整水利工程供水价格,应当开展成本监审,其结果作为制定和调整供水价格的基本依据。

第二十三条 水利工程供水经营者应当配合国务院价格主管部门的价格制定和调整工作,如实提供生产经营及成本情况,并对提供资料的真实性、合法性、完整性负责。无正当理由拒绝、延迟提供相关资料,或者提供虚假资料的,国务院价格主管部门责令限期改正;故意瞒报、虚报相关信息并获得不当收益的,在下一次价格校核时进行追溯,视情采取降低准许收益率等措施。

第二十四条 国务院价格主管部门制定和调整水利工程供水价格,应当通过门户网站等形式向社会公开价格水平等相关信息。

第五章 水价执行

第二十五条 水利工程供水应当实行价格公示制度。水利工程供水经营者必须严格执行国家水价政策,并向社会公开供水价格。

第二十六条 水利工程供水实行按量计价,一般以产权分界点或交水断面的计量售水量作为计价点售水量。水利工程供水经营者应当完善供水计量设施并定期进行率定,主动向用户公开计量数据。

第二十七条 用户应当按照规定的计量标准和水价标准按期交纳水费。用户逾期不交纳水费的,应当按照约定支付违约金。

第六章　附　　则

第二十八条　新建水利工程应当在项目前期工作阶段，由项目法人、供水经营者或其出资人代表与用户代表或用户所在县级及以上人民政府授权代表签订框架协议，就水价测算边界条件进行约定，包括准许收益率等关键参数取值、两部制水价设置等，并抄报国务院价格主管部门和水行政主管部门。

第二十九条　各省（自治区、直辖市）价格主管部门可以参照本办法，对本省（自治区、直辖市）骨干水利工程供水价格进行管理，或商水行政主管部门参照本办法并结合本地实际情况，制定本省（自治区、直辖市）水利工程供水价格管理办法。

第三十条　本办法由国务院价格主管部门负责解释。

第三十一条　本办法自2023年4月1日起施行。本办法发布前国家发展改革委、水利部有关规定与本办法不符的，以本办法为准。国家发展改革委、水利部2003年发布的《水利工程供水价格管理办法》（国家发展改革委、水利部2003年第4号令）同时废止。

银行保险监管统计管理办法

（2022年12月25日中国银行保险监督管理委员会令2022年第10号公布　自2023年2月1日起施行　国司备字[2023007650]）

第一章　总　　则

第一条　为加强银行业保险业监管统计管理，规范监管统计行为，提升监管统计质效，落实统计监督职能，促进科学监管和行业平稳健康发展，根据《中华人民共和国银行业监督管理法》《中华人民共和国保险法》《中华人民共和国商业银行法》《中华人民共和国统计法》《中华人民共和国数据安全法》等法律法规，制定本办法。

第二条　本办法所称银行保险机构，是指在中华人民共和国境内依法设立的商业银行、农村信用合作社等吸收公众存款的金融机构以及政策性银行、金融资产管理公司、金融租赁公司、理财公司、保险集团（控股）公司、保险公司和保险资产管理公司等。

第三条　本办法所称监管统计，是指银保监会及其派出机构组织实施的以银行保险机构为对象的统计调查、统计分析、统计信息服务、统计管理和统计监督检查等活动,以及银行保险机构为落实相关监管要求开展的各类统计活动。

本办法所称监管统计资料,是指依据银保监会及其派出机构监管统计要求采集的,反映银行保险机构经营情况和风险状况的数据、报表、报告等。

第四条 监管统计工作遵循统一规范、准确及时、科学严谨、实事求是的原则。

第五条 银保监会对银行保险监管统计工作实行统一领导、分级管理的管理体制。银保监会派出机构负责辖内银行保险机构监管统计工作。

第六条 银保监会及其派出机构、银行保险机构应不断提高监管统计信息化水平,充分合理利用先进信息技术,满足监管统计工作需要。

第七条 监管统计工作及资料管理应严格遵循保密、网络安全、数据安全、个人信息保护等有关法律法规、监管规章和标准规范。相关单位和个人应依法依规严格予以保密,保障监管统计数据安全。

第二章 监管统计管理机构

第八条 银保监会统计部门对监管统计工作实行归口管理,履行下列职责:

(一)组织制定监管统计管理制度、监管统计业务制度、监管数据标准和数据安全制度等有关工作制度;

(二)组织开展监管统计调查和统计分析;

(三)收集、编制和管理监管统计数据;

(四)按照有关规定定期公布监管统计资料;

(五)组织开展监管统计监督检查和业务培训;

(六)推动监管统计信息系统建设;

(七)组织开展监管统计数据安全保护相关工作;

(八)为满足监管统计需要开展的其他工作。

第九条 银保监会相关部门配合统计部门做好监管统计工作,履行下列职责:

(一)参与制定监管统计管理制度、监管统计业务制度和监管数据标准;

(二)指导督促银行保险机构执行监管统计制度、加强监管统计管理和提高监管统计质量;

(三)依据监管责任划分和有关规定,审核所辖银行保险机构监管统计数据；

（四）落实监管统计数据安全保护相关工作；

（五）为满足监管统计需要开展的其他工作。

第十条 银保监会派出机构贯彻银保监会监管统计制度、标准和有关工作要求。派出机构统计部门在辖区内履行本办法第八条第（二）至（八）款之规定职责，以及制定辖区监管统计制度；相关部门履行本办法第九条之规定职责。

第三章 监管统计调查管理

第十一条 银保监会及其派出机构开展监管统计调查应充分评估其必要性、可行性和科学性，合理控制数量，不必要的应及时清理。

第十二条 监管统计调查按照统计方式和期限，分为常规统计调查和临时统计调查。

常规统计调查以固定的制式、内容、频次定期收集监管统计资料，由银保监会归口管理部门统一管理。开展监管统计常规调查，应同时配套制定监管统计业务制度。

临时统计调查以灵活的制式、内容、频次收集监管统计资料，有效期限原则上不超过一年，到期后仍需继续采集的，应重新制定下发或转为常规统计调查。

第十三条 派出机构开展辖内银行保险机构临时统计调查，相关统计报表和统计要求等情况应报上一级统计部门备案。

第十四条 银保监会及其派出机构应建立健全监管统计资料管理机制和流程，规范资料的审核、整理、保存、查询、使用、共享和信息服务等事项，采取必要的管理手段和技术措施，强化监管统计资料安全管理。

第十五条 银保监会建立统计信息公布机制，依法依规定期向公众公布银行保险监管统计资料。派出机构根据银保监会规定和授权，建立辖内统计信息公布机制。

第四章 银行保险机构监管统计管理

第十六条 银行保险机构应按照银保监会及其派出机构要求，完善监管统计数据填报审核工作机制和流程，确保数据的真实性、准确性、及时性、完整性。

银行保险机构应保证同一指标在监管报送与对外披露的一致性。如有重大差异,应及时向银保监会或其派出机构解释说明。

第十七条 银行保险法人机构应将监管统计数据纳入数据治理,建立满足监管统计工作需要的组织架构、工作机制和流程,明确职权和责任,实施问责和激励,评估监管统计管理的有效性和执行情况,推动监管统计工作有效开展和数据质量持续提升,并加强对分支机构监管统计数据质量的监督和管理。

第十八条 银行保险机构法定代表人或主要负责人对监管统计数据质量承担最终责任。

银行保险法人机构及其县级及以上分支机构应分别指定一名高级管理人员(或主要负责人)为监管统计负责人,负责组织部署本机构监管统计工作,保障岗位、人员、薪酬、科技支持等资源配置。

第十九条 银行保险法人机构应明确并授权归口管理部门负责组织、协调和管理本机构监管统计工作,履行下列职责:

(一)组织落实监管统计法规、监管统计标准及有关工作要求;

(二)组织制定满足监管统计要求的内部管理制度和统计业务制度;

(三)组织收集、编制、报送和管理监管统计数据;

(四)组织开展对内部各部门、各分支机构的监管统计管理、考评、检查和培训工作,对不按规定提供或提供虚假监管统计数据的进行责任认定追溯;

(五)推动建设满足监管统计报送工作需要的信息系统;

(六)落实监管统计数据安全保护相关工作;

(七)为满足监管统计需要开展的其他工作。

银行保险法人机构各相关部门应承担与监管统计报送有关的业务规则确认、数据填报和审核、源头数据质量治理等工作职责。

银行保险机构省级、地市级分支机构应明确统计工作部门,地市级以下分支机构应至少指定统计工作团队,负责组织开展本级机构的监管统计工作。

第二十条 银行保险法人机构归口管理部门及其省级分支机构统计工作部门应设置监管统计专职岗位。地市级及以下分支机构可视实际情况设置监管统计专职或兼职岗位。相关岗位均应设立 A、B 角,人员数量、专业能力和激励机制应满足监管统计工作需要。

银行保险法人机构或其县级及以上分支机构应在指定或者变更监管统计负责人、归口管理部门(或统计工作部门、团队)负责人后 10 个工作日内,向银保监会或其派出机构备案。

第二十一条 银行保险机构应及时制定并更新满足监管要求的监管统计内部管理制度和业务制度,在制度制定或发生重大修订后 10 个工作日内向银保监会或其派出机构备案。

管理制度应包括组织领导、部门职责、岗位人员、信息系统保障、数据编制报送、数据质量管控、检查评估、考核评价、问责与激励、资料管理、数据安全保护等方面。

业务制度应全面覆盖常规监管统计数据要求，对统计内容、口径、方法、分工和流程等方面做出统一规定。

第二十二条 银行保险机构应建立包括数据源管理、统计口径管理、日常监控、监督检查、问题整改、考核评价在内的监管统计数据质量全流程管理机制，明确各部门数据质量责任。

第二十三条 银行保险机构应建立满足监管统计工作需要的信息系统，提高数字化水平。

银行保险机构内部业务及管理基础系统等各类信息系统应覆盖监管统计所需各项业务和管理数据。

第二十四条 银行保险机构应加强监管统计资料的存储管理，建立全面、严密的管理流程和归档机制，保证监管统计资料的完整性、连续性、安全性和可追溯性。

银行保险机构向境外机构、组织或个人提供境内采集、存储的监管统计资料，应遵守国家有关法律法规及行业相关规定。

第二十五条 银行保险机构应当充分运用数据分析手段，对本机构监管统计指标变化情况开展统计分析和数据挖掘应用，充分发挥监管统计资料价值。

第五章 监管统计监督管理

第二十六条 银保监会及其派出机构依据有关规定和程序对银行保险机构监管统计工作情况进行监督检查，内容包括：

（一）监管统计法律法规及相关制度的执行；

（二）统计相关组织架构及其管理；

（三）相关岗位人员配置及培训；

（四）内部统计管理制度和统计业务制度建设及其执行情况；

（五）相关统计信息系统建设，以及统计信息系统完备性和安全性情况；

（六）监管统计数据质量及其管理；

（七）监管统计资料管理；

（八）监管统计数据安全保护情况；

（九）与监管统计工作相关的其他情况。

第二十七条 银保监会及其派出机构采取非现场或现场方式实施监管统计监督管理。对违反本办法规定的银行保险机构，银保监会及其派出机构可依法依规采取监督管理措施或者给予行政处罚。

第二十八条 银行保险机构未按规定提供监管统计资料的，分别依据《中华人民共和国银行业监督管理法》《中华人民共和国保险法》《中华人民共和国商业银行法》等法律法规，视情况依法予以处罚。

第二十九条 银行保险机构违反本办法规定，有下列行为之一的，分别依据《中华人民共和国银行业监督管理法》《中华人民共和国保险法》《中华人民共和国商业银行法》等法律法规予以处罚；构成犯罪的，依法追究刑事责任：

（一）编造或提供虚假的监管统计资料；

（二）拒绝接受依法进行的监管统计监督检查；

（三）阻碍依法进行的监管统计监督检查。

第三十条 银行保险机构违反本办法第二十八、二十九条规定的，银保监会及其派出机构分别依据《中华人民共和国银行业监督管理法》《中华人民共和国保险法》《中华人民共和国商业银行法》等法律法规对有关责任人员采取监管措施或予以处罚。

第六章 附 则

第三十一条 银保监会及其派出机构依法监管的其他机构参照本办法执行。

第三十二条 本办法由银保监会负责解释。

第三十三条 本办法自2023年2月1日起施行。《银行业监管统计管理暂行办法》（中国银行业监督管理委员会令2004年第6号）、《保险统计管理规定》（中国保险监督管理委员会令2013年第1号）同时废止。

重点管控新污染物清单（2023年版）

（2022年12月29日生态环境部、工业和信息化部、农业农村部、商务部、海关总署、国家市场监督管理总局令第28号公布 自2023年3月1日起施行 国司备字[2023007699]）

第一条 根据《中华人民共和国环境保护法》《中共中央 国务院关于深入打好污染防治攻坚战的意见》以及国务院办公厅印发的《新污染物治理行动方

案》等相关法律法规和规范性文件，制定本清单。

第二条 新污染物主要来源于有毒有害化学物质的生产和使用。

本清单根据有毒有害化学物质的环境风险，结合监管实际，经过技术可行性和经济社会影响评估后确定。

第三条 对列入本清单的新污染物，应当按照国家有关规定采取禁止、限制、限排等环境风险管控措施。

第四条 各级生态环境、工业和信息化、农业农村、商务、市场监督管理等部门以及海关，应当按照职责分工依法加强对新污染物的管控、治理。

第五条 本清单根据实际情况实行动态调整。

第六条 本清单自 2023 年 3 月 1 日起施行。

附表

重点管控新污染物清单

编号	新污染物名称	CAS 号	主要环境风险管控措施
一	全氟辛基磺酸及其盐类和全氟辛基磺酰氟（PFOS 类）	例如： 1763-23-1 307-35-7 2795-39-3 29457-72-5 29081-56-9 70225-14-8 56773-42-3 251099-16-8	1. 禁止生产。 2. 禁止加工使用（以下用途除外）。 （1）用于生产灭火泡沫药剂（该用途的豁免期至 2023 年 12 月 31 日止）。 3. 将 PFOS 类用于生产灭火泡沫药剂的企业，应当依法实施强制性清洁生产审核。 4. 进口或出口 PFOS 类，应办理有毒化学品进（出）口环境管理放行通知单。自 2024 年 1 月 1 日起，禁止进出口。 5. 已禁止使用的，或者所有者申报废弃的，或者有关部门依法收缴或接收且需要销毁的 PFOS 类，根据国家危险废物名录或者危险废物鉴别标准判定属于危险废物的，应当按照危险废物实施环境管理。 6. 土壤污染重点监管单位中涉及 PFOS 类生产或使用的企业，应当依法建立土壤污染隐患排查制度，保证持续有效防止有毒有害物质渗漏、流失、扬散。

续表

编号	新污染物名称	CAS 号	主要环境风险管控措施
二	全氟辛酸及其盐类和相关化合物[1] (PFOA 类)	—	1. 禁止新建全氟辛酸生产装置。 2. 禁止生产、加工使用(以下用途除外)。 (1)半导体制造中的光刻或蚀刻工艺; (2)用于胶卷的摄影涂料; (3)保护工人免受危险液体造成的健康和安全风险影响的拒油拒水纺织品; (4)侵入性和可植入的医疗装置; (5)使用全氟碘辛烷生产全氟溴辛烷,用于药品生产目的; (6)为生产高性能耐腐蚀气体过滤膜、水过滤膜和医疗用布膜,工业废热交换器设备,以及能防止挥发性有机化合物和 $PM_{2.5}$ 颗粒泄露的工业密封剂等产品而制造聚四氟乙烯(PTFE)和聚偏氟乙烯(PVDF); (7)制造用于生产输电用高压电线电缆的聚全氟乙丙烯(FEP)。 3. 将 PFOA 类用于上述用途生产的企业,应当依法实施强制性清洁生产审核。 4. 进口或出口 PFOA 类,被纳入中国严格限制的有毒化学品名录的,应办理有毒化学品进(出)口环境管理放行通知单。 5. 已禁止使用的,或者所有者申报废弃的,或者有关部门依法收缴或接收且需要销毁的 PFOA 类,根据国家危险废物名录或者危险废物鉴别标准判定属于危险废物的,应当按照危险废物实施环境管理。 6. 土壤污染重点监管单位中涉及 PFOA 类生产或使用的企业,应当依法建立土壤污染隐患排查制度,保证持续有效防止有毒有害物质渗漏、流失、扬散。

续表

编号	新污染物名称	CAS 号	主要环境风险管控措施
三	十溴二苯醚	1163-19-5	1. 禁止生产、加工使用(以下用途除外)。 (1)需具备阻燃特点的纺织产品(不包括服装和玩具); (2)塑料外壳的添加剂及用于家用取暖电器、熨斗、风扇、浸入式加热器的部件,包含或直接接触电器零件,或需要遵守阻燃标准,按该零件重量算密度低于 10%; (3)用于建筑绝缘的聚氨酯泡沫塑料; (4)以上三类用途的豁免期至 2023 年 12 月 31 日止。 2. 将十溴二苯醚用于上述用途生产的企业,应当依法实施强制性清洁生产审核。 3. 进口或出口十溴二苯醚,被纳入中国严格限制的有毒化学品名录的,应办理有毒化学品进(出)口环境管理放行通知单。自 2024 年 1 月 1 日起,禁止进出口。 4. 已禁止使用的,或者所有者申报废弃的,或者有关部门依法收缴或接收且需要销毁的十溴二苯醚,根据国家危险废物名录或者危险废物鉴别标准判定属于危险废物的,应当按照危险废物实施环境管理。 5. 土壤污染重点监管单位中涉及十溴二苯醚生产或使用的企业,应当依法建立土壤污染隐患排查制度,保证持续有效防止有毒有害物质渗漏、流失、扬散。

续表

编号	新污染物名称	CAS 号	主要环境风险管控措施
四	短链氯化石蜡[2]	例如： 85535-84-8 68920-70-7 71011-12-6 85536-22-7 85681-73-8 108171-26-2	1. 禁止生产、加工使用(以下用途除外)。 (1)在天然及合成橡胶工业中生产传送带时使用的添加剂； (2)采矿业和林业使用的橡胶输送带的备件； (3)皮革业，尤其是为皮革加脂； (4)润滑油添加剂，尤其用于汽车、发电机和风能设施的发动机以及油气勘探钻井和生产柴油的炼油厂； (5)户外装饰灯管； (6)防水和阻燃油漆； (7)粘合剂； (8)金属加工； (9)柔性聚氯乙烯的第二增塑剂(但不得用于玩具及儿童产品中的加工使用)； (10)以上九类用途的豁免期至 2023 年 12 月 31 日止。 2. 将短链氯化石蜡用于上述用途生产的企业，应当依法实施强制性清洁生产审核。 3. 进口或出口短链氯化石蜡，应办理有毒化学品进(出)口环境管理放行通知单。自 2024 年 1 月 1 日起，禁止进出口。 4. 已禁止使用的，或者所有者申报废弃的，或者有关部门依法收缴或接收且需要销毁的短链氯化石蜡，根据国家危险废物名录或者危险废物鉴别标准判定属于危险废物的，应当按照危险废物实施环境管理。 5. 土壤污染重点监管单位中涉及短链氯化石蜡生产或使用的企业，应当依法建立土壤污染隐患排查制度，保证持续有效防止有毒有害物质渗漏、流失、扬散。

续表

编号	新污染物名称	CAS 号	主要环境风险管控措施
五	六氯丁二烯	87-68-3	1. 禁止生产、加工使用、进出口。 2. 依据《石油化学工业污染物排放标准》(GB 31571),对涉六氯丁二烯的相关企业,实施达标排放。 3. 已禁止使用的,或者所有者申报废弃的,或者有关部门依法收缴或接收且需要销毁的六氯丁二烯,根据国家危险废物名录或者危险废物鉴别标准判定属于危险废物的,应当按照危险废物实施环境管理。严格落实化工生产过程中含六氯丁二烯的重馏分、高沸点釜底残余物等危险废物管理要求。 4. 土壤污染重点监管单位中涉及六氯丁二烯生产或使用的企业,应当依法建立土壤污染隐患排查制度,保证持续有效防止有毒有害物质渗漏、流失、扬散。
六	五氯苯酚及其盐类和酯类	87-86-5 131-52-2 27735-64-4 3772-94-9 1825-21-4	1. 禁止生产、加工使用、进出口。 2. 已禁止使用的,或者所有者申报废弃的,或者有关部门依法收缴或接收且需要销毁的五氯苯酚及其盐类和酯类,根据国家危险废物名录或者危险废物鉴别标准判定属于危险废物的,应当按照危险废物实施环境管理。 3. 土壤污染重点监管单位中涉及五氯苯酚及其盐类和酯类生产或使用的企业,应当依法建立土壤污染隐患排查制度,保证持续有效防止有毒有害物质渗漏、流失、扬散。
七	三氯杀螨醇	115-32-2 10606-46-9	1. 禁止生产、加工使用、进出口。 2. 已禁止使用的,或者所有者申报废弃的,或者有关部门依法收缴或接收且需要销毁的三氯杀螨醇,根据国家危险废物名录或者危险废物鉴别标准判定属于危险废物的,应当按照危险废物实施环境管理。

续表

编号	新污染物名称	CAS 号	主要环境风险管控措施
八	全氟己基磺酸及其盐类和其相关化合物[3]（PFHxS 类）	—	1. 禁止生产、加工使用、进出口。 2. 已禁止使用的，或者所有者申报废弃的，或者有关部门依法收缴或接收且需要销毁的 PFHxS 类，根据国家危险废物名录或者危险废物鉴别标准判定属于危险废物的，应当按照危险废物实施环境管理。
九	得克隆及其顺式异构体和反式异构体	13560 - 89 - 9 135821 - 03 - 3 135821-74-8	1. 自 2024 年 1 月 1 日起，禁止生产、加工使用、进出口。 2. 已禁止使用的，或者所有者申报废弃的，或者有关部门依法收缴或接收且需要销毁的得克隆及其顺式异构体和反式异构体，根据国家危险废物名录或者危险废物鉴别标准判定属于危险废物的，应当按照危险废物实施环境管理。
十	二氯甲烷	75-09-2	1. 禁止生产含有二氯甲烷的脱漆剂。 2. 依据化妆品安全技术规范，禁止将二氯甲烷用作化妆品组分。 3. 依据《清洗剂挥发性有机化合物含量限值》（GB 38508），水基清洗剂、半水基清洗剂、有机溶剂清洗剂中二氯甲烷、三氯甲烷、三氯乙烯、四氯乙烯含量总和分别不得超过 0. 5%、2%、20%。 4. 依据《石油化学工业污染物排放标准》（GB 31571）、《合成树脂工业污染物排放标准》（GB 31572）、《化学合成类制药工业水污染物排放标准》（GB 21904）等二氯甲烷排放管控要求，实施达标排放。 5. 依据《中华人民共和国大气污染防治法》，相关企业事业单位应当按照国家有关规定建设环境风险预警体系，对排放口和周边环境进行定期监测，评估环境风险，排查环境安全隐患，并采取有效措施防范环境风险。 6. 依据《中华人民共和国水污染防治法》，相关企业事业单位应当对排污口和周边环境进行监测，评估环境风险，排查环境安全隐患，并公开有毒有害水污染物信息，采取有效措施防范环境风险。 7. 土壤污染重点监管单位中涉及二氯甲烷生产或使用的企业，应当依法建立土壤污染隐患排查制度，保证持续有效防止有毒有害物质渗漏、流失、扬散。 8. 严格执行土壤污染风险管控标准，识别和管控有关的土壤环境风险。

续表

编号	新污染物名称	CAS 号	主要环境风险管控措施
十一	三氯甲烷	67-66-3	1. 禁止生产含有三氯甲烷的脱漆剂。 2. 依据《清洗剂挥发性有机化合物含量限值》(GB 38508),水基清洗剂、半水基清洗剂、有机溶剂清洗剂中二氯甲烷、三氯甲烷、三氯乙烯、四氯乙烯含量总和分别不得超过 0.5%、2%、20%。 3. 依据《石油化学工业污染物排放标准》(GB 31571)等三氯甲烷排放管控要求,实施达标排放。 4. 依据《中华人民共和国大气污染防治法》,相关企业事业单位应当按照国家有关规定建设环境风险预警体系,对排放口和周边环境进行定期监测,评估环境风险,排查环境安全隐患,并采取有效措施防范环境风险。 5. 依据《中华人民共和国水污染防治法》,相关企业事业单位应当对排污口和周边环境进行监测,评估环境风险,排查环境安全隐患,并公开有毒有害水污染物信息,采取有效措施防范环境风险。 6. 土壤污染重点监管单位中涉及三氯甲烷生产或使用的企业,应当依法建立土壤污染隐患排查制度,保证持续有效防止有毒有害物质渗漏、流失、扬散。
十二	壬基酚	25154-52-3 84852-15-3	1. 禁止使用壬基酚作为助剂生产农药产品。 2. 禁止使用壬基酚生产壬基酚聚氧乙烯醚。 3. 依据化妆品安全技术规范,禁止将壬基酚用作化妆品组分。
十三	抗生素	—	1. 严格落实零售药店凭处方销售处方药类抗菌药物,推行凭兽医处方销售使用兽用抗菌药物。 2. 抗生素生产过程中产生的抗生素菌渣,根据国家危险废物名录或者危险废物鉴别标准,判定属于危险废物的,应当按照危险废物实施环境管理。 3. 严格落实《发酵类制药工业水污染物排放标准》(GB 21903)、《化学合成类制药工业水污染物排放标准》(GB 21904)相关排放管控要求。

续表

编号	新污染物名称		CAS 号	主要环境风险管控措施
十四	已淘汰类	六溴环十二烷	25637-99-4 3194-55-6 134237-50-6 134237-51-7 134237-52-8	1. 禁止生产、加工使用、进出口。 2. 已禁止使用的，或者所有者申报废弃的，或者有关部门依法收缴或接收且需要销毁的已淘汰类新污染物，根据国家危险废物名录或者危险废物鉴别标准判定属于危险废物的，应当按照危险废物实施环境管理。 3. 已纳入土壤污染风险管控标准的，严格执行土壤污染风险管控标准，识别和管控有关的土壤环境风险。
		氯丹	57-74-9	
		灭蚁灵	2385-85-5	
		六氯苯	118-74-1	
		滴滴涕	50-29-3	
		α-六氯环己烷	319-84-6	
		β-六氯环己烷	319-85-7	
		林丹	58-89-9	
		硫丹原药及其相关异构体	115-29-7 959-98-8 33213-65-9 1031-07-8	
		多氯联苯	-	

注：1. PFOA 类是指：（i）全氟辛酸（335-67-1），包括其任何支链异构体；（ii）全氟辛酸盐类；（iii）全氟辛酸相关化合物，即会降解为全氟辛酸的任何物质，包括含有直链或支链全氟基团且以其中（C_7F_{15}）C 部分作为结构要素之一的任何物质（包括盐类和聚合物）。下

列化合物不列为全氟辛酸相关化合物：(i) C_8F_{17}-X，其中 X=F，Cl，Br；(ii) $CF_3[CF_2]$n-R’涵盖的含氟聚合物，其中 R’=任何基团，n>16；(iii)具有≥8 个全氟化碳原子的全氟烷基羧酸和膦酸（包括其盐类、脂类、卤化物和酸酐）；(iv)具有≥9 个全氟化碳原子的全氟烷烃磺酸（包括其盐类、脂类、卤化物和酸酐）；(v)全氟辛基磺酸及其盐类和全氟辛基磺酰氟。

2. 短链氯化石蜡是指链长 C_{10} 至 C_{13} 的直链氯化碳氢化合物，且氯含量按重量计超过 48%，其在混合物中的浓度按重量计大于或等于 1%。

3. PFHxS 类是指：(i)全氟己基磺酸(355-46-4)，包括支链异构体；(ii)全氟己基磺酸盐类；(iii)全氟己基磺酸相关化合物，是结构成分中含有 $C_6F_{13}SO_2$-且可能降解为全氟己基磺酸的任何物质。

4. 已淘汰类新污染物的定义范围与《关于持久性有机污染物的斯德哥尔摩公约》中相应化学物质的定义范围一致。

5. CAS 号，即化学文摘社(Chemical Abstracts Service，缩写为 CAS)登记号。

6. 用于实验室规模的研究或用作参照标准的化学物质不适用于上述有关禁止或限制生产、加工使用或进出口的要求。除非另有规定，在产品和物品中作为无意痕量污染物出现的化学物质不适用于本清单。

7. 未标注期限的条目为国家已明令执行或立即执行。上述主要环境风险管控措施中未作规定、但国家另有其他要求的，从其规定。

8. 加工使用是指利用化学物质进行的生产经营等活动，不包括贸易、仓储、运输等活动和使用含化学物质的物品的活动。

体育赛事活动管理办法

（2023 年 1 月 1 日国家体育总局令第 31 号公布　自 2023 年 1 月 1 日起施行　国司备字［2023007709］）

第一章　总　　则

第一条　为规范体育赛事活动，促进体育事业健康发展，根据《中华人民共和国体育法》《全民健身条例》以及其他相关法律法规，制定本办法。

第二条　本办法所称体育赛事活动，是指在中国境内依法举办的各级各类体育赛事活动的统称。

第三条　体育赛事活动应当坚持政府监管与行业自律相结合的原则，实行分级分类管理，加强事中事后监管，优化体育赛事活动服务。

国家体育总局（以下简称体育总局）负责全国范围内体育赛事活动的监管。县级以上地方人民政府体育行政部门（以下简称地方体育行政部门）负责所辖区域内体育赛事活动的监管。

中华全国体育总会、中国奥林匹克委员会、地方体育总会、全国性单项体育协会、地方性单项体育协会以及其他体育协会（以下简称体育协会）按照法律法规及各自章程负责相关体育赛事活动的组织、服务、引导和规范。

第四条　体育赛事活动举办应当遵循合法、安全、公开、公平、公正、诚信、文明、绿色、简约、廉洁的原则。

第五条　本办法所称主办方是指发起举办体育赛事活动的自然人、法人和非法人组织；承办方是指具体负责筹备、实施体育赛事活动的自然人、法人和非法人组织；协办方是指提供一定业务指导或者物质及人力支持、协助举办体育赛事活动的自然人、法人和非法人组织。主办方、承办方、协办方等体育赛事活动组织者应当履行安全保障义务，对体育赛事活动安全负责，赛前应当通过书面协议方式约定权利义务和责任分工。

第二章　体育赛事活动申办和审批

第六条　体育总局以及中华全国体育总会、中国奥林匹克委员会主办的全国综合性运动会，由省、自治区、直辖市人民政府按照综合性运动会申办管理规定申办，报国务院批准后举办。

地方体育行政部门以及地方体育总会主办的所辖区域内的综合性运动会自行确定申办办法。

第七条 申办国际体育赛事活动,应当按照程序报批,未经批准,不得申办。

以下国际体育赛事活动需列入体育总局年度外事活动计划,并按照有关规定和审批权限报体育总局或国务院审批:体育总局主办或共同主办的重要国际体育赛事活动,国际体育组织主办的国际综合性运动会、世界锦标赛、世界杯赛、亚洲锦标赛、亚洲杯赛,涉及奥运会、亚运会资格或积分的赛事,体育总局相关单位或全国性单项体育协会主办的跨省(区、市)国际体育赛事活动,涉及海域、空域及地面敏感区域等特殊领域的国际体育赛事活动。

体育总局相关单位或全国性单项体育协会主办,或与地方共同主办但由体育总局相关单位或全国性单项体育协会主导的国际体育赛事活动,需列入体育总局外事活动计划,原则上由有外事审批权的地方人民政府或其有关部门审批。

地方自行主办,或与体育总局相关单位或全国性单项体育协会共同主办但由地方主导的国际体育赛事活动,由有外事审批权的地方人民政府或其有关部门审批,不列入体育总局外事活动计划,但应统一向体育总局备案。

其他商业性、群众性国际体育赛事活动,应当按照属地管理原则,根据地方有关规定办理相关手续。地方体育行政部门提供业务指导和技术支持。

第八条 举办需要行政许可的体育赛事活动,应当按照规定程序办理。

第九条 境外非政府组织在境内开展体育赛事活动,应当依法登记设立代表机构。未登记设立代表机构需要在境内开展临时体育赛事活动的,应当经省级人民政府体育行政部门同意,并报同级公安机关备案。

全国性单项体育协会代表中国参加相应的国际单项体育组织,任何组织和个人在中国境内主办或承办相应的国际单项体育组织的体育赛事活动,应当与相应的全国性单项体育协会协商一致,如暂未设立全国性单项体育协会的,应当与体育总局相应运动项目管理中心或相关单位协商一致。

第十条 除第七、八条规定外,体育总局对体育赛事活动一律不做审批,公安、市场监管、卫生健康、交通运输、海事、无线电管理、外事等部门另有规定的,主办方或承办方应按规定办理。

地方体育行政部门应当按照国务院、地方人大和人民政府的相关规定,减少体育赛事活动审批;对保留的审批事项,不断优化服务。

地方体育行政部门应当根据实际需要会同当地有关部门对商业性、群众性大型体育赛事活动建立联合“一站式”服务机制或部门协同工作机制。

机关、企事业单位、社会组织和个人均可依法组织和举办体育赛事活动。

第十一条 体育赛事活动的名称应当符合下列规定：

（一）与举办地域和体育赛事活动的项目内容相一致；

（二）与主办方开展活动的行业领域和人群范围相一致；

（三）与其他自然人、法人或非法人组织举办的体育赛事活动名称有实质性区别；

（四）不得侵犯其他自然人、法人或非法人组织的合法权益；

（五）不得含有欺骗或可能造成公众误解的文字；

（六）不得使用具有宗教含义的文字；

（七）按照国家法律法规、政策要求使用“一带一路”“金砖国家”“上合组织”等含有政治、外交属性的文字；

（八）相关法律、法规和规章的其他规定。

第十二条 中央和国家机关及其事业单位、全国性社会组织主办或承办的国际性、全国性体育赛事活动，名称中可以使用“世界”“国际”“亚洲”“中国”“全国”“国家”等字样或具有类似含义的词汇，其他体育赛事活动不得使用与其相同或类似的名称。

第三章 高危险性体育赛事活动许可

第十三条 举办高危险性体育赛事活动实施行政许可。

体育总局指导全国范围内的高危险性体育赛事活动行政许可工作，会同有关部门制定、调整高危险性体育赛事活动目录并予以公布。

地方体育行政部门负责所辖区域内的高危险性体育赛事活动行政许可工作。跨行政区域的高危险性体育赛事活动由所在行政区域的地方体育行政部门协商确定许可方式，协商不一致的，须向相关行政区域的地方体育行政部门分别提出申请。

第十四条 高危险性体育赛事活动组织者应当向地方体育行政部门提出申请，并提交下列材料：

（一）申请书。申请书应当包括体育赛事活动的名称、时间、地点、规模、主办方、承办方、协办方、参赛条件等内容；

（二）专业技术人员的资格或资质证明材料；

（三）场地、器材和设施符合相关标准和要求的说明性材料；

（四）主办方、承办方、协办方等体育赛事活动组织者用以约定各方权利义务和责任分工的书面协议；

（五）风险评估报告、风险防范及应急处置预案、安全工作方案、医疗保障及救援方案、赛事活动“熔断”机制、赛事活动组织方案等材料；

（六）法律法规规定的其他材料。

第十五条 地方体育行政部门应当自收到申请之日起三十日内进行实地核查，并作出批准或者不予批准的决定。批准举办的，应当作出书面决定；不予批准的，应当书面通知申请人并说明理由。

第十六条 书面决定应当包括下列内容：

（一）高危险性体育赛事活动主办方、承办方、协办方和负责人姓名；

（二）高危险性体育赛事活动名称、时间、地点、规模、参赛条件等基本信息；

（三）实地核查情况；

（四）批准情况。

第十七条 因特殊原因需要变更申请材料或取消高危险性体育赛事活动的，体育赛事活动组织者应当在体育赛事活动开始前向作出行政许可决定的地方体育行政部门申请办理变更或取消手续。地方体育行政部门应当进行审查，根据情况作出新的许可决定或者撤销原许可决定。

第十八条 上级体育行政部门应当加强对下级体育行政部门实施行政许可的监督检查，及时纠正行政许可实施中的不当和违法行为。

第十九条 地方体育行政部门应当及时向社会公布高危险性体育赛事活动行政许可情况。

第四章 体育赛事活动组织

第二十条 体育赛事活动主办方负责对体育赛事活动的全面组织，提出体育赛事活动组织方案（包括赛事活动名称、规模、竞赛规程、经费来源等），发布赛事文件，向参赛各方告知“熔断”机制启动条件、程序、处置措施、法律后果等内容，任命技术代表、纠纷解决委员会成员、总裁判长及委派主要裁判；与承办方共同建立组委会等组织机制，根据需要组建竞赛、安全、新闻、医疗、场地保障等专门委员会或工作机构，明确举办体育赛事活动的责任分工，协同合作。

承办方应当根据体育赛事活动组织方案做好体育赛事活动各项保障工作，确保体育赛事活动的安全；召开赛事活动风险研判分析会议，制定风险防范及应急处置预案和安全工作方案等保障措施，并督促落实。主办方直接承担体育赛事活动筹备和组织工作的，履行承办方责任。

协办方应当确保其提供的产品、设施或服务的质量和安全。

场地空间、器材提供方或管理者应当尽到安全保障义务，遇有突发情况在力所能及的范围内协助承担应急救援等救助任务。

地方体育行政部门应当建立健全体育赛事活动“熔断”机制，提升体育赛事活动突发事件的应对能力。

第二十一条 大型或重要体育赛事活动组委会应当建立党组织或临时党组织，开展党的活动，发挥党建对体育赛事活动的政治引领作用。

第二十二条 举办体育赛事活动，主办方和承办方应当根据需要，做好下列保障工作：

（一）配备具有相应资格或资质的专业技术人员；

（二）配置符合相关标准和要求的场地、器材和设施；

（三）严格落实通信、医疗、卫生、食品、交通、消防、安全保卫、应急救援、生态保护等相关措施；

（四）做好志愿者的招募、培训、保障和激励等工作。

体育赛事活动对参赛者身体条件有特殊要求的，主办方或承办方应当要求其提供符合体育赛事活动要求的身体状况证明，参赛者应予以配合。

体育行政部门主办的体育赛事活动，应当主动购买公众责任保险。大型体育赛事活动组织者应当和参与者协商投保体育意外伤害保险。高危险性体育赛事活动组织者应当投保体育意外伤害保险。鼓励其他体育赛事活动组织者、参与者购买公众责任保险或意外伤害保险。

第二十三条 主办方或承办方应当根据国家或全国性单项体育协会有关裁判员管理的规定，按照公开、公平、公正、择优的原则确定体育赛事活动的裁判员。

第二十四条 体育行政部门应当提前通过网络或新闻媒体等途径向社会公开其主办的体育赛事活动。

鼓励和支持其他体育赛事活动主办方在体育赛事活动举办前，通过包括政府网站在内的多种途径，向社会公布竞赛规程，公开体育赛事活动的名称、时间、地点、主办方、承办方、协办方、参赛条件及奖惩办法等基本信息。

第二十五条 体育赛事活动的名称、标志、徽记、吉祥物、口号、举办权、赛事转播权和其他无形资产权利受法律保护，主办方和承办方可以进行市场开发依法依规获取相关收益，任何组织和个人不得侵犯。

未经体育赛事活动组织者等相关权利人许可，任何组织和个人不得以营利为目的采集或者传播体育赛事活动现场图片、音视频等信息。

体育赛事活动主办方、承办方应当增强权利保护意识，主动办理商标、专利、著作权等知识产权手续，通过合法手段保护体育赛事活动相关权益。

第二十六条 体育赛事活动因自然灾害、政府行为、社会异常事件等因素确需变更时间、地点、内容、规模或取消的，主办方应当在获得相关信息后及时公告。因变更或取消体育赛事活动造成承办方、协办方、参与者、观众等相关方损失的，主办方应当按照协议依法予以补偿。

第二十七条 建立体育赛事活动“熔断”机制。

（一）主办方、承办方、协办方等体育赛事活动组织者应当密切关注气象、水利、地震、自然资源、交通运输、卫生健康、应急管理等部门发出的预警信息及有关灾害、事故信息，遇有下列直接或可能与体育赛事活动举办相关联的突发情形之一的，应当及时启动“熔断”机制，中止比赛：

自然灾害，包括水旱灾害、气象灾害、地震灾害、地质灾害、海洋灾害、生物灾害和森林草原火灾等；

事故灾难，包括各类安全事故、交通运输事故、公共体育设施和设备事故、环境污染和生态破坏事件等；

公共卫生事件，包括传染病疫情、群体性不明原因疾病、食品安全和职业危害、动物疫情以及其他严重影响公众健康和生命安全的事件等；

社会安全事件，包括恐怖袭击事件、经济安全事件和涉外突发事件等；

其他可能导致不再具备办赛条件的。

（二）体育赛事活动组织者无法判定是否启动“熔断”机制时，应当采取下列措施：

竞赛组织工作负责人或技术代表有权直接向地方体育行政部门报告，地方体育行政部门应当立即作出是否中止比赛的决定；

涉及重大体育赛事活动的，地方体育行政部门应当立即向同级人民政府报告，同级人民政府应当立即作出是否中止比赛的决定；

体育赛事活动组织者在不具备办赛条件时未中止赛事活动的，县级以上人民政府应当责令其立即中止。

（三）启动“熔断”机制后，体育赛事活动组织者和地方体育行政部门应当会同同级人民政府有关部门做好应急处置工作，疏散、撤离并妥善安置和救助现场人员，同时采取措施防范次生灾害和衍生事件发生，并及时发布相关信息，做好舆情引导。

第二十八条 自然人、法人和非法人组织依法参与体育赛事活动，享有获得基本安全保障、赛事服务等权利。

体育赛事活动主办方或承办方因办赛需要使用自然人、法人和非法人组织相关信息的，应当保障信息安全，建立信息安全管理制度，不得违法使用或泄漏。

第二十九条 体育赛事活动相关人员(包括参赛者、教练员、裁判员、体育赛事活动组织机构工作人员、志愿者、医护人员、观众等,以下同)应当履行诚信、安全、有序的办赛、参赛、观赛义务,做到:

(一)遵守相关法律法规规定;

(二)遵守体育道德,不得弄虚作假、徇私舞弊、操纵比赛、冒名顶替,严禁参加任何形式的赌博活动,严禁使用兴奋剂,严禁违反体育精神;

(三)遵守竞赛规则、规程、赛场行为规范和组委会的相关规定,自觉接受安全检查,服从现场管理,维护体育赛事活动正常秩序;

(四)遵守社会公德,不得损坏体育设施,不得破坏自然环境和卫生,不得影响和妨碍公共安全,不得在体育赛事活动中违反社会公序良俗。

第三十条 体育赛事活动相关人员在体育赛事活动中应当自觉践行社会主义核心价值观,弘扬中华体育精神,积极营造健康向上、和谐文明的赛场文化氛围和舆论宣传氛围。

体育赛事活动广告和宣传内容应当确保合法、真实、健康、向上,不得误导、欺骗体育赛事活动相关人员。

第三十一条 主办方和承办方应当加强观赛环境管理,维护赛场秩序,引导现场观众文明观赛,防止打架斗殴、拥挤踩踏等事件发生,防止不文明不健康、有侮辱性或谩骂性、破坏民族团结、分裂国家、反社会倾向等方面的言论、旗帜和标语出现,严禁携带危险品出入赛场。发现问题,应及时采取制止行为、终止赛事活动等处置措施。

第三十二条 无民事行为能力人或限制民事行为能力人参加体育赛事活动的,主办方或承办方应当告知其监护人相关风险并由监护人签署承诺书。

第三十三条 体育赛事活动有外籍人员参加的,主办方和承办方应当按照国家有关规定进行管理。

第五章 体育赛事活动服务

第三十四条 体育行政部门和体育协会应当为社会力量依法举办的体育赛事活动提供必要的指导和服务。

第三十五条 地方体育行政部门应当按照本行政区域发展规划和体育发展实际,统筹规划所辖区域内各类体育赛事活动,满足人民群众的多样化需求。

第三十六条 鼓励地方体育行政部门会同有关部门发挥体育赛事活动对

文化、旅游、教育、商贸、健康、养老、会展等行业发展的拉动作用，促进产业融合发展。

第三十七条 地方体育行政部门应当联合有关部门，建立健全体育赛事活动应急工作机制，加强风险研判和隐患排查，开展综合性应急演练，提高服务保障水平。

第三十八条 地方体育行政部门应当公开各类体育赛事活动的举办条件、规范要求和基本信息，为体育赛事活动组织者和体育赛事活动相关人员提供信息服务。

第三十九条 体育行政部门、运动项目管理中心和体育协会应当根据职责或章程，加强对体育赛事活动组织者及相关人员的培训，不断提高体育赛事活动组织水平。

第四十条 体育行政部门和体育协会可以选配体育赛事活动组织经验丰富的专家担任体育赛事活动指导员，参与体育赛事活动现场指导，并按照项目分类组建专家库。

第四十一条 体育行政部门可以设立体育赛事活动专项资金，通过奖励、政府购买服务等方式鼓励、引导社会力量举办体育赛事活动。

第四十二条 地方体育行政部门应当制定所辖区域年度《体育赛事活动服务指导目录》，明确每年度可由社会力量申办的体育赛事活动、优先给予扶持的体育赛事活动以及提供公共服务的范围、内容、收费标准等事项。

鼓励主办方在举办体育赛事活动前主动向地方体育行政部门备案。地方体育行政部门经过评估应当将其中社会效益好、影响力大的体育赛事活动列入《体育赛事活动服务指导目录》，通过政府购买服务、提供专业技术指导等方式给予支持。

第四十三条 体育总局各运动项目管理中心、全国性单项体育协会应当充分发挥专业优势，加强体育赛事活动的标准化、规范化建设，制定并公布本项目体育赛事活动竞赛规则、办赛指南、参赛指引以及场地器材标准、安全防范要求和赛场行为规范等，细化体育赛事活动“熔断”技术条件。

办赛指南应当包括组织体育赛事活动的基本条件、标准规则以及对体育赛事活动组织者在服务保障方面的基本要求等内容。

参赛指引应当包括参加体育赛事活动的年龄、健康、资质等要求和条件，承诺遵守竞赛规程、服从安排等参与体育赛事活动的基本要求和需要知悉运动风险的基本常识。高危险性体育赛事活动的参赛指引还应当包括参赛运动员专项能力和身体素质要求，如训练年限、技术等级、比赛场次数量和体能测试指标等。

对于专业技术要求强、人身危险性高的项目，应当按照有关规定及时申请组织制定强制性国家标准。

第四十四条 体育协会可以根据体育赛事活动主办方和承办方的需求，提供必要的技术、规则、器材等方面的指导和服务，建立健全赛事指导和服务制度。

第四十五条 全国性单项体育协会应当制定体育赛事活动服务收费标准并向社会公布，依法合规收取相应服务费用，但不得提供强制服务，不得以任何借口违法违规收取费用。

第四十六条 鼓励各级各类志愿服务组织参与体育赛事活动的服务保障工作，提供志愿服务。

第六章 体育赛事活动监管

第四十七条 体育行政部门应当建立健全体育赛事活动监管工作机制，对赛事活动场地实施现场检查，查阅、复制有关合同、票据、账簿，检查赛事活动组织方案、安全应急预案等材料。体育行政部门及其工作人员应当对履行职责中知悉的商业秘密和个人隐私严格保密，不得泄露或者非法向他人提供。

体育行政部门应当综合运用多种监管手段，充分发挥"互联网+监管"的功能，建立赛事活动报告制度，加强对所辖区域内体育赛事活动的信息收集工作，加快实现各有关部门、各层级和各领域监管信息共享和统一应用，实现综合监管、智慧监管、动态监管。

第四十八条 体育行政部门对体育赛事活动举办前或举办中发现涉嫌不符合体育赛事活动条件、标准、规则等情形的，存在重大安全隐患的，或收到有关单位、个人提出相关建议、投诉、举报的，应当及时予以处理，提出整改建议；属于其他部门职责范围的，应当及时移交并积极配合协助处理。

第四十九条 体育协会应当引导行业健康发展，加强对会员举办的体育赛事活动的日常管理，提高其主办、承办、协办体育赛事活动的水平。

第五十条 体育协会可以依照体育赛事活动组织整体水平、人数规模、层次规格、服务保障、社会影响力等因素，对所辖区域内的体育赛事活动实施等级评定或进行评估，对组织规范、运行良好、保障到位、整体水平高的体育赛事活动，及时向社会推介。

第五十一条 全国性单项体育协会应当在协会章程中规定本项目体育赛事活动管理的内容，并制定相关管理办法，出台本项目体育赛事活动组织的团体标准、奖惩措施、信用管理、反兴奋剂工作等规范，加强行业自律。

第五十二条 主办方和承办方应当加强赛风赛纪管理,确保体育赛事活动公平公正开展。体育行政部门、体育协会应当建立工作机制,对赛事活动赛风赛纪实施综合督导检查。

第五十三条 主办方和承办方应当按照国家有关规定履行体育赛事活动反兴奋剂职责,积极配合体育行政部门和反兴奋剂机构开展宣传教育以及检查检测等工作,采取措施防范兴奋剂风险隐患,在管理权限内对兴奋剂违规问题作出处理。

第七章 法律责任

第五十四条 违反本办法规定的行为,有关法律、法规及规章已有处罚规定的,从其规定。

体育赛事活动组织者违反本办法规定,有下列情形之一的,由地方体育行政部门或其委托的综合行政执法部门责令改正,情节恶劣的,处以三万元以下罚款;属于非经营性体育赛事活动的,处以一千元以下罚款。

(一)不符合本办法第七条、第八条对体育赛事活动审批规定的;

(二)不符合本办法第九条对境外非政府组织在中国境内举办体育赛事活动规定的;

(三)不符合本办法第十一条、第十二条对体育赛事活动名称规定的;

(四)造成人身财产伤害事故或重大不良社会影响的;

(五)其他侵犯其他自然人、法人或非法人组织合法权益的。

第五十五条 体育赛事活动组织者违反《体育法》规定,有下列行为之一的,由地方体育行政部门或其委托的综合行政执法部门责令改正,处五万元以上五十万元以下的罚款;有违法所得的,没收违法所得;情节严重的,给予一年以上三年以下禁止组织体育赛事活动的处罚。

(一)未经许可举办高危险性体育赛事活动的;

(二)体育赛事活动因突发事件不具备办赛条件时,未及时中止的;

(三)安全条件不符合要求的;

(四)有违反体育道德和体育赛事规则,弄虚作假、营私舞弊等行为的;

(五)未按要求采取风险防范及应急处置预案等保障措施的。

第五十六条 体育赛事活动组织者及相关人员在体育赛事活动中的行为涉嫌欺诈或造成重大安全责任事故等情形的,体育行政部门应当配合公安、市场监管等行政部门依法依规处理,构成犯罪的依法追究刑事责任。

第五十七条 体育协会在开展体育赛事活动中有变相审批、违法违规收费等行为的，由同级体育行政部门或其委托的综合行政执法部门责令改正，对负有直接责任的主管人员和其他责任人员依法依规依纪给予处分。

第五十八条 国家机关及其工作人员在组织体育赛事活动时，有违反体育道德和体育赛事规则，弄虚作假、营私舞弊等行为的，由其所在单位、主管部门或者上级机关责令改正；对负有责任的领导人员和直接责任人员依法依规依纪给予处分。

第五十九条 运动员、教练员、裁判员在参加体育赛事活动中，违反《体育法》规定，有违反体育道德和体育赛事规则，弄虚作假、营私舞弊等行为的，由体育组织按照有关规定给予处理；情节严重、社会影响恶劣的，由县级以上体育行政部门纳入限制、禁止参加竞技体育活动名单；有违法所得的，没收违法所得，并处一万元以上十万元以下的罚款。

利用体育赛事从事赌博活动的，由公安机关依法查处。

第六十条 运动员在体育赛事活动中违规使用兴奋剂的，由有关体育社会组织、运动员管理单位、体育赛事活动组织者作出取消参赛资格、取消比赛成绩或者禁赛等处理。

第六十一条 体育行政部门应当建立健全体育赛事活动监管问责机制，对在体育赛事活动监管工作中有滥用职权、徇私舞弊、玩忽职守等行为的，或对体育赛事活动监管不力，造成人身伤害、财产损失等安全事故的，依法予以查处，对负有直接责任的主管人员和其他责任人员依法依规依纪给予处分，构成犯罪的依法追究刑事责任。

第六十二条 体育行政部门应当会同相关部门建立体育赛事活动信用制度体系，将信用承诺履行情况纳入信用记录，开展信用评价，实施信用约束、联合惩戒。

第六十三条 对体育社会组织、体育赛事活动组织者作出的取消参赛资格、取消比赛成绩、禁赛等处理决定不服发生纠纷时，当事人可以根据体育组织章程、体育赛事规则或仲裁协议等申请救济。相关机构应当及时、公正解决纠纷，保护体育赛事活动相关人员的合法权益。

第八章 附 则

第六十四条 本办法自 2023 年 1 月 1 日起施行。2020 年 1 月 17 日国家体育总局令第 25 号公布的《体育赛事活动管理办法》同时废止。

体育仲裁规则

（2023年1月1日国家体育总局令第30号公布　自2023年1月1日起施行　国司备字[2023007708]）

第一章　总　　则

第一条　为了及时、公正解决体育纠纷，保护当事人的合法权益，根据《中华人民共和国体育法》等有关法律，制定本规则。

第二条　中国体育仲裁委员会（以下简称体育仲裁委员会）所在地为中华人民共和国北京市，由国家体育总局（以下简称体育总局）组织设立。

第三条　体育仲裁委员会受理下列案件：

（一）对体育社会组织、运动员管理单位、体育赛事活动组织者按照兴奋剂管理或者其他管理规定作出的取消参赛资格、取消比赛成绩、禁赛等处理决定不服发生的纠纷；

（二）因运动员注册、交流发生的纠纷；

（三）在竞技体育活动中发生的其他纠纷。

《中华人民共和国仲裁法》规定的可仲裁纠纷和《中华人民共和国劳动争议调解仲裁法》规定的劳动争议，不属于体育仲裁范围。

第四条　当事人共同将纠纷提交体育仲裁委员会仲裁的，视为同意按照本规则进行仲裁。

当事人约定按照本规则进行仲裁但未约定仲裁机构，或者当事人约定的仲裁机构名称虽不准确，但能够确定是体育仲裁委员会的，视为同意将纠纷提交体育仲裁委员会仲裁。

第五条　体育仲裁委员会应当建立《中国体育仲裁委员会仲裁员名册》（以下简称《仲裁员名册》），并予以公告。

体育仲裁委员会可在《仲裁员名册》中设立《反兴奋剂仲裁员名册》等专门的仲裁员名册。

第六条　体育仲裁委员会仲裁员应当公道正派并符合下列条件之一：

（一）律师执业满八年；

（二）曾任法官满八年；

（三）通过国家统一法律职业资格考试取得法律职业资格，从事仲裁工作满八年；

（四）从事法学、体育学研究或者教学工作并具有高级职称；

（五）具有法律知识且从事体育实务满八年。

第七条 体育仲裁委员会所在地为仲裁地，所有仲裁裁决均视为在仲裁地作出。

第八条 本规则规定的期限或者根据本规则确定的期限，应当自期限开始之次日起计算。期限开始之日，不计算在期限内。

如果期限开始之次日为送达地公共假日或者非工作日，则从其后的第一个工作日开始计算。期限届满日是公共假日或者非工作日的，以其后的第一个工作日为期限届满日。

期限不包括在途时间，仲裁文书、通知、材料在期限届满前交邮、交发的，不算逾期。

当事人因不可抗力或者其他正当理由耽误期限的，可以在障碍消除后五日内申请顺延，由体育仲裁委员会主任（以下简称主任）或仲裁庭对此作出决定。

第九条 仲裁文件可以通过当面送达、邮寄、传真、电子邮件等形式，或以当事人约定的形式送达当事人或其仲裁代理人。体育仲裁委员会或仲裁庭有权根据案件具体情况决定采取适当的送达方式。

向当事人或者其代理人发送仲裁文件，采用当面送达的，当面送交受送达人，即视为已经送达；采用邮寄送达的，送达至受送达人身份证载明地址、户籍地址、居住地址、营业地址、注册地址、当事人约定的送达地址或通讯地址之一的，即视为已经送达；采用传真、电子邮件等形式送达的，电子传输记录能够显示已完成发送的，即视为已经送达。

采用本条第二款规定的方式无法送达的，体育仲裁委员会以中国邮政特快专递、公证送达、委托送达和留置送达等能提供投递记录的方式投递给受送达人最后一个为人所知的身份证载明地址、户籍地址、居住地址、营业地址、注册地址、当事人约定的送达地址或通讯地址之一的，即视为有效送达。

第十条 当事人知道或应当知道体育仲裁委员会受理纠纷或体育仲裁委员会、仲裁庭的决定，存在违反本规则、仲裁协议等情形的，仍参加或继续参加仲裁活动的，且未及时提出书面异议的，视为其放弃异议的权利。

第二章　受案依据和管辖权

第十一条 当事人可依据仲裁协议向体育仲裁委员会申请仲裁。仲裁协议包括合同中订立的仲裁条款和在纠纷发生前或发生后达成的具有仲裁意思表示的协议。

仲裁协议应当采取书面形式。书面形式包括合同书、信件、电传、传真、电子数据交换和电子邮件等可以有形地表现所载内容的形式。

在交换仲裁申请书和仲裁答辩书时，一方当事人声称有仲裁协议而另一方当事人不做否认表示的，视为存在书面仲裁协议。

合同中的仲裁条款、附属于合同的仲裁协议与合同其他条款相互分离、独立存在；合同的变更、解除、终止、转让、失效、无效、未生效、被撤销以及成立与否，均不影响仲裁条款或仲裁协议的效力。

第十二条 当事人可依据体育组织章程与体育赛事规则申请体育仲裁。

体育组织章程授权制定的管理规则中的体育仲裁条款，视为体育组织章程的体育仲裁条款。

体育赛事报名表、参赛协议或竞赛规程中的体育仲裁条款，视为体育赛事规则的体育仲裁条款。

第十三条 对体育社会组织、运动员管理单位、体育赛事活动组织者的处理决定或者内部纠纷解决机制处理结果不服的，当事人可以自收到处理决定或者纠纷处理结果之日起二十一日内申请体育仲裁。

第十四条 体育组织没有内部纠纷解决机制或者内部纠纷解决机制未及时处理的，当事人可以向体育仲裁委员会申请体育仲裁。

当事人以体育组织内部纠纷解决机制未及时处理纠纷为由申请体育仲裁，体育仲裁委员会审查后认为情况属实且符合申请仲裁条件的，可以受理。

第十五条 体育仲裁委员会有权对仲裁协议的存在、效力以及仲裁案件的管辖权作出决定，也可以授权仲裁庭作出管辖权决定。

体育仲裁委员会依表面证据认为存在有效仲裁协议的，可根据表面证据作出体育仲裁委员会有管辖权的决定，仲裁程序继续进行。体育仲裁委员会依表面证据作出的管辖权决定并不妨碍其根据仲裁庭在审理过程中发现的与表面证据不一致的事实或证据重新作出管辖权决定。

仲裁庭依据体育仲裁委员会的授权作出管辖权决定时，可以在仲裁程序进行中单独作出，也可以在裁决书中一并作出。

当事人对仲裁协议或仲裁案件管辖权存有异议，应当在答辩期限届满前以书面形式提出。对仲裁协议或仲裁案件管辖权提出异议不影响仲裁程序的进行。管辖权异议包括仲裁案件主体资格异议。

体育仲裁委员会或经体育仲裁委员会授权的仲裁庭作出无管辖权决定的，应当撤销案件。撤案决定在仲裁庭组成前由体育仲裁委员会作出，仲裁庭组成后由仲裁庭作出，并加盖体育仲裁委员会印章。

第三章　申请和受理

第十六条　申请人依据本规则申请仲裁时应当：

（一）由申请人或其委托的代理人向体育仲裁委员会提交仲裁申请书。仲裁申请书应载明：

1. 当事人的姓名、性别、年龄、职业、工作单位和住所，法人或者非法人组织的名称、住所和法定代表人或者主要负责人的姓名、职务和联系方式；

2. 仲裁请求和所依据的事实、理由；

3. 证据和证据来源、证人姓名和住所以及联系方式。

（二）提交仲裁申请所依据的仲裁协议、体育组织章程、体育赛事规则等文件的副本；

（三）申请人的身份证明文件；

（四）对体育组织处理决定不服的纠纷，申请人还应提交体育组织处理决定的副本。

第十七条　仲裁程序自体育仲裁委员会收到仲裁申请书之日开始。

体育仲裁委员会收到仲裁申请书之日起五日内，认为符合受理条件的，应当受理，并通知当事人；认为不符合受理条件的，应当书面通知申请人不予受理，并说明理由。

体育仲裁委员会收到仲裁申请书后，认为不符合本规则第十六条规定的，可以要求当事人限期补正；逾期不补正的，视为撤回申请，申请人的仲裁申请书及其附件，体育仲裁委员会不予留存。

第十八条　体育仲裁委员会受理仲裁申请后，应当在五日内将仲裁通知、仲裁规则、仲裁员名册各一份发送双方当事人；申请人的仲裁申请书及其附件也应同时发送给被申请人。

第十九条　被申请人应当自收到仲裁申请书副本之日起十五日内提交答辩书。被申请人确有正当理由请求延长的，由仲裁庭作出决定；仲裁庭尚未组成的，由主任作出决定。仲裁庭有权决定是否接受逾期提交的答辩书。

答辩书由被申请人或其委托的代理人提交，应当包括下列内容及附件：

（一）被申请人的姓名或名称和住所，包括邮政编码、电话、传真、电子邮箱或其他电子通讯方式；

（二）对仲裁申请书的答辩及所依据的事实和理由；

（三）答辩所依据的证据材料以及其他证明文件。

体育仲裁委员会收到答辩书后，应当在五日内将答辩书副本发送申请人。

被申请人未提交答辩书的，不影响仲裁程序的进行。

第二十条 被申请人可以依据同一仲裁协议、体育组织章程、体育赛事规则提出反请求。反请求的被申请人限于仲裁程序的申请人。

被申请人提出反请求的，应当在收到仲裁通知之日起十五日内向体育仲裁委员会提交反请求申请书。逾期提交的，是否受理，仲裁庭组成前由体育仲裁委员会决定，仲裁庭组成后由仲裁庭决定。

体育仲裁委员会或者仲裁庭不同意受理的，当事人可以就反请求所涉事项向体育仲裁委员会另案提出申请。当事人另案提出申请的，不影响本案的审理。

反请求的提出和受理，参照本规则第十六条、第十七条的规定办理。同一案件中的请求和反请求应当合并审理。

体育仲裁委员会应在受理反请求申请后五日内将反请求申请书和有关材料发送反请求被申请人。反请求被申请人应当按照本规则第十九条的规定向体育仲裁委员会提交答辩书和有关材料；未提交的，不影响仲裁程序的进行。

对反请求的其他事项，参照本规则关于仲裁请求的相关规定办理。

第二十一条 当事人可以自收到仲裁通知之日起十五日内以书面形式提出变更仲裁请求或者变更反请求。仲裁庭组成前由体育仲裁委员会受理，仲裁庭组成后由仲裁庭受理。逾期提出的，由体育仲裁委员会或仲裁庭决定是否受理。

变更仲裁请求的提出、受理、答辩等事项，参照本规则第十六条至第十九条的规定办理。

第二十二条 符合下列条件之一的，经一方当事人请求，体育仲裁委员会可以决定将两个或两个以上的仲裁案件合并为一个案件进行审理：

（一）各案仲裁请求依据同一个仲裁协议提出；

（二）各案仲裁请求依据同一体育组织章程或体育赛事规则提出，且涉及的决定为同一体育组织作出的关联决定；

（三）各案仲裁请求依据多份仲裁协议提出，案涉多份仲裁协议内容相同或相容，且各案当事人相同、所涉及的法律关系性质相同；

（四）各案仲裁请求依据多份仲裁协议提出，案涉多份仲裁协议内容相同或相容，且涉及的多份合同为主从合同关系；

（五）各案仲裁请求依据多份仲裁协议提出，案涉多份仲裁协议内容相同或相容，且涉及的体育组织处理决定为同一体育组织作出的同一决定；

（六）各案当事人均同意合并仲裁。

根据本条第一款合并仲裁时，体育仲裁委员会应考虑双方当事人的意见、不同案件的仲裁员的选定或指定情况、相关仲裁案件之间的关联性等因素。

除非双方当事人另有约定，各案应合并至最先开始仲裁程序的案件中。

仲裁案件合并后，在仲裁庭组成之前，由体育仲裁委员会就仲裁程序事项作出决定；仲裁庭组成后，由仲裁庭作出决定。

第二十三条 案件有两个或两个以上的申请人或被申请人的，任何当事人均可依据相同的仲裁协议、体育组织章程、体育赛事规则提出仲裁请求。仲裁庭组成前由体育仲裁委员会决定是否受理，仲裁庭组成后由仲裁庭决定。

上述仲裁请求的提出、受理、答辩、变更等事项参照本规则第十六条至第二十一条的规定办理。

第二十四条 当事人提交申请书、答辩书、反请求申请书、证据材料以及其他书面材料，应当一式五份。当事人不止两方的，应当增加相应份数；仲裁庭组成人数为一人的，可以减少两份。

第二十五条 当事人可以委托中国或外国的仲裁代理人办理有关仲裁事项。

当事人或其仲裁代理人应向体育仲裁委员会提交载明具体委托事项和权限的授权委托书。

当事人可以委托一至三名仲裁代理人，经申请且仲裁庭同意的，可以适当增加代理人数。

第二十六条 体育仲裁委员会受理案件后，发现不应受理的，应当撤销案件，并自决定撤销案件后五日内，以决定书的形式通知当事人。

第四章 仲 裁 庭

第二十七条 仲裁庭由一名或三名仲裁员组成。

除非当事人另有约定或本规则另有规定，仲裁庭由三名仲裁员组成。

第二十八条 仲裁庭由三名仲裁员组成的，申请人和被申请人应在收到仲裁通知后十五日内各自选定或委托主任从《仲裁员名册》中指定一名仲裁员。当事人未在上述期限内选定或委托主任指定的，由主任指定。

第三名仲裁员由双方当事人在被申请人收到仲裁通知后十五日内共同选定或共同委托主任从《仲裁员名册》中指定。第三名仲裁员为仲裁庭的首席仲裁员。

双方当事人可以各自推荐一至五名候选人作为首席仲裁员人选，并按照本条第二款规定的期限提交推荐名单。双方当事人的推荐名单中有一名人选相同的，该人选为双方当事人共同选定的首席仲裁员；有一名以上人选相同的，由主任根据案件的具体情况在相同人选中确定一名首席仲裁员，该名首席仲裁员仍为双方共同选定的首席仲裁员；推荐名单中没有相同人选时，首席仲裁员由主任从双方当事人推荐名单之外的《仲裁员名册》中另行指定产生，但已经取得未推荐该首席仲裁员的当事人同意的除外。

双方当事人未能按照上述规定共同选定首席仲裁员的，由主任指定首席仲裁员。

与反兴奋剂有关的体育仲裁中，应至少有一名具有法学背景或法律专业经验的仲裁员。双方当事人应按照本条第三款、第四款的规定，从《反兴奋剂仲裁员名册》中至少选择一名仲裁员。

第二十九条 仲裁庭由一名仲裁员组成的，参照本规则第二十八条第二款至第四款的规定选定或指定独任仲裁员。

与反兴奋剂有关的体育仲裁中，独任仲裁员应当有法学背景和法律专业经验。双方当事人应参照本规则第二十八条第三款、第四款的规定，从《反兴奋剂仲裁员名册》中选择一名仲裁员。

第三十条 仲裁案件的申请人、被申请人有两个或两个以上时，申请人、被申请人应各自协商，共同选定或共同委托主任指定一名仲裁员。

首席仲裁员或独任仲裁员应按照本规则第二十八条第二款至第四款的规定选定或指定。申请人、被申请人按照本规则第二十八条第三款的规定选定首席仲裁员或独任仲裁员时，应共同协商，提交共同选定的候选人名单。

如果申请人、被申请人未能在收到仲裁通知后十五日内共同选定或共同委托主任指定一名仲裁员，则由主任指定三名仲裁员组成仲裁庭，并从中确定一人担任首席仲裁员。

第三十一条 体育仲裁委员会应当在仲裁庭组成之日起五日内，将组庭情况书面通知当事人。

第三十二条 仲裁员收到组庭通知后应当签署声明书，承诺独立、公正仲裁，并主动书面披露其知悉的可能引起对其独立性、公正性产生合理怀疑的情形。

仲裁员认为应当披露的情形足以构成应当回避的事由，应当主动回避。

应当披露的情形在签署声明书后出现的，仲裁员应当及时主动书面披露。

体育仲裁委员会在收到存在披露事项的声明书后，应及时发送给当事人。

第三十三条 仲裁员有下列情形之一的，应当回避，当事人也有权提出回避申请：

（一）是本案当事人或者当事人、代理人的近亲属；

（二）仲裁员或其近亲属与本案有利害关系；

（三）与本案当事人、代理人有其他关系，可能影响公正仲裁；

（四）私自会见当事人、代理人，或者接受当事人、代理人请客送礼；

（五）其他影响公正仲裁的情形。

当事人对仲裁员提出回避申请，应当在知悉回避事由后十日内且不迟于首次庭审开始前提出；首次庭审开始后才知悉回避事由的，不迟于知悉该事由后十日内提出。

当事人以仲裁员按照本规则第三十二条规定所披露的事项为由提出回避申请的，应当在收到仲裁员信息披露声明书后十日内提出；逾期未提出的，不得再以仲裁员已经披露的事项为由提出回避申请。

当事人在获知仲裁庭组成后聘请的代理人与仲裁员形成应当回避的情形的，视为放弃就此申请回避的权利，但不影响其他当事人就此申请回避的权利。

回避申请应当以书面形式向体育仲裁委员会提出，说明理由并提供相关证据。体育仲裁委员会在收到当事人的回避申请书后，应当立即转交其他当事人和仲裁庭全体成员，并听取意见。

如果一方当事人请求仲裁员回避，另一方当事人同意回避请求，或被请求回避的仲裁员主动提出不再担任该仲裁案件的仲裁员，则该仲裁员不再担任仲裁员审理本案。上述情形并不表示当事人提出回避的理由成立。

除本条第六款规定的情形外，仲裁员是否回避，由主任作出终局决定。

仲裁秘书、翻译人员、鉴定人、勘验人的回避，参照适用本条规定。

第三十四条　仲裁员由于回避、主动退出或其他特定原因不能履行职责的，应当替换。

仲裁员在法律上或事实上不能履行其职责，或者没有按照本规则的要求履行职责的，主任有权决定将其替换，并给予双方当事人和仲裁庭全体成员提出书面意见的机会。

被替换的仲裁员原来由当事人指定的，当事人应当按原指定仲裁员的方式自收到通知之日起五日内重新指定，逾期未重新指定的，由主任指定；原来由主任指定的，由主任另行指定。

除非当事人另有约定，仲裁员替换后，由仲裁庭决定此前已进行的全部或部分审理程序是否需要重新进行。仲裁庭决定全部审理程序重新进行的，裁决作出期限从仲裁庭决定重新进行审理程序之日起计算。

第三十五条　最后一次开庭终结后，如果三人仲裁庭中的一名仲裁员因特殊原因不能参加合议并作出裁决，主任可以按照本规则第三十四条的规定替换该仲裁员；但在征得双方当事人及主任同意后，其他两名仲裁员也可以继续进行仲裁程序，作出决定或裁决。

第五章 审　理

第三十六条　除非当事人另有约定，仲裁庭有权决定采取适当的方式审理案件。在任何情形下，仲裁庭均应公平公正地对待双方当事人，给予双方当事人陈述与辩论的合理机会。

仲裁庭原则上应当开庭审理案件，开庭方式可由仲裁庭根据案件具体情况确定。

当事人约定不开庭，或者仲裁庭认为没有必要开庭审理并征得双方当事人同意的，可以根据当事人提交的文件进行书面审理。

第三十七条　现场开庭一般在体育仲裁委员会所在地进行。经体育仲裁委员会审查同意，仲裁庭有权自行选择或者根据当事人的约定，在体育仲裁委员会所在地以外的地点开庭。

当事人约定在体育仲裁委员会所在地以外的地点现场开庭的，承担由此发生的费用。当事人应当在体育仲裁委员会规定的期限内按照约定或者仲裁庭确定的比例预交上述费用；未预交的，仍在体育仲裁委员会所在地现场开庭。

第三十八条　仲裁不公开进行，但本规则另有规定的除外。

不公开审理的案件，双方当事人及其仲裁代理人、仲裁员、证人、翻译、仲裁庭咨询的专家和鉴定人以及其他有关人员，均不得向外界透露案件实体和程序的有关情况。

当事人及其委托代理人书面申请要求拍照、复制庭审笔录的，仲裁庭应当准许，但复制庭审笔录的当事人、代理人应当签订承诺书，保守庭审秘密，不得向外界透露。

第三十九条　当事人约定公开的，经主任审查认为不涉及国家秘密、案外人商业秘密和个人隐私的，体育仲裁可以公开进行。

与反兴奋剂有关的体育仲裁中，运动员或其他自然人当事人申请公开审理的，仲裁庭应当公开审理。涉及国家秘密、个人隐私或存在其他不宜公开审理情形的案件除外。

公开审理的案件，应当允许公众旁听，或通过网络视频直播等形式对外公开。

第四十条　仲裁庭应当在首次开庭十日前，将开庭日期、地点书面通知双方当事人。

当事人有正当理由的，应当在开庭审理五日前请求提前或延期开庭，并由仲裁庭对此作出决定。

第四十一条 申请人经书面通知,无正当理由不到庭或者未经仲裁庭许可中途退庭的,可以视为撤回仲裁申请。被申请人提出反请求的,不影响仲裁庭对被申请人的反请求进行缺席审理。

被申请人经书面通知,无正当理由不到庭或者未经仲裁庭许可中途退庭的,仲裁庭可以缺席审理。被申请人提出反请求的,视为撤回反请求。

第四十二条 仲裁秘书应当按照庭审情况制作庭审笔录。根据当事人或者仲裁庭的要求,调解情况可以不记入庭审笔录。

庭审笔录由仲裁员、仲裁秘书、当事人和其他仲裁参与人签名或者盖章。

当事人和其他仲裁参与人认为庭审笔录对自己陈述的记录有遗漏或者差错的,可以向仲裁庭申请补正。

当事人或者其他仲裁参与人拒绝在庭审笔录中签名或者盖章的,应当在庭审笔录中记入有关情况,并由仲裁员、仲裁秘书签名。

仲裁庭可以决定采用同步录音录像的方式对庭审进行记录,并在庭审前告知当事人。

第四十三条 当事人对自己的主张承担举证责任。

因不服体育社会组织、运动员管理单位、体育赛事活动组织者的处理决定而申请仲裁的案件,除当事人举证之外,体育社会组织、运动员管理单位、体育赛事活动组织者也应当对其处理决定的依据承担举证责任。

仲裁庭可以规定当事人提交证据的期限。当事人应在规定的期限内提交证据。逾期提交的,仲裁庭可以不予接受。当事人在举证期限内提交证据材料确有困难的,可以在期限届满前申请延长举证期限。是否延长,由仲裁庭决定。

当事人未能在规定的期限内提交证据,或者虽提交证据但不能证明其主张的,负有举证责任的当事人承担因此产生的后果。

第四十四条 开庭审理的案件,在庭审前已经交换的证据应当在庭审调查中出示,由当事人互相质证。

案件证据较多且仲裁庭认为有必要的,可以在庭审前由首席仲裁员、独任仲裁员或者委托仲裁秘书召集当事人进行庭前质证。经过庭前质证的证据,仲裁庭在庭审调查中说明后,可以不再出示和质证。

当事人当庭或者庭审结束后提交的证据材料,仲裁庭决定接受但不再开庭的,可以要求当事人在指定期限内提交书面质证意见。

书面审理的案件应当书面质证,当事人应在仲裁庭指定的期限内提交书面质证意见。

通过书面形式进行质证的，当事人有权要求查看、核对证据原件。

第四十五条 当事人申请证人出庭作证的，应当以书面形式提出，由仲裁庭对此作出决定。书面申请应当包括证人身份信息、联系方式、作证内容、作证内容与证明事项的关联性以及证人出庭的必要性等内容，并附证人身份证明文件。仲裁庭同意证人出庭作证的，可以根据当事人提供的联系方式通知证人出庭。

证人出庭作证时，仲裁庭、当事人可以就作证内容向证人提问，证人应当如实作出回答。

第四十六条 当事人可以就查明事实的专门性问题申请鉴定。当事人申请鉴定的，应提交书面申请及必要的证明材料。申请进行鉴定的事项与待证事实无关联或对证明待证事实无意义的，仲裁庭可以不予准许。当事人未提出申请，但仲裁庭认为有必要鉴定的，可以决定进行鉴定。

当事人申请进行鉴定，仲裁庭应当在合理期限内作出决定。仲裁庭决定进行鉴定的，应当通知当事人在规定期限内选定鉴定机构并告知鉴定事项。当事人选定鉴定机构并确定需要鉴定的事项后，由仲裁庭统一委托鉴定机构。

当事人应当在仲裁庭规定的期限内共同选定具备相应资格的鉴定机构或者共同确定选择鉴定机构的规则。当事人未达成一致意见的，由仲裁庭指定。

当事人应当按照仲裁庭确定的比例和期限预交鉴定费用。除仲裁庭认为有必要而决定进行鉴定之外，当事人在指定期限内未预交鉴定费用的，不进行鉴定。鉴定费用的最终承担主体和比例，由仲裁庭在裁决中确定。

第四十七条 当事人申请听取有关专业技术人员专业技术意见的，应当在提交的书面申请中明确有关专业技术人员的身份信息、联系方式以及拟证明的专业技术性问题等内容，并附有关专业技术人员的身份证明文件及其具有相关专业技术水平的证明文件。是否接受当事人申请，由仲裁庭决定。

仲裁庭听取专业技术意见应当在庭审调查程序中进行，组织当事人对出庭的专业技术人员进行询问；当事人各自申请的专业技术人员可以就鉴定意见或者专业技术性问题对质。经当事人一致同意，也可以书面质证。

有关专业技术人员不得参与鉴定意见或者专业技术性问题之外的审理活动。

有关专业技术人员出庭的费用，由提出申请的当事人自行承担。

第四十八条 有下列情形之一的，可以中止仲裁程序：

（一）双方当事人共同申请或者一方当事人申请、其他当事人未表示反对的；

（二）当事人因不可抗力不能参加仲裁的；

（三）本案的审理需以其他未决事项为依据的；

（四）存在其他特殊情况需要中止仲裁程序的。

第四十九条 中止情形消失后，任何一方当事人申请恢复仲裁程序或者体育仲裁委员会、仲裁庭认为有必要恢复的，可以恢复仲裁程序。

仲裁程序的中止及恢复，由仲裁庭决定；仲裁庭尚未组成的，由主任决定。

第五十条 当事人可以撤回全部仲裁请求或全部仲裁反请求。申请人撤回全部仲裁请求的，不影响仲裁庭就被申请人的仲裁反请求进行审理和裁决。被申请人撤回全部仲裁反请求的，不影响仲裁庭就申请人的仲裁请求进行审理和裁决。

因当事人自身原因致使仲裁程序不能进行的，可以视为其撤回仲裁请求或反请求。

当事人撤回仲裁申请的，仲裁庭组成前由体育仲裁委员会决定，仲裁庭组成后由仲裁庭决定。

仲裁请求和反请求全部撤回的，案件可以撤销。仲裁庭组成前撤销案件的，由主任作出撤案决定；仲裁庭组成后撤销案件的，由仲裁庭作出撤案决定。作出的撤案决定，均应加盖体育仲裁委员会印章。

第五十一条 仲裁庭可以在仲裁程序中对案件进行调解，双方当事人也可以自行和解。

与反兴奋剂有关的体育仲裁中，仲裁庭进行调解或当事人自行和解，还需要征得中国反兴奋剂中心的同意。

仲裁庭在征得双方当事人同意后可以按照其认为适当的方式进行调解。

调解过程中，任何一方当事人提出终止调解或仲裁庭认为已无调解成功的可能时，仲裁庭应终止调解。

双方当事人经仲裁庭调解达成和解或自行和解的，应签订和解协议。

当事人经调解达成或自行达成和解协议的，可以撤回仲裁请求或反请求，也可以请求仲裁庭根据当事人和解协议的内容作出裁决书或制作调解书。

当事人请求制作调解书的，调解书应当写明仲裁请求和当事人书面和解协议的内容，由仲裁员署名，并加盖体育仲裁委员会印章，送达双方当事人后发生法律效力。

调解不成功的，仲裁庭应当继续进行仲裁程序并作出裁决，任何一方当事人均不得在其后的仲裁程序、司法程序及其他任何程序中援引对方当事人或仲裁庭在调解过程中曾发表的意见、提出的观点、作出的陈述、表示认同或否定的建议或主张，作为其请求、答辩或反请求的依据。

第六章　决定和裁决

第五十二条　体育仲裁委员会与仲裁庭可以在案件审理过程中，就涉及的程序事项作出决定。

经当事人一致同意或其他仲裁员授权，首席仲裁员可以就程序事项作出决定。

决定自作出之日起发生法律效力。

第五十三条　仲裁庭应当根据案件事实，依照法律以及有关体育组织的规定、体育赛事规则，公平合理、独立公正地作出裁决。

仲裁庭由三名仲裁员组成的，作出决定、裁决前应当进行合议，并按照多数仲裁员意见作出；不能形成多数意见的，应当按照首席仲裁员的意见作出。

仲裁庭由一名仲裁员组成的，决定、裁决由独任仲裁员作出。

第五十四条　仲裁庭作出裁决应当制作裁决书。裁决书应当写明仲裁请求、案件事实、裁决理由、裁决结果、仲裁费用的承担、裁决日期和逾期履行的法律后果。根据当事人达成的和解协议作出的裁决或当事人另有约定的，可以不写明有关案件事实、裁决理由。

仲裁庭作出的决定书、裁决书、调解书由仲裁员签名，加盖体育仲裁委员会印章。持不同意见的仲裁员，可以签名，也可以不签名。不签名的仲裁员应当出具书面意见交体育仲裁委员会存档，该书面意见不构成决定书、裁决书的组成部分，由体育仲裁委员会决定是否将该书面意见附于决定书、裁决书后。

第五十五条　仲裁庭应在组庭后的三个月内作出裁决。

特殊情况需要延长的，由首席仲裁员或者独任仲裁员在期满前提出书面申请，经主任批准可以适当延长。

鉴定期间、中止期间、公告期间、提请专家咨询期间、双方当事人共同申请延期开庭审理或者调解、和解的时间不计算在内。

第五十六条　仲裁庭认为必要或者当事人申请经仲裁庭同意时，仲裁庭可以在最终裁决作出前，就某些请求事项作出部分裁决。

仲裁庭认为必要或者当事人申请经仲裁庭同意时，仲裁庭可以就案件程序问题或者实体问题作出中间裁决。

当事人应当履行部分裁决或中间裁决。当事人不履行的，不影响仲裁程序的进行和最终裁决的作出。

第五十七条　裁决书自作出之日起发生法律效力。

裁决书作出后，当事人应当按照裁决书确定的履行期限履行裁决；没有规定履行期限的,应当立即履行。任何一方不履行的,当事人可以依照《中华人民共和国民事诉讼法》的有关规定向有管辖权的人民法院申请强制执行。

第五十八条 仲裁庭有权在裁决书中确定双方当事人应当承担的仲裁费用和实际发生的其他费用,包括但不限于鉴定费用、评估费用、审计费用、差旅费、公证费和律师费用等。

除非当事人另有约定,仲裁费用原则上由败诉的当事人承担;当事人部分胜诉,部分败诉的,由仲裁庭根据具体情况确定各自承担的比例。自行和解或者经仲裁庭调解结案的,当事人可以协商确定各自承担的比例。

当事人违反本规则规定导致案件审理程序拖延的,其仲裁费用承担不受前款规定的限制。因程序拖延导致其他费用发生或者增加的,当事人还应承担其他相应的费用。

第五十九条 仲裁庭应在裁决书作出前将裁决书草案提交体育仲裁委员会核阅。在不影响仲裁庭独立性的前提下,体育仲裁委员会可以对裁决书进行形式审查并做相应修订,也可以提示仲裁庭注意实体问题。

第六十条 对裁决书中的文字、符号、图表、计算、打印错误或者类似错误,仲裁庭应当更正。

对当事人申请仲裁的事项遗漏裁决的,仲裁庭应当作出补充裁决。仲裁庭认为有必要开庭审理的,可以就遗漏裁决的事项进行开庭审理。

当事人自收到裁决书之日起三十日内可以请求仲裁庭补正或者作出补充裁决。

仲裁庭作出的补正或者补充裁决为原裁决书的组成部分。

决定书、调解书的补正参照适用本条规定。

第六十一条 人民法院通知重新仲裁的,仲裁庭应当重新审理,并作出裁决。

第七章 特别程序

第六十二条 发生在重大体育赛事活动期间或开幕式前十日内,需要即时处理的体育赛事活动纠纷,适用体育仲裁特别程序规则。

第六十三条 应重大体育赛事活动组委会邀请,体育仲裁委员会可在赛事活动期间设立《特别程序仲裁员名册》,仲裁需要即时处理的纠纷。

《特别程序仲裁员名册》从《仲裁员名册》中选定九至十二名组成,其中应包含三名《反兴奋剂仲裁员名册》中的仲裁员。

体育仲裁委员会可以根据情况,在重大体育赛事活动期间对《特别程序仲裁员名册》进行调整。

第六十四条 特别程序中,仲裁文件一般通过电子邮件、电话等形式送达当事人或其仲裁代理人,通过电话形式送达的,体育仲裁委员会应当随后补充发送书面仲裁文件。

第六十五条 申请人依据特别程序申请仲裁时,仲裁申请书除应写明本规则第十六条规定的内容以外,还应写明申请人和被申请人在重大体育赛事活动期间的地址。

第六十六条 受理申请后,主任应当从《特别程序仲裁员名册》中指定三名仲裁员组成仲裁庭,并同时指定首席仲裁员。与反兴奋剂有关的体育仲裁中,应至少有一名反兴奋剂仲裁员,且有一名具有法学背景或法律专业经验的仲裁员。

如果情况合适,主任可以指定独任仲裁员。与反兴奋剂有关的体育仲裁中,独任仲裁员应当是具有法学背景或法律专业经验的反兴奋剂仲裁员。

第六十七条 仲裁员收到组庭通知后,应当立即书面披露其知悉的可能引起对其独立性、公正性产生合理怀疑的任何情形,并在存在该情形时立即回避。

当事人在知道或应当知道仲裁员存在回避情形时应立即提出回避。

主任应当立即对当事人提出的回避请求作出决定。情况允许时,主任应当在作出决定前听取有关当事人和仲裁员的意见。

第六十八条 依据同一赛事规则申请的仲裁,如果与适用特别程序的其他在先未决案件关联,主任可以决定将在后申请指派给在先申请的仲裁庭合并裁决。

主任在决定本条第一款的指派时,应当尽可能地考虑包括两案之间的关系、在先案件的进展在内的所有情形。

第六十九条 仲裁庭应采取其认为适当的方式组织仲裁程序。

仲裁庭应当在受理申请后立即向双方当事人发送开庭通知。向被申请人发送的开庭通知应附申请书副本。

仲裁庭应在庭审时听取双方当事人的意见。若事实清楚,证据充分,仲裁庭可以决定不举行庭审,并立即作出裁决。

仲裁庭可以采取适当的措施推进取证、举证、质证等与证据有关的仲裁程序。

当事人没有参加庭审的,仲裁庭可以缺席审理。

第七十条 仲裁庭应在仲裁申请提出后二十四小时内作出裁决。确有特殊情况的,主任可适当延长裁决作出的时限。

第七十一条 仲裁庭作出的裁决是终局裁决,自裁决作出之日起发生法律效力。

裁决作出后应当立即通知当事人。仲裁庭可以仅通知当事人裁决结果,但应在裁决作出十五日内补充说明理由。

第七十二条 在综合考虑申请人的仲裁请求、纠纷的性质、复杂性和紧急性、当事人参与庭审的权利等案件的所有情况后,仲裁庭既可以作出终局裁决,也可以将纠纷移交体育仲裁委员会按照普通程序进行仲裁,还可以对纠纷的部分作出裁决,将纠纷的未解决部分移交体育仲裁委员会按照普通程序仲裁。

移交普通程序后,仍由原仲裁庭仲裁,仲裁期限自体育赛事仲裁特别程序受案之日起计算。

第七十三条 本章未规定的事项,适用本规则其他规定。

第八章 附 则

第七十四条 当事人可以向体育仲裁委员会申请临时措施,具体程序由体育仲裁委员会制定。

第七十五条 体育仲裁委员会的仲裁语言为中文。

当事人可以约定以英文为仲裁语言。

当事人约定仲裁语言为其他语言的,由体育仲裁委员会或仲裁庭根据案件具体情况决定。

当事人提交的各种文书、书证,体育仲裁委员会或者仲裁庭认为有必要的,可以要求当事人提供相应的中文译本或者其他语言的译本。

庭审时当事人或者其代理人、证人需要翻译的,可以由体育仲裁委员会提供翻译,也可以由当事人自行提供翻译。翻译费用由当事人自行承担。

第七十六条 当事人应当按照规定交纳体育仲裁费用。

第七十七条 本规则规定的"一日""二日""三日""五日""十日""十五日"指工作日,"二十一日""三十日"指自然日。

第七十八条 本规则自 2023 年 1 月 1 日起施行。

自本规则施行之日起,体育仲裁委员会受理的案件适用本规则。

中国体育仲裁委员会组织规则

（2023年1月1日国家体育总局令第29号公布　自2023年1月1日起施行　国司备字[2023007707]）

第一章　总　　则

第一条　为了及时、公正解决体育纠纷，保护当事人的合法权益，根据《中华人民共和国体育法》等有关法律，制定本规则。

第二条　中国体育仲裁委员会（以下简称体育仲裁委员会）是由国家体育总局（以下简称体育总局）依法设立、专门处理体育纠纷案件的仲裁机构。

第三条　体育仲裁依法独立运行，不受行政机关、社会组织和个人的干涉。

第四条　体育仲裁委员会所在地为中华人民共和国北京市。

第二章　体育仲裁委员会

第五条　体育仲裁委员会由体育行政部门代表、体育社会组织代表、运动员代表、教练员代表、裁判员代表以及体育、法律专家组成。

体育仲裁委员会组成人员应当拥护中国共产党领导，弘扬社会主义核心价值观和中华体育精神。

第六条　体育仲裁委员会设主任一名，副主任和委员若干名，组成人员总人数不超过二十一人，且为单数。三分之二以上的组成人员应当具有八年以上体育或法律教学、科研或者实务经历。组成人员一般聘期为四年，由体育总局聘任并颁发聘书。

体育仲裁委员会组成人员有违反相关法律法规或任职管理规定的，由体育总局予以解聘。组成人员因辞职、岗位变动、解聘或其他原因无法履行职责时，应及时增补。

第七条　体育仲裁委员会应当按照决策权、执行权、监督权相互分离、有效制衡、权责对等的原则，制定《中国体育仲裁委员会章程》（以下简称章程），具体规定体育仲裁委员会组织机构的产生办法和职能。

章程不得违反法律、法规与本规则规定。

第八条　体育仲裁委员会依法履行下列职责：

（一）制定、修改章程；

（二）聘任、解聘仲裁员；

（三）根据《体育仲裁规则》仲裁体育纠纷；

（四）开展内部监督活动；

（五）制定体育仲裁委员会内部管理办法；

（六）履行法律、法规以及章程规定应当履行的其他职责。

第九条 体育仲裁委员会应当每年至少召开两次全体会议，研究体育仲裁委员会职责履行情况和重要工作事项。

体育仲裁委员会主任或者三分之一以上的体育仲裁委员会委员提议召开全体会议的，应当召开。

体育仲裁委员会的决定实行少数服从多数原则，作出决定的方式由章程规定。

第十条 体育仲裁委员会根据工作需要设置专门委员会，其负责人由体育仲裁委员会主任从体育仲裁委员会组成人员中提名，体育仲裁委员会决定聘用和解聘。

第十一条 体育仲裁委员会的经费依法由财政予以保障。

第十二条 体育仲裁委员会处理纠纷案件实行仲裁庭制度。

体育仲裁委员会可以根据重大体育赛事活动实际需要，适用体育仲裁特别程序，但仲裁地仍为体育仲裁委员会所在地。

第十三条 体育仲裁委员会设专门的仲裁场所。仲裁场所应当悬挂仲裁徽章，张贴仲裁庭纪律及注意事项等，并配备仲裁专业设备、档案储存设备、安全监控设备和安检设施等。

第三章 仲裁员

第十四条 仲裁员由体育仲裁委员会聘任，依法独立仲裁体育纠纷。

第十五条 体育仲裁委员会应当建立仲裁员名册，并予以公告。

第十六条 仲裁员依法享有以下权利：

（一）独立处理体育纠纷，不受行政机关、社会组织和个人的干涉；

（二）履行职责应具有的职权和工作条件；

（三）人身、财产安全不因履行职责受到威胁、侵犯；

（四）法律、法规以及中国体育仲裁委员会制定的仲裁员聘任和管理办法规定的其他权利。

第十七条 仲裁员应当履行以下义务：

（一）依法处理体育纠纷；

（二）维护国家利益和公共利益，保护当事人合法权益；

（三）严格执行廉政规定，恪守职业道德；

（四）自觉接受监督；

（五）参加聘前培训和履职培训；

（六）法律、法规以及中国体育仲裁委员会制定的仲裁员聘任和管理办法规定的其他义务。

第十八条 仲裁员聘期一般为四年。体育仲裁委员会负责仲裁员考核，考核结果作为解聘和续聘仲裁员的依据。

第十九条 仲裁员培训和考核标准由体育仲裁委员会规定。

第二十条 体育仲裁委员会统一免费发放仲裁员证和仲裁徽章。

第四章 监督管理

第二十一条 体育仲裁委员会应当设立监事会，建立内部监督制度，对申请受理、办案程序、仲裁员及其他工作人员的行为等进行监督，但不得干涉具体案件。

第二十二条 仲裁员有下列情形之一的，体育仲裁委员会应当予以解聘：

（一）在聘期内因工作岗位变动或者其他原因不再履行仲裁员职责的；

（二）年度培训未达规定时间的；

（三）年度考核不合格的；

（四）受到所在单位记过以上处分的；

（五）因违规违纪违法不能继续履行仲裁员职责的；

（六）其他应当解聘的情形。

第二十三条 仲裁员不得有下列行为：

（一）徇私枉法，偏袒一方当事人；

（二）滥用职权，侵犯当事人合法权益；

（三）利用职权为自己或者他人谋取私利；

（四）隐瞒证据或者伪造证据；

（五）故意隐瞒应当回避的事实，导致严重后果；

（六）私自会见当事人及其代理人，接受当事人及其代理人的请客送礼；

（七）故意拖延办案、玩忽职守；

（八）泄露案件涉及的国家秘密、商业秘密和个人隐私或者擅自透露案件处理情况；

（九）在受聘期间担任体育仲裁委员会受理案件的代理人；

（十）其他违规违纪违法行为。

仲裁员有上述行为的，体育仲裁委员会视情节轻重，给予批评教育、解聘等处理；因上述行为被解聘的，不得再聘为仲裁员，并将相关情况通报仲裁员所在单位。构成犯罪的，依法追究刑事责任。

第二十四条 仲裁秘书等办案辅助人员应当认真履行职责，严守工作纪律，不得有玩忽职守、偏袒一方当事人、泄露案件涉及的国家秘密、商业秘密和个人隐私或者擅自透露案件处理情况等行为。违反上述规定的，按照有关法律、法规和本规则第二十三条的规定处理。

第二十五条 体育仲裁委员会对被解聘、辞职以及其他原因不再聘任的仲裁员，应当及时收回仲裁员证和仲裁徽章，并予以公告。

第五章　附　　则

第二十六条 体育仲裁委员会应当加强与国外体育仲裁机构和国外体育组织的沟通交流，按照互惠原则处理相关事务。

第二十七条 本规则自 2023 年 1 月 1 日起施行。

司法解释

最高人民法院关于办理申请执行监督案件若干问题的意见

（2023年1月19日　法发〔2023〕4号）

为进一步完善申请执行监督案件办理程序，推动法律正确统一适用，根据《中华人民共和国民事诉讼法》的规定和《最高人民法院关于进一步完善执行权制约机制加强执行监督的意见》的要求，结合执行工作实际，制定本意见。

第一条　当事人、利害关系人对于人民法院依照民事诉讼法第二百三十二条规定作出的执行复议裁定不服，向上一级人民法院申请执行监督，人民法院应当立案，但法律、司法解释或者本意见另有规定的除外。

申请人依法应当提出执行异议而未提出，直接向异议法院的上一级人民法院申请执行监督的，人民法院应当告知其向异议法院提出执行异议或者申请执行监督；申请人依法应当申请复议而未申请，直接向复议法院的上一级人民法院申请执行监督的，人民法院应当告知其向复议法院申请复议或者申请执行监督。

人民法院在办理执行申诉信访过程中，发现信访诉求符合前两款规定情形的，按照前两款规定处理。

第二条　申请执行人认为人民法院应当采取执行措施而未采取，向执行法院请求采取执行措施的，人民法院应当及时审查处理，一般不立执行异议案件。

执行法院在法定期限内未执行，申请执行人依照民事诉讼法第二百三十三条规定请求上一级人民法院提级执行、责令下级人民法院限期执行或者指令其他人民法院执行的，应当立案办理。

第三条　当事人对执行裁定不服，向人民法院申请复议或者申请执行监督，有下列情形之一的，人民法院应当以适当的方式向其释明法律规定或者法定救济途径，一般不作为执行复议或者执行监督案件受理：

（一）依照民事诉讼法第二百三十四条规定，对案外人异议裁定不服，依照审判监督程序办理或者向人民法院提起诉讼的；

（二）依照《最高人民法院关于民事执行中变更、追加当事人若干问题的规定》第三十二条规定，对处理变更、追加当事人申请的裁定不服，可以向人民法院提起执行异议之诉的；

（三）依照民事诉讼法第二百四十四条规定，仲裁裁决被人民法院裁定不予执行，当事人可以重新申请仲裁或者向人民法院起诉的；

（四）依照《最高人民法院关于公证债权文书执行若干问题的规定》第二十条规定，公证债权文书被裁定不予执行或者部分不予执行，当事人可以向人民法院提起诉讼的；

（五）法律或者司法解释规定不通过执行复议程序进行救济的其他情形。

第四条 申请人向人民法院申请执行监督，有下列情形之一的，不予受理：

（一）针对人民法院就复议裁定作出的执行监督裁定提出执行监督申请的；

（二）在人民检察院对申请人的申请作出不予提出检察建议后又提出执行监督申请的。

前款第一项规定情形，人民法院应当告知当事人可以向人民检察院申请检察建议，但因人民检察院提出检察建议而作出执行监督裁定的除外。

第五条 申请人对执行复议裁定不服向人民法院申请执行监督的，参照民事诉讼法第二百一十二条规定，应当在执行复议裁定发生法律效力后六个月内提出。

申请人因超过提出执行异议期限或者申请复议期限向人民法院申请执行监督的，应当在提出异议期限或者申请复议期限届满之日起六个月内提出。

申请人超过上述期限向人民法院申请执行监督的，人民法院不予受理；已经受理的，裁定终结审查。

第六条 申请人对高级人民法院作出的执行复议裁定不服的，应当向原审高级人民法院申请执行监督；申请人向最高人民法院申请执行监督，符合下列情形之一的，最高人民法院应当受理：

（一）申请人对执行复议裁定认定的基本事实和审查程序无异议，但认为适用法律有错误的；

（二）执行复议裁定经高级人民法院审判委员会讨论决定的。

第七条 向最高人民法院申请执行监督的，执行监督申请书除依法必须载明的事项外，还应当声明对原裁定认定的基本事实、适用的审查程序没有异议，同时载明案件所涉法律适用问题的争议焦点、论证裁定适用法律存在错误的理由和依据。

申请人提交的执行监督申请书不符合前款规定要求的，最高人民法院应当给予指导和释明，一次性全面告知其在十日内予以补正；申请人无正当理由逾期未予补正的，按撤回监督申请处理。

第八条 高级人民法院作出的执行复议裁定适用法律确有错误，且符合下列情形之一的，最高人民法院可以立执行监督案件：

（一）具有普遍法律适用指导意义的；

（二）最高人民法院或者不同高级人民法院之间近三年裁判生效的同类案件存在重大法律适用分歧，截至案件审查时仍未解决的；

（三）最高人民法院认为应当立执行监督案件的其他情形。

最高人民法院对地方各级人民法院、专门人民法院已经发生法律效力的执行裁定，发现确有错误，且符合前款所列情形之一的，可以立案监督。

第九条 向最高人民法院申请的执行监督案件符合下列情形之一的，最高人民法院可以决定由原审高级人民法院审查：

（一）案件可能存在基本事实不清、审查程序违法、遗漏异议请求情形的；

（二）原执行复议裁定适用法律可能存在错误，但不具有普遍法律适用指导意义的。

第十条 高级人民法院经审查，认为原裁定适用法律确有错误，且符合本意见第八条第一项、第二项规定情形之一，需要由最高人民法院审查的，经该院审判委员会讨论决定后，可以报请最高人民法院审查。

最高人民法院收到高级人民法院根据前款规定提出的报请后，认为有必要由本院审查的，应当立案审查；认为没有必要的，不予立案，并决定交高级人民法院立案审查。

第十一条 最高人民法院应当自收到执行监督申请书之日起三十日内，决定由本院或者作出执行复议裁定的高级人民法院立案审查。

最高人民法院决定由原审高级人民法院审查的，应当在作出决定之日起十日内将执行监督申请书和相关材料交原审高级人民法院立案审查，并及时通知申请人。

第十二条 除《最高人民法院关于执行案件立案、结案若干问题的意见》第二十六条规定的结案方式外，执行监督案件还可采用以下方式结案：

（一）撤销执行异议裁定和执行复议裁定，发回异议法院重新审查；或者撤销执行复议裁定，发回复议法院重新审查；

（二）按撤回执行监督申请处理；

（三）终结审查。

第十三条 人民法院审查执行监督案件，一般应当作出执行裁定，但不支持申诉请求的，可以根据案件具体情况作出驳回通知书。

第十四条 本意见自2023年2月1日起施行。本意见施行以后，最高人民法院之前有关意见的规定与本意见不一致的，按照本意见执行。

最高人民法院于本意见施行之前受理的申请执行监督案件，施行当日尚未审查完毕的，应当继续审查处理。

附：

2023 年 1 月份报国务院备案并予以登记的地方性法规、自治条例、单行条例和地方政府规章目录

地方性法规

法规名称	公布日期	备案登记编号
阳泉市人民代表大会常务委员会关于修改《阳泉市城市绿化条例》《阳泉市市容和环境卫生管理条例》的决定	2022 年 1 月 25 日	国司备字［2023007620］
内蒙古自治区志愿服务条例	2022 年 9 月 28 日	国司备字［2023007518］
内蒙古自治区固体废物污染环境防治条例	2022 年 9 月 28 日	国司备字［2023007519］
内蒙古自治区城镇供热条例	2022 年 9 月 28 日	国司备字［2023007520］
内蒙古自治区人民代表大会常务委员会关于修改《内蒙古自治区消防条例》的决定	2022 年 9 月 28 日	国司备字［2023007530］
内蒙古自治区人民代表大会常务委员会关于废止《内蒙古自治区人民代表大会常务委员会经济工作监督办法》的决定	2022 年 9 月 28 日	国司备字［2023007531］
内蒙古自治区革命文物保护利用条例	2022 年 11 月 23 日	国司备字［2023007532］
内蒙古自治区煤炭管理条例	2022 年 11 月 23 日	国司备字［2023007534］
内蒙古自治区河湖保护和管理条例	2022 年 11 月 23 日	国司备字［2023007536］
内蒙古自治区档案条例	2022 年 11 月 23 日	国司备字［2023007538］

续表

法规名称	公布日期	备案登记编号
内蒙古自治区人民代表大会常务委员会关于修改《内蒙古自治区安全生产条例》的决定	2022 年 11 月 23 日	国司备字［2023007540］
内蒙古自治区人民代表大会常务委员会关于修改《内蒙古自治区科学技术协会条例》的决定	2022 年 11 月 23 日	国司备字［2023007541］
内蒙古自治区人民代表大会常务委员会关于修改《内蒙古自治区公路条例》等 3 件地方性法规的决定	2022 年 7 月 28 日	国司备字［2023007593］
内蒙古自治区人民代表大会常务委员会关于修改《内蒙古自治区动物防疫条例》等 4 件地方性法规的决定	2022 年 9 月 28 日	国司备字［2023007674］
内蒙古自治区人民代表大会常务委员会关于修改《内蒙古自治区电力设施保护条例》等 3 件地方性法规的决定	2022 年 11 月 23 日	国司备字［2023007675］
内蒙古自治区人民代表大会常务委员会关于修改《内蒙古自治区法制宣传教育条例》等 3 件地方性法规的决定	2022 年 7 月 28 日	国司备字［2023007685］
呼和浩特市人民代表大会常务委员会关于修改《呼和浩特市人民代表大会常务委员会工作条例》的决定	2022 年 10 月 9 日	国司备字［2023007542］
呼和浩特市社会治理促进条例	2022 年 10 月 9 日	国司备字［2023007543］
呼和浩特市长城保护条例	2022 年 11 月 25 日	国司备字［2023007544］
包头市人民代表大会常务委员会关于修改《包头市五当召保护管理条例》的决定	2022 年 12 月 12 日	国司备字［2023007545］
包头市人民代表大会常务委员会关于废止《包头市社会治安综合治理条例》《包头市预算审查监督条例》的决定-包头市预算审查监督条例	2022 年 12 月 12 日	国司备字［2023007546］
包头市物业管理条例	2022 年 12 月 12 日	国司备字［2023007547］

续表

法规名称	公布日期	备案登记编号
通辽市极端天气应对条例	2022 年 9 月 30 日	国司备字［2023007551］
赤峰市文明行为促进条例	2022 年 10 月 26 日	国司备字［2023007552］
赤峰市人民代表大会常务委员会关于修改《赤峰市禁牧休牧和草畜平衡条例》等 4 件地方性法规的决定	2022 年 10 月 26 日	国司备字［2023007555］
乌兰察布市人民代表大会常务委员会关于修改《乌兰察布市物业管理条例》的决定	2022 年 11 月 14 日	国司备字［2023007556］
乌兰察布市人民代表大会常务委员会关于修改《乌兰察布市岱海黄旗海保护条例》的决定	2022 年 11 月 14 日	国司备字［2023007557］
鄂尔多斯市黄河河道管理条例	2022 年 12 月 13 日	国司备字［2023007558］
鄂尔多斯市不可移动文物保护条例	2022 年 12 月 13 日	国司备字［2023007559］
巴彦淖尔市城市养犬管理条例	2022 年 12 月 8 日	国司备字［2023007560］
沈阳市城市地下空间开发利用管理条例	2022 年 12 月 6 日	国司备字［2023007470］
大连市人民代表大会常务委员会关于废止《大连市船舶修理和地方船舶建造管理条例》的决定	2022 年 6 月 9 日	国司备字［2023007583］
鞍山市物业管理条例	2022 年 12 月 29 日	国司备字［2023007706］
抚顺市政务数据资源共享开放条例	2022 年 12 月 7 日	国司备字［2023007466］
抚顺市人大常委会关于废止《抚顺市动物及动物产品检疫监督条例》的决定	2022 年 6 月 16 日	国司备字［2023007584］

续表

法规名称	公布日期	备案登记编号
锦州市人民代表大会常务委员会关于修改《锦州市城市市容和环境卫生管理条例》的决定	2022年12月13日	国司备字［2023007467］
锦州市人民代表大会常务委员会关于废止《锦州市城市管理综合执法条例》的决定	2022年6月29日	国司备字［2023007586］
新宾满族自治县人民代表大会关于修改《新宾满族自治县农村公路管理条例》的决定	2022年6月20日	国司备字［2023007587］
新宾满族自治县人民代表大会关于修改《新宾满族自治县农村生活垃圾分类及资源化利用管理条例》的决定	2022年6月20日	国司备字［2023007588］
新宾满族自治县人民代表大会关于废止《新宾满族自治县土地管理条例》的决定	2022年6月20日	国司备字［2023007589］
新宾满族自治县人民代表大会关于废止《新宾满族自治县林业管理条例》的决定	2022年6月20日	国司备字［2023007590］
黑龙江省安全生产条例	2022年8月26日	国司备字［2023007644］
黑龙江省建筑市场管理条例	2022年11月3日	国司备字［2023007661］
哈尔滨市人民代表大会常务委员会关于废止《哈尔滨市农业机械化促进条例》等五部地方性法规的决定	2022年11月4日	国司备字［2023007662］
牡丹江市人民代表大会常务委员会关于修改《牡丹江市餐厨废弃物管理条例》的决定	2022年11月7日	国司备字［2023007663］
大庆市物业管理条例	2022年11月24日	国司备字［2023007664］
伊春市红松保护条例	2022年11月7日	国司备字［2023007665］
黑河市反餐饮浪费条例	2022年11月11日	国司备字［2023007666］
七台河市文明祭祀条例	2022年11月3日	国司备字［2023007667］

续表

法规名称	公布日期	备案登记编号
江苏省人民代表大会常务委员会关于修改《江苏省实施〈中华人民共和国母婴保健法〉办法》等两件地方性法规的决定	2022 年 5 月 31 日	国司备字［2023007592］
江苏省长江船舶污染防治条例	2022 年 11 月 25 日	国司备字［2023007651］
江苏省机动车和非道路移动机械排气污染防治条例	2022 年 11 月 25 日	国司备字［2023007652］
江苏省乡村振兴促进条例	2022 年 11 月 25 日	国司备字［2023007653］
南京市国土空间规划条例	2022 年 12 月 2 日	国司备字［2023007655］
浙江省人民代表大会常务委员会关于废止《浙江省普陀山风景名胜区条例》的决定	2022 年 11 月 24 日	国司备字［2023007406］
浙江省安全生产条例	2022 年 11 月 24 日	国司备字［2023007407］
浙江省人民代表大会常务委员会关于修改《浙江省失业保险条例》的决定	2022 年 7 月 29 日	国司备字［2023007684］
杭州市街道居民议事工作规定	2022 年 12 月 1 日	国司备字［2023007408］
衢州市养犬管理条例	2022 年 12 月 5 日	国司备字［2023007409］
衢州市人大代表联络站工作条例	2022 年 12 月 5 日	国司备字［2023007410］
金华市居家养老服务条例	2022 年 11 月 27 日	国司备字［2023007411］
嘉兴市城市绿化条例	2022 年 12 月 5 日	国司备字［2023007412］
丽水市居家养老服务条例	2022 年 12 月 1 日	国司备字［2023007413］
安徽省学校安全条例	2022 年 11 月 21 日	国司备字［2023007417］

续表

法规名称	公布日期	备案登记编号
安徽省实施《中华人民共和国土壤污染防治法》办法	2022 年 11 月 21 日	国司备字［2023007418］
安徽省社会科学普及条例	2022 年 11 月 21 日	国司备字［2023007419］
安徽省自建房屋安全管理条例	2022 年 11 月 21 日	国司备字［2023007420］
安徽省人民代表大会常务委员会关于修改和废止部分地方性法规的决定	2022 年 3 月 25 日	国司备字［2023007595］
淮南市爱国卫生条例	2022 年 11 月 29 日	国司备字［2023007424］
宿州市优化营商环境条例	2022 年 11 月 29 日	国司备字［2023007423］
宣城市居家养老服务条例	2022 年 11 月 30 日	国司备字［2023007426］
铜陵市养犬管理条例	2022 年 12 月 7 日	国司备字［2023007427］
淮北市居家养老服务条例	2022 年 11 月 30 日	国司备字［2023007421］
亳州市城市道路交通秩序管理条例	2022 年 11 月 23 日	国司备字［2023007422］
六安市人民代表大会常务委员会关于修改《六安市物业管理条例》的决定	2022 年 12 月 2 日	国司备字［2023007425］
黄山市实施《中华人民共和国非物质文化遗产法》办法	2022 年 12 月 5 日	国司备字［2023007428］
南昌市爱国卫生工作条例	2022 年 12 月 7 日	国司备字［2023007397］
南昌市人民代表大会常务委员会关于废止部分地方性法规的决定	2022 年 6 月 16 日	国司备字［2023007591］
景德镇市爱国卫生条例	2022 年 12 月 7 日	国司备字［2023007398］

续表

法规名称	公布日期	备案登记编号
赣州市农村住房建设管理条例	2022 年 12 月 7 日	国司备字〔2023007399〕
宜春市城区农贸市场管理条例	2022 年 12 月 7 日	国司备字〔2023007400〕
河南省创新驱动高质量发展条例	2022 年 11 月 26 日	国司备字〔2023007621〕
河南省机关运行保障条例	2022 年 11 月 26 日	国司备字〔2023007622〕
河南省网络安全条例	2022 年 11 月 26 日	国司备字〔2023007623〕
河南省事业单位改革发展条例	2022 年 11 月 26 日	国司备字〔2023007624〕
河南省中原科技城总体规划管理条例	2022 年 11 月 26 日	国司备字〔2023007625〕
河南省人民代表大会常务委员会关于废止《河南省安置教育刑满释放和解除劳动教养人员的暂行规定》的决定	2022 年 11 月 26 日	国司备字〔2023007626〕
河南省人民代表大会常务委员会关于修改《郑州航空港经济综合实验区条例》等四部地方性法规的决定	2022 年 11 月 26 日	国司备字〔2023007704〕
郑州市会展业促进条例	2022 年 11 月 15 日	国司备字〔2023007627〕
郑州市人民代表大会常务委员会关于废止部分地方性法规的决定	2022 年 11 月 17 日	国司备字〔2023007628〕
郑州市人民代表大会常务委员会关于修改部分地方性法规的决定	2022 年 11 月 17 日	国司备字〔2023007705〕
鹤壁市辛村遗址保护条例	2022 年 11 月 15 日	国司备字〔2023007630〕
驻马店市城市公共汽车客运条例	2022 年 11 月 18 日	国司备字〔2023007632〕

续表

法规名称	公布日期	备案登记编号
新乡市河道保护管理条例	2022 年 11 月 15 日	国司备字［2023007581］
周口市水资源管理条例	2022 年 11 月 16 日	国司备字［2023007634］
信阳市政务服务条例	2022 年 12 月 2 日	国司备字［2023007636］
湖北省安全生产条例	2022 年 11 月 25 日	国司备字［2023007389］
黄石市养犬管理条例	2022 年 12 月 28 日	国司备字［2023007452］
十堰市社会保障卡一卡通服务管理条例	2022 年 12 月 8 日	国司备字［2023007468］
襄阳市鱼梁洲生态保护条例	2022 年 12 月 15 日	国司备字［2023007460］
宜昌市养犬管理条例	2022 年 12 月 8 日	国司备字［2023007453］
荆州市电动自行车管理条例	2022 年 12 月 20 日	国司备字［2023007459］
孝感市停车场建设和管理条例	2022 年 12 月 26 日	国司备字［2023007461］
湖南省居民自建房安全管理若干规定	2022 年 11 月 23 日	国司备字［2023007390］
湖南省人民代表大会常务委员会关于修改《湖南省水能资源开发利用管理条例》等九件地方性法规的决定	2022 年 5 月 26 日	国司备字［2023007659］
长沙市人民代表大会常务委员会关于修改《长沙市湘江流域水污染防治条例》等地方性法规的决定	2022 年 12 月 2 日	国司备字［2023007668］
衡阳市机动车停车管理条例	2022 年 12 月 21 日	国司备字［2023007506］

续表

法规名称	公布日期	备案登记编号
株洲市人民代表大会常务委员会关于修改《株洲市农村村庄规划建设管理条例》等地方性法规的决定	2022年12月14日	国司备字[2023007507]
湘潭市平安建设条例	2022年12月1日	国司备字[2023007508]
岳阳市危险货物道路运输站场管理规定	2022年12月12日	国司备字[2023007509]
郴州市居家养老服务条例	2022年12月14日	国司备字[2023007510]
邵阳市人民代表大会常务委员会关于修改《邵阳市乡村清洁条例》等地方性法规的决定	2022年8月25日	国司备字[2023007657]
湘西土家族苗族自治州文明行为促进条例	2022年12月7日	国司备字[2023007669]
广东省人民代表大会常务委员会关于废止《广东省农民负担管理条例》和《广东省行政执法队伍管理条例》两项地方性法规的决定	2022年11月30日	国司备字[2023007483]
广东省粤菜发展促进条例	2022年11月30日	国司备字[2023007484]
广东省地理标志条例	2022年11月30日	国司备字[2023007485]
广东省气候资源保护和开发利用条例	2022年11月30日	国司备字[2023007486]
广东省建筑垃圾管理条例	2022年11月30日	国司备字[2023007487]
广东省艾滋病防治条例	2022年11月30日	国司备字[2023007489]
广东省人民代表大会常务委员会关于修改《广东省机动车排气污染防治条例》等六项地方性法规的决定	2022年11月30日	国司备字[2023007515]

续表

法规名称	公布日期	备案登记编号
深圳市人民代表大会常务委员会关于修改《深圳市人民代表大会常务委员会任免国家机关工作人员条例》的决定	2022 年 12 月 8 日	国司备字［2023007492］
深圳市人民代表大会常务委员会关于修改《深圳市员工工资支付条例》的决定	2022 年 8 月 4 日	国司备字［2023007594］
珠海经济特区居家养老服务促进条例	2022 年 12 月 2 日	国司备字［2023007402］
珠海经济特区安全生产条例（修订）	2022 年 12 月 2 日	国司备字［2023007403］
汕头市人民代表大会议事规则	2022 年 12 月 18 日	国司备字［2023007575］
汕头经济特区消防条例	2022 年 12 月 30 日	国司备字［2023007576］
汕头经济特区基层医疗卫生服务条例	2022 年 12 月 30 日	国司备字［2023007577］
汕头市噪声污染防治条例	2022 年 8 月 3 日	国司备字［2023007580］
韶关市红色资源保护条例	2022 年 12 月 2 日	国司备字［2023007494］
东莞市零散工业废水管理条例	2022 年 12 月 15 日	国司备字［2023007496］
江门市门楼号牌管理条例	2022 年 12 月 5 日	国司备字［2023007498］
湛江市文明行为促进条例	2022 年 12 月 5 日	国司备字［2023007499］
潮州市文明行为促进条例	2022 年 12 月 16 日	国司备字［2023007501］
清远市住宅小区物业管理条例	2022 年 12 月 7 日	国司备字［2023007503］
汕尾市农村建房条例	2022 年 12 月 2 日	国司备字［2023007505］

续表

法规名称	公布日期	备案登记编号
广西壮族自治区养老服务条例	2022年11月25日	国司备字[2023007429]
广西壮族自治区大数据发展条例	2022年11月25日	国司备字[2023007430]
柳州市柳州螺蛳粉产业发展条例	2022年10月11日	国司备字[2023007567]
梧州市养犬管理条例	2022年10月8日	国司备字[2023007568]
百色市城市绿化条例	2022年10月8日	国司备字[2023007569]
环江毛南族自治县喀斯特世界自然遗产保护条例	2022年9月27日	国司备字[2023007570]
海南自由贸易港生态环境保护考核评价和责任追究规定	2022年11月30日	国司备字[2023007401]
重庆市人民代表大会常务委员会关于废止《重庆市授予荣誉市民称号条例》的决定	2022年12月14日	国司备字[2023007391]
成都市人民代表大会常务委员会关于废止《成都市罚没财产管理规定》的决定	2022年10月9日	国司备字[2023007431]
成都市历史文化名镇名村和传统村落保护条例	2022年10月25日	国司备字[2023007432]
成都市文明行为促进条例	2022年10月25日	国司备字[2023007433]
成都市城镇排水与污水处理条例	2022年10月25日	国司备字[2023007434]
成都市公共场所控制吸烟条例	2022年10月25日	国司备字[2023007435]
成都市人民代表大会常务委员会关于修改《成都市养老服务促进条例》等三件地方性法规的决定	2022年10月9日	国司备字[2023007444]
泸州市生活垃圾分类管理条例	2022年10月9日	国司备字[2023007436]

续表

法规名称	公布日期	备案登记编号
遂宁市城市生活垃圾分类管理条例	2022年10月9日	国司备字[2023007437]
广安市文明行为促进条例	2022年10月9日	国司备字[2023007438]
达州市人民代表大会常务委员会关于修改《达州市市容和环境卫生管理条例》的决定	2022年10月10日	国司备字[2023007439]
雅安市绿色(有机)农产品基地保护若干规定	2022年10月9日	国司备字[2023007440]
乐山市三江岸线保护条例	2022年9月30日	国司备字[2023007441]
资阳市物业管理条例	2022年10月10日	国司备字[2023007442]
阿坝藏族羌族自治州文明行为促进条例	2022年10月10日	国司备字[2023007443]
贵州省优秀民族文化传承发展促进条例	2022年5月25日	国司备字[2023007601]
贵州省安全生产条例修正案	2022年5月25日	国司备字[2023007604]
贵州省各级人民代表大会常务委员会人事任免条例修正案	2022年5月25日	国司备字[2023007605]
贵州省人民代表大会代表议案和建议办理条例修正案	2022年5月25日	国司备字[2023007606]
三都水族自治县人民代表大会关于修改《三都水族自治县都柳江渔业条例》个别条款的决定	2022年4月26日	国司备字[2023007611]
云南省人民代表大会常务委员会关于修改和废止部分地方性法规的决定	2022年11月30日	国司备字[2023007454]
昆明市安全生产条例	2022年12月2日	国司备字[2023007414]
曲靖市乡村清洁条例	2022年12月1日	国司备字[2023007455]

续表

法规名称	公布日期	备案登记编号
保山市文明行为促进条例	2022 年 12 月 8 日	国司备字［2023007392］
临沧市鲁史古镇保护条例	2022 年 12 月 5 日	国司备字［2023007415］
普洱市思茅城区河道管理条例	2022 年 12 月 1 日	国司备字［2023007404］
普洱市景迈山古茶林文化景观保护条例	2022 年 12 月 1 日	国司备字［2023007405］
文山壮族苗族自治州文明行为促进条例	2022 年 11 月 30 日	国司备字［2023007393］
文山壮族苗族自治州河道管理条例	2022 年 12 月 1 日	国司备字［2023007416］
楚雄彝族自治州河湖岸线保护管理条例	2022 年 12 月 6 日	国司备字［2023007394］
云南省宁洱哈尼族彝族自治县林业管理条例	2022 年 7 月 29 日	国司备字［2023007445］
云南省新平彝族傣族自治县旅游条例	2022 年 4 月 27 日	国司备字［2023007614］
酒泉市扬尘污染防治条例	2022 年 12 月 8 日	国司备字［2023007463］
酒泉市城市绿化管理条例	2022 年 12 月 8 日	国司备字［2023007465］
临夏回族自治州人民代表大会关于废止《甘肃省临夏回族自治州非公有制经济保护条例》的决定	2022 年 12 月 4 日	国司备字［2023007395］
甘南藏族自治州人民代表大会关于废止《甘肃省甘南藏族自治州实施〈甘肃省计划生育条例〉的变通规定》的决定	2022 年 12 月 9 日	国司备字［2023007396］
肃南裕固族自治县人民代表大会关于废止《甘肃省肃南裕固族自治县家畜家禽防疫条例》的决定	2022 年 6 月 27 日	国司备字［2023007582］

续表

法规名称	公布日期	备案登记编号
青海省农民专业合作社条例	2022 年 9 月 28 日	国司备字［2023007477］
青海省促进中小企业发展条例	2022 年 9 月 28 日	国司备字［2023007478］
青海省生态环境保护条例	2022 年 3 月 29 日	国司备字［2023007613］
西宁市人民代表大会常务委员会关于修改《西宁市物业管理条例》的决定	2022 年 9 月 8 日	国司备字［2023007446］
海东市城市地下综合管廊管理条例	2022 年 10 月 27 日	国司备字［2023007479］
海西蒙古族藏族自治州施行《中华人民共和国民法典》结婚年龄的变通规定	2022 年 8 月 22 日	国司备字［2023007447］
海西蒙古族藏族自治州冷湖天文观测环境保护条例	2022 年 10 月 13 日	国司备字［2023007480］
黄南藏族自治州林木保护条例	2022 年 9 月 6 日	国司备字［2023007451］
大通回族土族自治县施行《中华人民共和国民法典》结婚年龄的变通规定	2022 年 9 月 13 日	国司备字［2023007448］
大通回族土族自治县乡村产业振兴促进条例	2022 年 9 月 13 日	国司备字［2023007449］
化隆回族自治县自治条例(修订)	2022 年 9 月 27 日	国司备字［2023007450］
新疆维吾尔自治区实施《中华人民共和国土地管理法》办法	2022 年 8 月 5 日	国司备字［2023007670］
巴音郭楞蒙古自治州库尔勒香梨产业高质量发展促进条例	2022 年 6 月 13 日	国司备字［2023007671］

地方政府规章

规章名称	公布日期	备案登记编号
北京市地震预警管理办法	2022 年 12 月 19 日	国司备字［2023007529］
北京市人民政府关于废止《北京市户外广告设置管理办法》和修改《北京市建筑工程施工许可办法》《北京市王府井步行街地区管理规定》的决定	2022 年 9 月 6 日	国司备字［2023007571］
天津市高层建筑消防安全管理规定	2022 年 12 月 19 日	国司备字［2023007679］
天津市职业技能培训规定	2022 年 12 月 19 日	国司备字［2023007680］
天津市机动车停车管理办法	2022 年 12 月 19 日	国司备字［2023007681］
天津市行政裁决程序规定	2022 年 12 月 19 日	国司备字［2023007682］
河北省应急避难场所管理办法	2022 年 10 月 31 日	国司备字［2023007585］
河北省慈善事业促进办法	2022 年 11 月 2 日	国司备字［2023007596］
河北省实施《防范和处置非法集资条例》办法	2022 年 11 月 2 日	国司备字［2023007597］
河北省政务数据共享应用管理办法	2022 年 11 月 3 日	国司备字［2023007598］
山西省防雷减灾管理办法	2022 年 12 月 13 日	国司备字［2023007715］
山西省人民政府关于废止《山西省机构编制管理规定》的决定	2022 年 12 月 13 日	国司备字［2023007716］
山西省地下文物保护管理办法	2022 年 12 月 28 日	国司备字［2023007717］

续表

规章名称	公布日期	备案登记编号
山西省网络餐饮服务食品安全监督管理暂行办法	2022 年 12 月 28 日	国司备字［2023007718］
忻州市公共图书馆管理办法	2022 年 12 月 9 日	国司备字［2023007639］
晋中市农村消防安全管理办法	2022 年 12 月 6 日	国司备字［2023007523］
内蒙古自治区人民政府关于修改和废止部分政府规章的决定	2022 年 10 月 21 日	国司备字［2023007525］
内蒙古自治区行政事业性国有资产管理办法	2022 年 12 月 28 日	国司备字［2023007730］
内蒙古自治区人民政府关于修改《内蒙古自治区实施〈中华人民共和国车船税法〉办法》和《内蒙古自治区房产税实施细则》的决定	2022 年 12 月 28 日	国司备字［2023007732］
内蒙古自治区涉及国家安全事项的建设项目管理办法	2022 年 12 月 30 日	国司备字［2023007733］
内蒙古自治区治理货物运输车辆超限超载办法	2022 年 12 月 28 日	国司备字［2023007731］
沈阳市危险化学品安全管理规定	2022 年 11 月 2 日	国司备字［2023007616］
沈阳市政府规章制定办法	2022 年 12 月 8 日	国司备字［2023007617］
沈阳市户外广告设置管理办法	2022 年 12 月 8 日	国司备字［2023007618］
抚顺市促进无偿献血办法	2022 年 12 月 1 日	国司备字［2023007619］
营口市优化营商环境管理办法	2022 年 12 月 30 日	国司备字［2023007686］
辽阳市人民政府关于修改《辽阳市水土保持管理办法》的决定	2022 年 12 月 2 日	国司备字［2023007633］

续表

规章名称	公布日期	备案登记编号
盘锦市人民政府关于修改《盘锦市人民政府地方性法规草案拟定和规章制定程序规定》的决定	2022 年 12 月 28 日	国司备字［2023007615］
吉林市人民政府关于修改《吉林市再生资源回收管理办法》的决定	2022 年 12 月 26 日	国司备字［2023007629］
齐齐哈尔市人民政府关于修改和废止部分政府规章的决定	2022 年 11 月 7 日	国司备字［2023007631］
上海市消毒管理办法	2022 年 12 月 7 日	国司备字［2023007497］
上海市气象灾害防御办法	2022 年 12 月 29 日	国司备字［2023007756］
江苏省治理公路超限超载运输办法	2022 年 11 月 3 日	国司备字［2023007602］
江苏省人民政府关于废止部分省政府规章的决定	2022 年 11 月 3 日	国司备字［2023007603］
江苏省行政事业性国有资产管理办法	2022 年 12 月 10 日	国司备字［2023007640］
南京市人口与生育服务规定	2022 年 12 月 30 日	国司备字［2023007607］
南京市人民政府关于修改和废止部分政府规章的决定	2022 年 12 月 2 日	国司备字［2023007738］
无锡市人民政府关于修改和废止部分政府规章的决定	2022 年 12 月 23 日	国司备字［2023007758］
徐州市人民政府关于废止部分市政府规章的决定	2022 年 11 月 30 日	国司备字［2023007609］
扬州市快递服务监督管理办法	2022 年 12 月 4 日	国司备字［2023007608］
连云港市人民政府关于修改部分市政府规章的决定	2022 年 11 月 16 日	国司备字［2023007610］
连云港市非物质文化遗产保护办法	2022 年 12 月 19 日	国司备字［2023007612］

续表

规章名称	公布日期	备案登记编号
宿迁市城市公厕管理办法	2022 年 12 月 12 日	国司备字［2023007635］
宿迁市房屋安全管理办法	2022 年 12 月 28 日	国司备字［2023007746］
浙江省税费服务和征管保障办法	2022 年 12 月 31 日	国司备字［2023007743］
浙江省行政合法性审查工作规定	2023 年 1 月 9 日	国司备字［2023007744］
杭州市人民政府关于废止《杭州市企事业档案工作管理规定》等 8 件市政府规章的决定	2022 年 12 月 26 日	国司备字［2023007638］
金华市机动车停车场建设和管理办法	2022 年 12 月 14 日	国司备字［2023007645］
台州市人民政府关于修改《台州市燃放烟花爆竹管理规定》的决定	2022 年 12 月 19 日	国司备字［2023007753］
台州市轨道交通运营管理办法	2022 年 12 月 23 日	国司备字［2023007754］
台州市城镇住宅小区生活垃圾分类管理规定	2022 年 12 月 30 日	国司备字［2023007755］
丽水市古树名木保护管理办法	2023 年 1 月 3 日	国司备字［2023007697］
安徽省实施《生猪屠宰管理条例》办法	2022 年 12 月 2 日	国司备字［2023007500］
安徽省地震预警管理办法	2022 年 12 月 22 日	国司备字［2023007734］
安徽省价格监测预警管理办法	2022 年 12 月 30 日	国司备字［2023007735］
合肥市出租汽车管理办法	2022 年 12 月 15 日	国司备字［2023007502］
淮南市气象灾害防御办法	2022 年 12 月 21 日	国司备字［2023007690］

续表

规章名称	公布日期	备案登记编号
滁州市雷电灾害防御管理办法	2022 年 12 月 5 日	国司备字［2023007641］
淮北市人民政府规章制定程序规定	2022 年 12 月 28 日	国司备字［2023007687］
福州市人民政府关于修改《福州城区电动自行车号牌管理办法》的决定	2022 年 12 月 13 日	国司备字［2023007696］
厦门市人民政府关于废止和修改部分市政府规章的决定	2023 年 1 月 1 日	国司备字［2023007719］
泉州市生活垃圾分类管理办法	2022 年 12 月 16 日	国司备字［2023007648］
泉州市闽南文化生态保护区管理办法	2022 年 11 月 17 日	国司备字［2023007658］
江西省专业技术人员继续教育办法	2022 年 12 月 21 日	国司备字［2023007561］
江西省地震预警管理办法	2022 年 11 月 24 日	国司备字［2023007562］
江西省气象灾害防御重点单位气象安全管理办法	2023 年 1 月 5 日	国司备字［2023007757］
南昌市人民政府关于废止《南昌市专利促进和保护办法》等 4 件政府规章的决定	2022 年 11 月 29 日	国司备字［2023007563］
山东省压煤村庄搬迁管理办法	2022 年 12 月 10 日	国司备字［2023007725］
山东省人民政府关于委托实施部分省级行政权力事项的决定	2022 年 12 月 26 日	国司备字［2023007726］
济南市工程建设领域保障农民工工资支付办法	2022 年 12 月 31 日	国司备字［2023007691］
济南市医疗保障基金使用监督管理办法	2022 年 12 月 31 日	国司备字［2023007692］
济南市应急物资保障暂行办法	2022 年 12 月 31 日	国司备字［2023007693］

续表

规章名称	公布日期	备案登记编号
济南市门楼牌管理办法	2022 年 12 月 31 日	国司备字［2023007694］
济南市互联网租赁自行车管理办法	2022 年 12 月 31 日	国司备字［2023007695］
青岛市人民政府关于废止和修改部分市政府规章的决定	2022 年 12 月 15 日	国司备字［2023007474］
烟台市户外广告和牌匾标识设置管理办法	2022 年 11 月 19 日	国司备字［2023007504］
济宁市人民政府关于修改和废止部分市政府规章的决定	2022 年 12 月 14 日	国司备字［2023007481］
济宁市水土保持管理办法	2022 年 12 月 30 日	国司备字［2023007727］
泰安市历史文化名城名镇名村保护办法	2022 年 12 月 12 日	国司备字［2023007464］
威海市人民政府关于修改《威海市物业管理办法》的决定	2022 年 11 月 4 日	国司备字［2023007476］
威海市控制吸烟管理办法	2022 年 12 月 28 日	国司备字［2023007642］
临沂市红色旅游促进办法	2022 年 12 月 12 日	国司备字［2023007482］
枣庄市城市供水办法	2023 年 1 月 8 日	国司备字［2023007737］
德州市人民政府关于修改《德州市大气污染防治管理规定》的决定	2022 年 11 月 19 日	国司备字［2023007495］
聊城市村庄规划管理办法	2022 年 12 月 26 日	国司备字［2023007475］
河南省公益林管理办法	2022 年 11 月 25 日	国司备字［2023007599］
河南省地下水管理办法	2022 年 11 月 24 日	国司备字［2023007600］

续表

规章名称	公布日期	备案登记编号
濮阳市住宅物业消防安全管理办法	2022年7月8日	国司备字［2023007574］
许昌市城市轨道交通管理办法	2022年11月25日	国司备字［2023007656］
湖北省人民政府关于修改《湖北省见义勇为人员奖励和保护办法》的决定	2022年11月21日	国司备字［2023007564］
武汉市人民政府关于修改和废止部分规章的决定	2022年10月4日	国司备字［2023007565］
武汉市基本医疗保险办法	2022年11月7日	国司备字［2023007688］
武汉市公共安全视频图像信息系统管理办法	2022年12月31日	国司备字［2023007689］
襄阳市城市绿化管理办法	2023年1月4日	国司备字［2023007745］
荆门市生活垃圾分类管理办法	2022年12月10日	国司备字［2023007566］
荆门市商品房预售资金监管办法	2022年12月30日	国司备字［2023007714］
随州市餐厨垃圾管理办法	2022年11月23日	国司备字［2023007643］
湖南省人民政府关于废止和修改部分省人民政府规章的决定	2022年10月8日	国司备字［2023007488］
湖南省专职消防队伍管理办法	2022年12月3日	国司备字［2023007490］
湖南省实施《粮食流通管理条例》办法	2022年12月19日	国司备字［2023007678］
长沙市人民政府关于修改《长沙市物业专项维修资金管理办法》的决定	2022年12月19日	国司备字［2023007491］
常德市人民政府关于修改《常德市城市绿化管理办法》的决定	2022年12月19日	国司备字［2023007493］

续表

规章名称	公布日期	备案登记编号
广东省人民政府关于废止和修改部分省政府规章的决定	2022 年 12 月 4 日	国司备字〔2023007677〕
广州市社会医疗保险规定	2022 年 10 月 31 日	国司备字〔2023007511〕
广州市人民政府关于废止部分市政府规章的决定	2022 年 11 月 15 日	国司备字〔2023007512〕
广州市行政规范性文件管理规定	2022 年 12 月 31 日	国司备字〔2023007739〕
广州市人口与计划生育服务规定	2023 年 1 月 6 日	国司备字〔2023007740〕
深圳市户外广告设施管理办法	2022 年 9 月 9 日	国司备字〔2023007513〕
珠海市人民政府关于废止《珠海市烟花爆竹安全管理规定》和《珠海市农贸市场管理办法》的决定	2022 年 12 月 23 日	国司备字〔2023007722〕
珠海经济特区防御气象灾害规定	2022 年 12 月 28 日	国司备字〔2023007723〕
珠海经济特区测绘地理信息管理办法	2022 年 12 月 30 日	国司备字〔2023007724〕
汕头经济特区职工基本医疗保险和生育保险规定	2022 年 12 月 12 日	国司备字〔2023007516〕
汕头经济特区地价管理规定	2022 年 12 月 30 日	国司备字〔2023007720〕
韶关市历史建筑保护利用管理办法(试行)	2022 年 12 月 18 日	国司备字〔2023007747〕
东莞市古树名木保护管理办法	2023 年 1 月 13 日	国司备字〔2023007736〕
中山市河道管理办法	2022 年 11 月 30 日	国司备字〔2023007514〕
揭阳市气象灾害防御规定	2022 年 12 月 21 日	国司备字〔2023007647〕

续表

规章名称	公布日期	备案登记编号
肇庆市人民政府关于修改《肇庆市城市地下空间开发利用管理办法》的决定	2022 年 12 月 30 日	国司备字［2023007741］
茂名市防御雷电灾害管理办法	2022 年 12 月 30 日	国司备字［2023007721］
广西壮族自治区医疗机构管理办法	2022 年 12 月 27 日	国司备字［2023007537］
广西壮族自治区人民政府关于修改《广西壮族自治区实施〈城市供水条例〉办法》的决定	2023 年 1 月 4 日	国司备字［2023007683］
南宁市人民政府关于废止和修改部分政府规章的决定	2022 年 11 月 20 日	国司备字［2023007539］
柳州市文明行为促进办法	2022 年 11 月 29 日	国司备字［2023007548］
梧州市极端天气灾害防御管理办法	2022 年 12 月 30 日	国司备字［2023007759］
海南省标准化管理办法	2022 年 11 月 5 日	国司备字［2023007533］
三亚市落笔洞遗址保护规定	2022 年 11 月 25 日	国司备字［2023007535］
重庆市行政处罚听证程序规定	2023 年 1 月 2 日	国司备字［2023007702］
重庆市规范行政处罚裁量权办法	2023 年 1 月 2 日	国司备字［2023007703］
绵阳市平安建设规定	2022 年 11 月 25 日	国司备字［2023007469］
达州市人民政府关于修改《达州市户外广告和招牌设置管理办法》的决定	2022 年 11 月 18 日	国司备字［2023007471］
嘉州古城保护办法	2022 年 9 月 29 日	国司备字［2023007572］
贵阳市人民政府关于修改《贵阳市公共场所禁止吸烟暂行规定》等 59 件规章的决定	2022 年 12 月 19 日	国司备字［2023007676］

续表

规章名称	公布日期	备案登记编号
遵义市人民政府关于废止部分遵府令的决定	2022年11月2日	国司备字［2023007517］
安顺市人民政府关于修改《安顺市住宅专项维修资金管理办法》的决定	2022年12月22日	国司备字［2023007646］
昆明市突发公共卫生事件应急办法	2022年10月29日	国司备字［2023007549］
昆明市人民政府关于废止《昆明市城乡规划管理技术规定（2016版）》的决定	2022年12月1日	国司备字［2023007550］
昆明市优化营商环境办法	2022年11月21日	国司备字［2023007553］
昆明市建设工程施工现场扬尘污染防治管理办法	2022年11月22日	国司备字［2023007554］
西安市人民政府关于废止《西安市建筑业劳动保险基金行业统筹管理办法》的决定	2023年1月7日	国司备字［2023007698］
兰州市黄河文化保护办法	2022年12月22日	国司备字［2023007524］
定西市机动车停车设施管理办法	2022年12月23日	国司备字［2023007742］
西宁市促进科技成果转化办法	2022年12月8日	国司备字［2023007728］
西宁市户外广告、招牌标识和宣传品设置管理办法	2022年12月9日	国司备字［2023007729］
海东市人民政府关于修改《海东市机动车和非道路移动机械排气污染防治办法》的决定	2022年11月30日	国司备字［2023007660］
中卫市城市建筑垃圾管理办法	2022年12月23日	国司备字［2023007637］
乌鲁木齐市人民政府关于废止《乌鲁木齐市国有及国有控股公司监事会暂行规定》的决定	2022年12月17日	国司备字［2023007527］
乌鲁木齐市公共租赁住房管理办法	2022年8月1日	国司备字［2023007526］

续表

规章名称	公布日期	备案登记编号
哈密市城市供热用热管理条例实施办法	2022 年 9 月 30 日	国司备字［2023007522］
哈密市城市生活垃圾分类管理办法	2022 年 9 月 14 日	国司备字［2023007521］

图书在版编目(CIP)数据

中华人民共和国新法规汇编. 2023 年. 第 2 辑: 总第 312 辑/司法部编. —北京: 中国法制出版社, 2023. 5
ISBN 978-7-5216-3557-7

Ⅰ. ①中… Ⅱ. ①司… Ⅲ. ①法规-汇编-中国-2023 Ⅳ. ①D920. 9

中国国家版本馆 CIP 数据核字(2023)第 088504 号

中华人民共和国新法规汇编
ZHONGHUA RENMIN GONGHEGUO XIN FAGUI HUIBIAN
(2023 年第 2 辑)
编者/司法部

经销/新华书店
印刷/三河市紫恒印装有限公司
开本/850 毫米×1168 毫米 32 开　　印张/8. 25　字数/211 千
版次/2023 年 5 月第 1 版　　2023 年 5 月第 1 次印刷

中国法制出版社出版
书号 ISBN 978-7-5216-3557-7　　定价: 18. 00 元

北京市西城区西便门西里甲 16 号西便门办公区
邮政编码: 100053　　传真: 010-63141600
网址: http://www. zgfzs. com　　**编辑部电话: 010-63141663**
市场营销部电话: 010-63141612　　**印务部电话: 010-63141606**
(如有印装质量问题, 请与本社印务部联系。)